김정섭

세계 1등 주식과 함께
우리 모두 부자 됩시다!!

부의 체인저

세상은 어떻게 바뀌는가

부의 체인저

조던 김장섭 지음

1
전2권

게임 체인저 역할을 해줄 마법의 도구들!

MONEY
CHANGER

트러스트북스

플라톤이 말했다.

"이야기를 만드는 사람이 세상을 지배한다."

이 책을 읽어주실 고마운 분들에게

이전 책『내일의 부』(전2권)는 독자들로부터 과분한 사랑을 받았습니다. 2020년 3월 코로나 위기로 전세계 증시가 폭락세를 연출하면서 독자들의 관심이 증폭되었고, 종합베스트셀러 2위까지 오르는 기염을 토했습니다. 저는 이 책에서 나스닥지수에서 한 달에 -3% 이상의 급락이 4번 이상 나오는 상황을 공황으로 규정하고, 이때 투자자들이 어떻게 대처해야 하는지 다루었습니다. 바로 2020년 3월 코로나 위기 때 나스닥지수 -3% 이상이 4번 발생하면서 공황에 들어갔고, 책의 출간 시기와 절묘하게 맞아떨어지며, 많은 독자들의 호응과 관심을 받았고, 어려운 상황에서 올바른 대처법에 도움을 받을 수 있었을 것입니다.

그러나 이 책의 단점은 투자자들이 포모(Fomo, 내가 주식을 판 후 올라가면 어쩌지?) 현상에 시달린다는 점이었습니다. 공황이 발생하면 보유중인 주식을 전량 처분한 후 2달을 기다린다는 게 -3%룰의 원칙이었습니다. 4번이 아닌 -3%가 한 번 발생하면 한 달을 기다린다는 원칙도 있습니다. 그러다보니 주식을 팔고 투자하지 않는 기간이 길어지면서 많은 투자자들이 답답함을 느꼈고, 포모에 시달리는 경우가 많았습니다. -3%가 또 다시 뜨면 한 달 혹은 2달을 기다리는 기간이 그만큼 연장되므로 기약 없는 기다림이 힘들다는 호소가 많았습니다.

그리하여 시행착오를 바탕으로 더 많은 연구에 매진했고, 더 많은 데이터를 수집했습니다. 그 결과 이 책이 나오게 되었습니다. 이 책에서는 -3% 이상이 4번 발생하는 공황이 발생하거나, 단순히 -3%가 한 번 뜨거나, 혹은 주가가 전고점 대비 하락하는 상황에서 어떻게 대처하는 게 좋을지를 중심으로 다루었습니다.

대표적인 원칙은 리밸런싱과 말뚝박기입니다. 이 책에서 새롭게 추가된 대원칙으로, 임상결과 이 두 개의 법칙을 활용하면 어떤 상황에서도 수익을 극대화할 수 있고, 포모에 시달릴 필요도 없습니다. 주가가 오르거나 떨어지거나 크게 상관없이 주가 관리가 가능합니다.

지금 시장은 코로나 이후 테이퍼링 실시와 금리 인상을 앞두고 심하게 요동치는 경우가 잦아지고, 투심이 흔들리고 있습니다. 금융위기가 언제 다시 올지 모르는 상황에서 이 책에서 제시하는 여러 방법은 투자자들이 밤잠을 편히 잘 수 있게 할 것으로 확신합니다.

2권으로 구성된 이 책에서 1권에서는 '세상은 어떻게 바뀌는가?'라는 제목으로 코로나를 거치면서 세상이 어떻게 바뀌었는지, 그리고 향후 세상은 어떻게 바뀌어 갈 것인지를 다룹니다. 다양한 경제요소들의 변화상황과 미국과 중국 간 첨예하게 펼쳐지고 있는 미중전쟁의 양상을 연구하였습니다. 이전 트럼프 정부 시기에는 관세를 중심으로 한 무역전쟁이 핵심이었다면, 민주당으로 정권이 바뀐 바이든 정부 시기에는 금융전쟁, 반도체전쟁, 디지털화폐전쟁으로 전쟁의 양상이 확산되면서 더욱 사활을 건 양국 간 패권다툼으로 뜨거워지고 있습니다. 그 와중에 세상의 수레바퀴는 어떤 식으로 굴러갈지 다양한 분야를 다루었고, 우리에게 미칠 영향도 포함하였습니다.

또한 세상을 바꿀 전기차와 자율주행차의 미래, ESG, 애플카, 메타버스와 AR, VR, 인플레이션의 향후 전망까지, 미래에 대한 조망을 담았습니다.

2권 '바뀐 세상에서 어떻게 투자할 것인가?'에서는 구체적인 투자 실행법을 담았습니다. 이번 책에서 가장 특징적인 변화와 원칙은 '리밸런싱'과 '말뚝박기', '업그레이드 -3%룰'입니다.

리밸런싱은 평상시에 주가가 떨어질 때 대응법입니다. 다양한 임상 결과와 데이터를 통해 리밸런싱이 왜 투자자들에게 큰 이익을 주고 마음을 편하게 하는지 증거를 제시했습니다. 말뚝박기는 나스닥에 -3% 뜨는 위기 상황 대처법입니다. 포모에 시달리지 않고 증시가 급락하는 상황에서도 위험을 회피하고 기회를 극대화하는 비법입니다.

또한 기존 -3%룰도 수정하여 업그레이드하였습니다. 기존 -3%룰로 투자하는 분들이라면 더 발전된 방식으로 투자가 가능할 것입니다.

새롭게 추가된 이 두 가지 원칙과 업그레이드된 -3%룰은 투자자들이 위기를 기회로 살릴 수 있는 제갈량의 주머니 역할을 할 것이라 확신합니다. 위기를 기회로 살리는 차원을 넘어, 위기의 시기에 부자행 급행열차에 올라탈 수 있는 티켓을 거머쥐게 하는 것이 목표입니다.

최근 많은 분들이 해외투자에 관심을 갖기 시작했습니다. 특히 미국주식에 대한 관심이 뜨겁습니다. 과거 데이터를 비교하면 한국주식과 미국주식의 결과는 하늘과 땅 차이입니다. 한국주식에 투자하면 20년 전이나 지금이나 똑같거나 소규모의 이익을 얻을 수 있었다면, 미국주식의 수익률은 상상을 초월합니다. 이전 책『내일의 부』에서 데이터를 제시하며 자세히 다루었던 것처럼 미국주식의 지난 23년간 수익률은 158배였습니다. 그것도 세계 1등이라는 가장 안전한 주식에 투자하면서 거둔 결과입니다. 세상에서 가장 안전하고 우량한 주식에 마음편히 투자하면서도 그 어떤 자산에서도 얻을 수 없는 놀라운 결과가 세계 1등 주식 투자입니다.

이 책도 세계 1등 주식 투자법과 다름 아닙니다. '세계 1등 주식은 우상향한다'는 대전제 하에 여러 가지 전략을 수립하였습니다. 상황변화로 세계 1등 주식의 주인이 바뀐다면 바뀐 주식으로 바꿔타면 됩니다. 투자자는 계속하여 1등 주식만 들고 가면 됩니다. 따라서 세상이 바뀌어 1등 주식이 바뀌어도 투자원칙에는 변함이 없습니다. 평생 은퇴 없이 투자할 수 있고, 원칙에서 벗어나지 않고 성실히 따라하신다면 반드시 부자의 반열에 오를 수 있습니다. 목표는 99.9% 부자가 되는 것이지만, 원칙에서 벗어나지만 않는다면 100% 부자가 될 수 있는 세상에 단 하나뿐인 비법입니다.

이 내용은 그 어디에서도 비슷한 것조차 찾을 수 없습니다. 제가 누구도 다루지 않았던 지난 수십 년간의 수많은 데이터를 모아 연구하고, 현실에 맞게 재조정하면서 창조해낸 비책이기 때문입니다.

부자의 꿈을 꿈으로만 끝내지 않고, 살아 있는 동안 현실로 바꾸고 싶다면, 감히 말씀드립니다. 이 책이 이해될 때까지 몇 번이고 정독하고, 실제 투자에 성실히, 정확히 활용하십시오. 그러면 됩니다.

투자에 어려움을 겪고 있거나 더 많은 정보를 원하시면 제가 운영하는 아래의 공간에 방문하시기 바랍니다.

- 다음카페 : JD 부자연구소

  http://cafe.daum.net/jordan777

- JD부자연구소 인강(인터넷강의) 사이트(구글에서 제이디 부자연구소 검색)

  PC URL : htps://www.jordan777.com/main/index.jsp

- 유튜브 : JD부자연구소(유튜브에서 JD부자연구소 검색)

  https://www.youtube.com/channel/UCJN8yfW2p6Gd8-wZ04pGAkg

2부 ···························· 새로운 부가 온다 1

1

새로운
세상이 온다

MONEY
CHANGER

노예의 늪에서 빠져나오는
거의 유일무이한 통로

'인간은 왜 태어나는가?'

철학적 질문이 아니다. 인간이 노동을 하기 위해 태어난 것이 정말 맞는지에 대한 단순한 질문이다.

'평생 일만 하다 죽는 것이 인간의 삶인가?'

이 질문에 스스로에게 답해 보기 바란다.

노동의 시작을 성경의 시각으로 보면, 아담과 하와가 에덴동산에서 죄를 지은 후 신의 노여움을 사게 되고, 이후 아담은 일생 동안 배고픔에 시달리며 땀을 흘려 노동을 해야만 먹을 것을 얻을 수 있게 되었다. 그리고 끝내는 죽어서 흙으로 돌아가야 했다.

과연 노동은 이렇게 시작되었는가? 아담이 벌을 받기 전 에덴동산에서의 삶은 수렵과 채집이었다. 그리고 에덴동산에서 쫓겨나 땀을 흘려 일하게 되면서 농업의 시대가 시작되었다. 수렵, 채집의 시대에서 농업의 시대로 전환되면서 원치 않는 노동이 시작된 것이다. 결코 인간이 먼저 원했던 생활방식이 아니었다.

농업의 시대를 연 신석기 혁명은 인간을 노예로 전락시킨 시대의 서막이었다. 이때부터 인간은 한번 농사를 짓기 시작하면 영원히 농사의 굴레에서 벗어날 수 없었다.

① **단위면적당 수확량이 월등한 밀과 쌀 농사**

밀과 쌀은 단위면적당 수확량이 많기 때문에 많은 인구를 먹여 살릴 수 있다. 따라서 한번 늘어난 인구는 더욱 농사에 매달리게 된다. 더 많이 생산하지만 더 많이 먹여야 하므로 농사를 짓기 시작하면 수렵, 채집으로 돌아갈 수 없게 된다.

② **잉여농산물**

쌀과 밀은 채집으로 얻은 과일보다 저장기간이 훨씬 길다. 덕분에 잉여농산물의 축적이 가능했다.

자 이제 잉여생산물이라는 새로운 개념이 등장하였다. 이제부터는 잉여생산물을 가진 자와 못 가진 자로 나뉘게 된다. 가진 자는 유산계급, 가지지 못한 자는 무산계급이다. 농사의 시작은 인류의 삶에 이와 같은 계급의 시작을 알리는 종소리와도 같았다.

계급이라는 단어 안에는 지배와 피지배라는 함의가 내포되어 있다. 계급의 지배는 어떻게 시작되었는가?

⌛ 농산물 대여로 노동 착취

유산계급(지주)은 무산계급(소작농)에게 잉여생산물을 빌려주거나 농사를 지을 수 있는 땅을 빌려주는 행위를 통해 무산계급에 대한 지배가 가능하다. 소작농은 지주가 빌려준 땅을 빌려 농사를 짓고 일정량의 토지 이용료를 주는 방식으로 계약을 맺는다. 따라서 넓은 땅을 가진 지주는 소작농들이 지은 농산물을 가지고도 얼마든지 놀면서도 배를 채울 수 있었다. 그리고 대를 이어서 부자가 될 수 있었다. 왜냐하면 땅은 상속세가 없었기 때문이다. 그러니 10만 평 정도의 땅이 있다면 대대손손 땅을 물려주면서 떵떵거리며 유산계급으로 살 수 있었다.

⧗ 흉년은 유산계급이 더 큰 부자가 되는 절호의 찬스

반대로 가진 것이 없는 무산계급의 삶은 에덴동산에서 쫓겨난 아담과 다를 바가 없었다. 죽을 때까지 평생 일을 해도 부자는커녕 이자를 내기에도 힘에 부쳤고, 흉년이라도 만나면 가진 땅을 유산계급에게 내어주고 노예로 전락했다. 이것이 산업혁명 이전까지 중세시대 유산계급과 무산계급의 삶이었다.

노예는 무엇이고, 자본가는 무엇인가?

산업혁명 이후 현대사회의 삶도 그다지 많이 바뀐 건 아니었다. 산업혁명 이전까지 토지와 농산물이었다면 이후는 자본, 주식, 채권, 부동산으로 대상만 바뀌었다. 바뀐 대상을 가진 자는 자본가가 되었고 가지지 못한 자는 노동자가 되었다.

노동자는 태어나서 더 나은 노예가 되기 위해 공부를 한다. 그리고 직업이라는 노예계급을 갖는다. 직업인이라는 말 자체가 노예라는 뜻이다. 몸을 써서 일을 해야만 밥을 먹고 살 수 있는 존재가 바로 노예다. 그런 면에서 월급쟁이는 물론 전문직 종사자도 노예이기는 매한가지다. 내가 몸을 써서 일하지 않으면 굶어죽는다면 그것은 노예의 삶에서 벗어나지 못한 삶을 의미한다. 그러나 시스템을 구축한 사업가는 노예가 아니다.

헤어디자이너는 노예지만 헤어디자인 샵을 프랜차이즈점으로 만들고 가맹관리를 한다면 단숨에 시스템을 갖춘 자본가가 된다.

병원을 직접 운영하는 원장은 노예지만 병원을 크게 운영하면서 의사를 두고 관리만을 하고 있다면 그는 시스템을 갖춘 자본가가 된다.

회사를 다니면 노예고 회사를 운영하면 자본가다. 몸을 써야 돈이 들어오면 노예, 시스템으로 돈이 들어오면 자본가, 이렇게 단순화 하면 이해가 쉽다.

⏳ 인공지능

그러나 미래사회는 안락한 노예의 삶마저도 허락하지 않는다. 인간의 노동을 대체하는 무시무시한 괴물이 등장하기 때문이다. 바로 인공지능의 출현이다.

인공지능은 노예의 삶을 파괴한다. 즉 노예의 삶을 연장시켜주는 일자리를 빼앗는다는 말이다. 예를 들어 자율주행택시가 나오면 택시운전기사는 하루 아침에 벼락처럼 할 일이 사라져 버린다. 드론이 택배를 실어나르기 시작한다면 그 많은 택배운송자들도 설자리를 잃는다.

과학기술이 가져오는 필연적인 혁명은 거스를 수 없다. 언젠가는 우리 삶의 자연스러운 일부로 자리를 잡을 것이다.

노예의 삶과 자본가의 삶의 구분에서, 우리가 쉽게 자본가가 되려면 얼마를 가져야 하는가? 그 기준액은 점점 더 허들이 높아지고 있다. 지금이 저금리 시대이기 때문이다.

과거의 어느 시점에는 10억만 있어도 연간 10%의 이자가 가능했기 때문에 내 돈을 은행에 잠만 재워도 월 830만 원의 소득이 저절로 발생한다. 10억=자본가 티켓이 가능했다.

그러나 지금 이자 1%의 시대에는 10억을 가져도 이자로는 월 100만 원도 되지 않는다. 이자로 월 300만 원을 거두려면 목표금액을 30억으로 올려야 한다. 그러니 부자의 기준점 자체가 높아질 수밖에 없는 것이다.

이처럼 인플레이션이 일어나는 원인은 국가에서 돈을 찍어 자산 인플레이션을 일으키고 있기 때문이다. 따라서 월급쟁이가 돈을 모아 자본가가 되기는 사실상 거의 불가능에 가깝다. 자전거 뒷바퀴가 앞바퀴를 영원히 따라잡을 수 없는 것처럼 말이다. 그래서 자본가가 되고자 한다면 돈을 모으는 행위가 아닌, 투자라는 행위를 통해 돈을 불려야 한다. 게다가 노예가 자본가가 되려는 길목에서 장애물로 방해하는 다음과 같은 것들을 극복하고 뛰어넘어야 한다.

⧖ 욕망의 유혹

욕망은 그 종류가 다양하지만 그 중에서도 사치, 과시, 낭비, 욜로와 같은 단어에 주목하기 바란다. 자본주의 시스템은 이러한 단어들을 이용해 노동자들이 소비에 몰두하도록 만들기 때문에 이 단어들의 매력에 취하다 보면 노동자는 노예의 수렁에 갇히고 만다. 시스템에 종속되고 길들여지면서 개인의 삶을 포기하고 돈만 모으는 돈의 노예가 될 수밖에 없다는 것인데, 즉 돈이 모이면 사치, 과시, 낭비, 욜로를 하느라 벌고 모으고 쓰고, 벌고 모으고 쓰고를 반복하는 영원한 노예의 삶에 머문다는 의미다.

벌고 모으고 쓰고를 하지 않는다 하여 크게 달라지는 것은 아니다. 아끼고 아껴서 돈을 모으면 돈은 돈대로 모아지겠으나, 유한한 속성을 지닌 '시간'이 쏜살같이 지나가 버린다. 꿈꾸고 바라던 삶을 살아보지도 못했는데 말이다. 늙음과 병듦이라는 쓸쓸함만이 텅빈 가슴에 공허하게 남는다.

이러한 인생의 딜레마를 과연 어떻게 해야 한다는 말인가? 인생이란 원래 그런 것이니 흘러가는대로 흘러가는 게 정답일까? 당연히 아니다. 이 책은 그 해결책을 찾고자 애쓰는 노력의 일환이고, 당신의 인생을 바꾸는 체인저의 역할을 하고 싶다.

딜레마에 빠진 상황을 풀어가 보자.

사치, 과시, 낭비 등과 같은 욕망을 삶의 중요한 가치에서 먼저 내려놓아야 한다. 돈을 벌어 해외여행을 가거나 명품을 사거나 스포츠카를 사는 것은 개인의 자유지만, 그 자유를 지속하는 한 제아무리 돈을 벌어 모아도 부자의 문턱에는 다다를 수 없다. 힘들게 벌어들인 돈을 사치와 낭비의 이름과 바꿔버리면 개인의 부는 잘해야 유지될 뿐 풍선처럼 커질 수 없으며, 눈덩이처럼 불어날 수 없다. 급기야 더 이상 일을 할 수 없는 노년이 오면 낭패감에 빠져 지난 날을 후회하며 가슴을 칠 수밖에 없다. 실패한 인생이라 단정할 수는 없으나 성공한 인생도 아님은 분명하다. 욕망에 휘둘려 노예처럼 살아왔음을 어떻게 부정할 수 있겠는가.

성공한 인생이 되려면 삶의 중요한 가치를 다른 쪽에 두어야 한다. 다른 쪽이란 많은 돈이 필요치 않은 쪽이다. 지식을 탐하는 일, 봉사, 기부, 가족과 함께 하는 시간, 화가가 아름다움을 추구하는 것, 주어진 일에 최선을 다해 자신의 자리에서 인정받는 것 등이다.

이러한 것들에 가치를 두면서 돈을 모으면 된다.

⏳ 레버리지의 유혹

자본가와 노예 삶의 비교에서 농사를 짓던 시절과 현대사회가 크게 다르지 않다고 했으나, 자세히 보면 다른 점이 발견된다. 현대사회가 좋은 점은 레버리지 즉 대출이 가능하다는 사실이다.

노예로 태어난 사람은 노예로 죽을 수밖에 없다. 그래서 이렇게 생각한다. '노예의 굴레를 벗어나려면 대출을 몽땅 끌어와서 한 곳에 집중하여 크게 한탕 성공하면 비로소 부자가 될 수 있다.'

더 많은 돈을 빌릴수록 부자가 되는 속도가 빨라질 것이라고 생각한다. 온전히 틀린 생각만은 아니다. 예를 들어 대출을 뽑아 자영업을 크게 한다거나, 대출을 끌어 부동산 갭투자를 한다거나, 신용미수 거래로 주식에 투자하는 방식 등이다.

순풍에 돛단 듯이 잘 풀리면 이 방법으로 빠른 시간 안에 자본가가 될 수 있다. 하지만 반대로 자본가의 덫에 빠질 수도 있다.

대출은 자본가가 쳐 놓은 덫이다. 호황일 때는 좋다. 하지만 자본주의 사회는 호황과 불황이 반복된다. 불황의 늪에서 대출까지 머리에 이고 있으면 가라앉는 속도가 한순간이다. 억 하는 소리를 내기도 전에 머리까지 잠겨버린다. 그때부터는 벗어날 확률이 거의 사라진 영원한 노예가 돼버리는 것이다.

거지는 가진 돈이 0원이지만 영원한 노예는 마이너스 수억 원 또는 수십억 원이다. 병원 크게 하다가 망해서 페이닥터로 죽을 때까지 빚을 갚으며 일하는 의사도 그런 부류라 할 수 있다.

유혹이라는 장애물을 넘어 노예의 삶에서 벗어나기 미션을 성공하려면 어떤 길로 가야 하는가?

① 사업 - 리스크는 있지만 시간을 버는 길

자본주의에서 허락한 레버리지 등을 활용해 사업을 크게 벌여 시간을 줄이는 방법이다. 사업 아이템만 잘 성공한다면 젊은 나이에 스포츠카를 몰고 강남에 아파트를 장만할 수 있다. 리스크는 있지만 경제적 자유를 누릴 수 있다.

② 투자 - 리스크는 덜하지만 시간을 벌지는 못한다

사업이 두렵거나 역량이 부족하다고 느낀다면, 혹은 그 어떤 이유로 사업을 할 수 없다면, 오랜 시간을 들여 자유를 만들어 나갈 수밖에 없다. 돈을 모으고 투자를 통해 투자소득을 늘리면서 여러 대에 걸쳐서 돈을 모아 부자가 되는 방법이다. 여기서 중요한 점은 재산이 쪼개지면 안 된다는 사실이다.

유럽은 왜 여러 나라로 쪼개졌고 이슬람은 대제국이 되었을까? 상속의 차이가 있었기 때문이다. 유럽의 대표적인 프랑크 왕국은 세 아들에게 나누어져 프랑스, 독일, 이탈리아가 되었다. 그러나 이슬람은 왕위 계승을 받은 왕자가 나머지 형제들을 모두 목졸라 죽이고 나라를 혼자 독차지했다. 이후 더 강성해진 제국은 이웃나라를 점령하면서 오스만투르크라는 대제국으로 발전한다.

여기에 힌트가 있다. 일생을 모아서 10억 원이 되었다. 그런데 죽으면서 자식 5명에게 2억 원씩 상속하면 이 가족 누구도 부자가 되지 못한다. 자식들의 가계에 보탬은 되겠지만 부자가 되기에는 역부족이다.

⚖ 결론

부자가 되기 위해서는 자본을 나누어 주어서는 안 되고, 시스템을 공유해야 한다. 예를 들어 나스닥100이나 S&P500과 같은 ETF에 투자하고 거기서 나오는 배당소득을 나누며 원금은 건드리지 않는 방식이다. 그러면 지속적으로 ETF는 상승할 것이고 배당액은 점점 더 커질 것이다.

마음 편한 투자를 하다 보니 여기까지 왔다

투자에서 가장 중요한 것이 무엇일까? 무엇보다 마음 편한 투자가 최고가 아닐까 생각한다.

요즘 밀레니얼 세대가 본격적으로 주식투자를 시작했다고 한다. 많은 젊은이들이 주식에 입문하였다. 이들이 주식에 처음 투자하거나 주식으로 투자대상을 변경한 이유는 지금이 그럴 수밖에 없는 시대이기 때문이다. 부모세대는 적금만 잘 들어도 돈을 불리는 데 문제가 없었다. 잘 모아서 은행에 보관만 잘하면 더 이상 위험한 재테크를 감수할 이유가 없었다. 이자로 돈을 불리는 데 성공하면 그 후에는 부동산을 사서 자산을 더욱 불리고, 요즘 같은 시대에는 미국의 우량주식에 묻어두면 자산의 성장이 강력하게 일어날 수 있다. 비교적 수월하게 돈을 벌 수 있었다는 의미다.

그런데 지금의 밀레니얼 세대는 어떤가? 주식 외에는 답이 없다. 이자는 낮을 대로 낮아져서 적금은 더 이상 재테크로써의 의미를 상실해버렸고, 부동산은 대출도 막힌 상태에서 넘사벽의 가격으로 인해 진입 자체가 차단된 상황이다. 그래서 이 세대는 이전에는 가상화폐로 갔다가 주식으로 방향을 틀었다고 한다. 그래서 밀레니얼 세대에게 주식투자는 투자를 넘어서 생존의 문제에 가깝다.

나의 경우를 예로 들면 경매, 재개발, 재건축, 지방아파트, 상가, 서울의 주택을 거쳐 해외주식으로 투자처를 옮겼고, 지금은 세계 1등 주식을 중심으로 투자하고 있다. 나 역시 시대의 흐름에 따라 변하고 적응해온 투자자 중 한 명이다.

그런데 왜 시대의 흐름에 따라 변경해 왔을까 생각해 본 적이 있다. 결론은 마음 편한 투자를 추구하다 보니 여기까지 왔다, 였다.

처음은 경매였다. 부동산에 대해 지식이 충분히 쌓이지 않은 상태에서 경매를 하다 보니 그나마 쉽게 접근할 수 있었던 대상은 아파트였다. 그런데 당시 아파트는 큰돈을 벌기 힘들었다. 기껏해야 시세 대비 5% 정도 싼 가격으로나 받을 수 있었기 때문이다. 따라서 취등록세, 명도비, 관리비, 기타 잡비를 계산하고 나면 남는 게 없는 장사였다.

그러다가 재개발을 알게 되었다. 2000년 초반 당시 경매법정에서 가장 싸게 낙찰되었던 물건은 바로 빌라였다. 그런데 빌라, 단독주택 등이 재개발, 재건축 등을 통해 아파트로 바뀔 수 있다는 사실을 알게 되었다. 그래서 자연스레 재개발, 재건축에 입문했다.

당시가 가장 마음 편히 투자를 했던 시기였다. 수도권에 재개발 가능한 빌라를 5,000만 원이면 매수할 수 있었는데 전세가는 거의 매매가에 근접한 4,500만 원 정도였다. 그러니 적은 돈을 내고 소유권을 이전해 오고 전세 레버리지를 일으킬 수 있었고, 나중에 집값이 오르면 적은 돈으로 큰돈을 버는 효과가 극대화되었다.

가장 큰 위험은 이전 전세입자가 나가면서 다음 세입자를 구하지 못했을 경우였는데, 이 경우 돌려줄 전세금을 마련해야 했지만, 소송까지 가면 1년 이상이 걸렸으므로 그 사이 웬만하면 새로운 전세입자를 구할 수 있었다. 한 마디로 로우 리스크, 하이 리턴이었다.

그러다가 재개발 시대가 끝나고 수익률을 찾아 지방의 아파트를 사러 다녔다. 이때부터 마음에 불편함이 찾아왔다. 전세를 끼고 매입하려는 목적보다는 수익률을 찾아서 간 것이었기 때문에 적은 돈으로 많은 아파트를 사려면 대출을 일으킬 수밖에 없었다. 아파트가 많아질수록 대출도 자연스럽게 늘어났다.

그러다가 2008년 금융위기를 맞았다. 금융위기를 맞으니 가장 문제가 되는 것이 부동산이었다. 부동산의 가장 큰 문제점은 유동성이다. 위기의 시대에 더 큰 위기를 맞는다.

당시 왜 유동성 위기가 왔는지 알려면, '왜 팔려고 했을까?'를 생각해보면 된다. 2008년~2016년까지의 기간은 부동산을 매물로 내놔도 잘 안 팔리던 시기였다. 팔고 싶어도 팔 수가 없는데, 게다가 전세값이 떨어지니 집값도 같이 추락한다. 전세값이 떨어지면 집주인들은 집을 팔기 위해 내놓는다. 그러면 여기저기서 매물이 많아져 집값이 하락한다. 집값이 하락하니 KB시세가 떨어지고 KB시세가 떨어지니 자연스레 대출 비율이 떨어진다. 그러니 대출을 갚아야 하는 상황이 온다. 결국 만기연장을 하려면 억대의 돈을 현금으로 밀어 넣어야 하는 것이다.

상가는 더 문제였다. 대출이 많이 나와서 수익률은 좋았으나 경매는 5년이 지나면 경매대출에서 일반대출로 바뀌면서 일시에 수억 원을 한꺼번에 갚아야 하는 부담이 생긴다. 원금상환 리스크가 터지는 것이다. 그런데 경기마저 나쁘다면 부동산이 경매로 넘어가면서 신용이 나빠지고 신용이 나빠지면 나머지 부동산도 전부 경매로 넘어가는 도미노 현상이 벌어진다.

부동산 투자를 하려면 대출을 쓸 수밖에 없는데 이것이 마음 편하지 않는 투자의 근본원인이었다. 특히 원금상환 통보를 받은 날은 밤잠을 제대로 잘 수 없었다.

주식에서 주식담보대출을 쓰는 것이 문제라고 하지만 그것은 주식가격이 떨어질 때 마진콜이 들어오면 보유하고 있던 주식을 시장가로 날리면 끝이다. 더 이상의 리스크는 없다. 즉 손실난 돈만 날리면 된다는 것이다.

그런데 부동산의 신용 문제는 주식담보 대출이 아니라 옵션투자와 성격이 같다. 원금의 수 배에서 수십 배 레버리지를 일으켜서 투자를 하기 때문이다. 그러니 투자주체가 떨어지기라도 한다면 원금만 날리는 것이 아니라 큰돈을 빚지면서 망하는 것이다.

이후 서울의 부동산을 매입했을 때는 그나마 마음이 편했다. 매매가가 오르고 전세가도 오르니 싸게 샀을 때는 큰 문제가 없었다.

그러나 서울의 부동산이라고 문제가 없는 것은 아니다. 지인 중에 2008년 금융위기 직전에 강남의 M아파트를 11억 매매가에 대출 10억을 끼고 산 친구가 있었다. 이자 비용은 약 7%로 한 달에 600만 원 정도가 대출이자였다. 게다가 생활비 400만 원을 쓰면 한 달에 천만 원이 주머니에서 빠져나가는 셈이다. 그런데 2008년 금융위기를 맞으면서 집값이 30% 떨어졌고, 억대의 원금상환을 해야 했다. 이후 3년 이상을 끌다가 결국 낮은 가격에 팔 수밖에 없는 궁지에 몰렸다. 계산해보니 4억 정도 손해였다고 한다. 제아무리 강남아파트도 비싸게 사고 자신의 능력치를 넘어서면 위험한 투자가 된다.

이런 일을 겪다 보니 부동산 투자를 하면서 하루도 마음 편할 날이 없었다. 편함을 찾아 투자처를 옮겼음에도 불구하고 말이다.

그러다가 2016년부터 주종목을 부동산에서 주식으로 바꾸었다. 바꾼 이유는 2008년 금융위기를 분석하는 과정에서 왜 부동산이 떨어졌는지 알게 되었기 때문이다. 세계적인 흐름을 모르면 까막눈으로 부동산을 하는 것이라는 사실을 깨달았다.

우리나라 부동산이 떨어진 시기는 1997년 IMF 위기와 2008년 금융위기 때였다. 우리나라 부동산이 떨어졌는데 근본원인은 국내가 아닌 해외요인 때문이었다. 그러니 해외흐름도 모르면서 부동산 투자를 하는 것은 장님이 절벽 근처에서 전속력 질주를 하는 것이나 다름없다.

주식을 하면서 레버리지를 쓰지 않았으므로 우선 마음이 한결 편했다. 그러나 오르기만 하던 주식, 특히 해외주식이 2018년 1월과 10월에 폭락을 하면서 주식도 언제든 떨어질 수 있다는 생각에 마음 졸였다. 게다가 10월 폭락은 부동산 투자를 할 때보다 더 큰 두려움에 사로잡히게 했다. 단 며칠 만에 수 억 원이 날아가는 상황에 직면했기 때문이다.

내가 들고 있던 주식의 주가는 20%가 빠졌는데 내 돈은 30% 이상 빠졌다. 떨어지면 더 떨어질 것 같아서 무서워서 팔고, 오르면 본전을 회복해야겠다는 욕심에 비싸게 사면서 계좌가 녹아내렸다. 부화뇌동했던 것이다. 이러니 주식투자도 마음에 평온을 가져다 주지는 못했다.

그러다가 공황의 원인 분석에 들어갔고 30년 이상의 나스닥 자료를 살펴보니 -3%라는 숫자[공황이 언제 오는지, 그리고 공황이 언제 끝나는지, 그 과정에서 어떻게 투자해야 하는지를 알려주는 나스닥 일간지수다. 자세한 내용은 나의 이전 책『내일의 부』(전2권, 1권 알파편, 2권 오메가편)에서 다루었다. 이번 책에서는 업그레이드 된 -3% 법칙과 새롭게 추가된 리밸런싱과 말뚝박기 법칙을 만날 수 있다를 발견할 수 있었다. 그리고 전량 매도 후에 공황이 끝나고 들어가서 몇 달 만에 원금을 회복했다.

내가 투자하면서 가장 힘들었을 때가 부동산 원금상환이 들어왔을 때와 2018년 10월에 하염없이 급락하는 주식창을 보면서 잠이 안 올 때였다.

-3%의 발견은 단지 수익을 더 늘리려는 목적이 아니었다. 높은 수익보다는 마음의 안정을 찾고 밤에 편안하게 자려는 의도였다.

-3%도 완벽하지는 않다. 왜냐하면 강제로 한 달 또는 두 달을 기다려야 하기 때문이다. 그래서 헤지 수단을 만들어 놨다. 양적완화 전까지는 미국 국채로 그리고 양적완화 후에는 금으로 말이다. 그러나 그것보다 -3% 발견의 더 큰 수확은 안정적으로 큰돈을 굴리면서 투자할 수 있다는 점이다. 밤에 잠을 잘 잘 수 있는 편안함을 준다.

주가가 떨어지면 개미들은 이런 말을 듣는다. "잘 견디면 좋은 날이 옵니다." 말이 쉽지 시퍼렇게 손실로 질려있는 계좌를 들고 버티기란 여간 어려운 일이 아니다. 일이 손에 잡히지 않는다. 그 돈이 어떤 돈인데 수십 퍼센트의 손실을 잘 견딜 수가 있겠는가. 암에 걸릴 확률만 커질 뿐이다. 많은 투자자들이 참고 또 참다가 연중 최저점에 질리고 질려서 홀랑 팔아버린다. 그리고는 손을 탁탁 털면서 '내가 다시는 주식 하나 봐라' 하고 시장을 떠난다.

트레이딩으로 큰돈을 벌었던 전설적인 투자자 제시 리버모어도 권총자살로 생을 마무리 했다. 아무리 위대한 투자자도 떨어지는 주식에는 장사 없다.

⚖ 결론 _____

매뉴얼을 지키는 투자자가 이 바닥에서 가장 오래 살아남게 될 것이고 마음 편히 투자하게 될 것이다. 물론 오래 투자해야 부자 된다. 이 책에서 업그레이드 된 나스닥 일간지수 -3% 법칙, 그리고 그와 연관된 투자법칙을 자기것으로 만들기 바란다.

직장인이 재테크를
해야 하는 이유

☑ 배달에 과외, 장사까지…코로나에 '투잡' 뛰는 직장인들

"월급만으로 생활하기 힘들다" 미래 대비하려 알바 등 시작 직장인 66%는 "부업 찾고 있어"

전문가 "프리랜서의 일상화 눈앞" 직구 대행부터 뚜벅이 배달까지" 예측 힘든 사회…多직업자 증가"

중소기업에서 일하는 10년차 직장인 이모씨(38)는 온라인 부업을 해보려고 퇴근 후 인터넷 강의를 듣고 있다. 강의 제목은 '수익형 블로그 운영법'과 '해외 구매대행 시작하는 법'. 그는 "회사 사정이 어려워 연봉 상승은 기대하기 힘든데 부동산 가격과 체감 물가는 뛰고 있다"며 "별다른 투자 없이 시작할 수 있다고 해 아이들 학원비라도 벌어볼까 관심을 갖게 됐다"고 말했다.

(후략)

2020년 12월 29일자 한국경제

최근의 기사 한 토막을 보면 요즘 직장인들이 처한 현실이 보인다. 직장은 믿을 수가 없으니 결국 부업을 병행하여 노후를 준비하는 사람들

이 늘어난다는 이야기다. 직장인의 경우 대기업이라 하더라도 부장까지 진급하지 못하면 퇴출될 운명에 놓인다. 그런데 직장인이 부장까지 승진할 확률은 1.8%에 불과하다. 승진을 위해 주어진 시간도 많지 않다. 부장 승진이라는 미션을 40대 중반까지 달성하지 못하면 이후로는 가능성이 더욱 낮아지고 만다. 40대 중반 이후에는 무섭게 치고 올라오는 후배가 부장 자리를 꿰차면서 자연스레 퇴출되는 것이 현대 직장인의 룰이다.

40대 중반이면 어떤 나이인가? 퇴출이 되어도 당연하게 받아들일 나이라고 생각하는가? 그렇게 생각하는 사람은 많지 않을 것이다. 최근의 풍속도에 따라 30대에 결혼을 했다면 한창 아이들을 키울 나이다. 필요한 돈도 많고 몸도 아직 팔팔하다. 그런 나이에 직장에서 나가고 나면 취직할 곳이 마땅치 않다.

이러한 현실 앞에 직장인은 적응 또는 순응할 수밖에 없다. 따라서 직장을 다니면서 돈 벌이를 찾거나 재테크를 하는 것이 현대 직장인들의 절박한 심정이다.

앞의 신문기사를 보면 프로그래머로 직장생활을 하는 직장인이 부업으로 프로그래밍을 가르치는 강사를 한다거나 유튜버, SNS마케팅, 배달까지 뛰어들고 있다. 이런 현상을 N잡 열풍이라고 칭했다. 한 사람이 여러 개의 직업을 가진다는 의미다.

이 세상에는 볼록시스템과 오목시스템이 있다. 『안티프레질』(나심 탈레브 저)의 바벨전략에 나오는 내용이다. 여기에 젠슨의 오목함수, 볼록함수 이야기가 나온다. 내용이 너무 어려우니 쉽게 예를 들어 인생에 적용시킨 볼록시스템, 오목시스템을 알아 보자.

잘하면 기본은 하는 것이 오목시스템이다. 대표적인 예로 건강이 있다. 건강은 잘 지키면 튼튼한 몸상태를 유지할 수 있고 잃으면 모든 것을 잃는다. 나도 얼마 전 허리가 아파서 약을 먹었는데 정말 앉아 있기도 힘들다. 만약 중병에라도 걸렸다면 돈이 무슨 소용이 있는가?

반대로 볼록시스템은 무엇인가? 예를 들면 모임에 가는 행동이다. 나심 탈레브는 파티에 가는 것을 완전한 볼록 시스템이라 했다. 왜냐하면 파티에 갈 택시비만 있다면 파티에 가서 얼마든지 좋은 사람들을 만날 수 있지 않은가? 실패할 확률은 거의 없다. 파티가 싫으면 교통비만 날리고 다시 돌아오면 된다.

여행도 마찬가지다. 매일 쳇바퀴 돌듯 돌아가는 일상에서 벗어나 견문을 넓히고 많은 사람들을 만나고 아름다운 광경을 눈에 담아오면 인생에 이것보다 좋은 일이 어디 있겠는가?

그렇다면 직장은 어느 시스템에 속하는지 생각해 보자. 잘하면 직장에서 안 잘리고 월급을 계속 받는다. 그러나 잘못하면 회사에서 퇴출되고 실업자가 되고 만다. 잘리지 않는다고 하여 엄청난 연봉을 받는 것도 아니다. 아주 특별한 직업이 아닌 한 말이다. 직장은 그런 의미에서 대표적인 오목시스템이다.

따라서 오목시스템에 갇혀 현대를 살아가는 직장인들은 오목시스템인 직장을 다니면서 일을 해서 밥은 벌어 먹되 최대한 볼록시스템을 이용하여 부를 넓힐 기회를 찾아야 한다. 오로지 직장에만 파묻혀 자아실현을 목표로 올인해서는 안 된다. 직장일에 소홀히 하라는 의미가 아니라, 시야를 넓혀 바깥세상에도 눈을 동시에 둬야 한다는 의미다. 시스템은 우리에게 그렇게 하라고 가르치고 있다.

직장인이 할 수 있는 제일 좋은 볼록시스템은 무엇인가? 단순히 몸을 쓰는 대리운전, 택배 등도 있기는 하지만 그보다는 창업이나 재테크를 추천한다. 후자는 확장성 면에서 차원이 다르기 때문이다.

몸을 써서 하는 일은 산술급수적으로 늘어난다. 겨우 일당이 주어지거나 더도 말고 덜도 말고 일한 만큼만 받을 수 있을 뿐이다. 그러나 창업이나 재테크는 개인이 큰돈을 벌 수도 있게 한다. 요컨대 기하급수적으로 늘어나는 일을 해야 한다는 말이다.

직장에 다니며 안 입고 안 써서 수십 년 간 몇 억을 모으는 데 겨우 성공했다고 한들, 서울의 아파트가 1년에 몇 억 올라버리면 아무 소용이 없다. 반면 세계 1등 주식투자는 복리로 돈이 불어나기 때문에 25년간 25%가 매년 오른다면 100배도 가능하다. 인생을 바꿀 방법은 어느 정도 정해져 있다. 손을 뻗어 기회를 잡느냐의 싸움이다. 이 책을 다 읽고 나면 손을 뻗을 용기로 가득하길 바란다.

⚖ 결론

오목시스템(직장)을 다니면서 볼록시스템(재테크)으로 부를 늘리는 것은 아무도 돌봐주지 않는 이 세상에서 스스로를 보호하는 유일한 길이다. 무료 혹은 유료로 진행되는 아래 사이트를 잘 활용하기 바란다.

다음카페 : JD 부자연구소
http://cafe.daum.net/jordan777
JD부자연구소 인강(인터넷강의) 사이트(구글에서 제이디 부자연구소 검색)
PC URL : https://www.jordan777.com/main/index.jsp
유튜브 : JD부자연구소(유튜브에서 JD부자연구소 검색)
https://www.youtube.com/channel/UCJN8yfW2p6Gd8-wZ04pGAkg

플라톤이 말했다.
"이야기를 만드는 사람이 세상을 지배한다."

이야기를 만드는 자, 그는 누구인가? 바로 창조적 기업을 이끄는 리더이다.

"다르게 생각하라!" - 스티브 잡스

창조적 기업을 이끄는 리더는 스토리를 창조하고 세상에 그의 꿈을 구현한다. 스토리의 힘이 위대한 기업을 만든다. 스토리의 힘을 이해하려면 사이먼 사이넥의 골든서클이라는 논리를 먼저 알아야 한다. 그 논리는 '무엇을, 어떻게, 왜'라는 세 가지 단어로 정의할 수 있다.

⧗ 무엇을

이 세상의 모든 기업은 자신이 무엇을 하는지 안다. 서비스업인지 제조업인지 구별도 하지 않고 사업을 하는 기업은 있을 수 없고, 물건을 만들고 있는지 만들어진 물건을 팔고 있는지도 잘 알고 있다. '무엇을' 은 가장 알기 쉬운 영역이다.

⌛ 어떻게

'어떻게'는 여러 가지 영역이 있을 수 있다. 영업이라면 어떻게 팔 것인가?를 말할 수 있고, 제조라면 어떻게 만들 것인가?를 말할 수 있다. 특히나 기업은 파는 영업이 중요하다. 그래서 기업에는 제각기 잘 파는 영업스킬이 있다.

① **경쟁사보다 싸게 팔 수 있다**
   - 우리보다 싼 곳이 있다면 최저가로 보상을 해주겠다.
   - 세상에 우리보다 싼 곳은 없다.
② **프로모션을 할 수 있다**
   - 1+1을 만들어서 판다.
   - 캐시백을 한다.
③ **사람들의 두려움을 자극하여 물건을 사도록 할 수 있다**
   - 사람들은 암에 걸리기 마련이다.
   - 암보험에 들면 오히려 암이 걸리지 않는다.

이 외에도 영역은 다양하다. 하지만 대부분의 기업은 이곳 '어떻게'에서 머물며, 어떻게에서 머문 기업은 위대한 기업이 될 수 없다. 재구매가 일어나지 않기 때문이다.

그리고 가격을 싸게 팔아서 성공했다 하더라도, 고객은 더 싸게 파는 곳이 나타나면 금새 그곳으로 발길을 돌려버린다. 혹은 프로모션을 그만두면 프로모션을 하는 다른 물건을 사러 떠나버린다.

그러나 고객에게 왜 이 물건을 사야 하는지 감동으로 다가갈 수 있다면 위대한 기업이 된다.

⏳ 왜

'왜'의 다른 말은 충성심과 소속감이다. 그 기업에 목을 매는 행위다. 소위 '빠'라고 한다. 예를 들어 '애플빠'가 있다. 애플빠들은 애플이라면 죽고 못 산다. 충성심이 극에 달하면 재구매는 쉽게 이뤄진다. 더싼 가격으로 경쟁사가 유혹해도 절대 넘어가지 않는다.

기업이 고객에게 충성심을 느끼도록 만드는 방법은 무엇인가? 그것은 '왜'를 이해하지 못하면 절대 넘어설 수 없는 허들이다. '왜'를 못넘어서니 고객도 이 기업에 충성심을 보이지 않는다. 충성심은 소속감이다. 내가 이 브랜드를 사용하면서 이들의 생각과 함께 한다는 류의생각 혹은 감정이다.

인간의 두뇌는 두 가지로 구성되어 있다. 신피질과 변연계다. 신피질은 뇌의 외곽에 위치하며 합리적이고 분석적인 사고와 언어를 담당하는 이성의 영역이다. 반면 변연계는 뇌의 가운데에 위치하며 신뢰와충성심 등을 관장하는 감각의 영역이다.

대다수의 기업은 물건을 팔 때 신피질, 즉 이성의 영역을 자극한다. 예를 들어 노트북이 있다. 소비자는 노트북을 사기 위해 가격비교 사이트에서 요모조모 따져본다. 그러면 대부분의 기업은 광고를 통해 이렇게 답할 것이다.

"최신의 CPU를 썼고 메모리는 많고 최신형이며 모니터는 최신 기술을 적용한 OLED 모니터이고 SSD를 써서 빠르고 조용히 부팅이 되며 가격 대비 성능에서 타사를 압도한다."

보통은 이렇게 강조한다. 그러나 소비자는 이런 정보가 많으면 많을수록 정보의 양에 놀라 스트레스와 의심만이 쌓일 뿐이다. 시간을 한나절이나 쓰고도 결정을 내리지 못한다. 너무 많은 정보를 처리하느라 우리의 뇌가 지쳐 쓰러지기 때문이다. 이처럼 결정을 앞둔 상대에게 이성의 영역을 자극하면 그는 오히려 혼란스러워 한다.

그러나 신뢰와 충성심을 관장하는 변연계를 자극하면 이야기는 달라진다. 가격, 성능… 필요 없다. 굳이 이 브랜드 저 브랜드를 비교하지도 않고 확신에 가득 차 한 치의 망설임 없이 다이렉트로 선택한다.

포르쉐718에 꽂힌 사람에게 기아차가 얼마나 가격 대비 성능비가 좋은지 설명한다고 해서 그가 기아차를 사는가? 스타벅스의 분위기와 맛에 취한 사람에게 더 싼 가격과 더 좋은 인테리어의 커피숍이 등장한다고 하여 그의 충성심을 바꿔 놓을 수 있을까? 애플에 빠진 사람에게 삼성폰의 가격 대비 성능비가 파고들 자리가 있을까? 할리 데이비슨에 빠진 사람에게 다른 오토바이를 팔 수 있겠는가?

변연계에는 언어능력이 없다. 그것이 변연계의 특징이다. 따라서 합리적인 언어로는 이들을 설득할 수 없다. 왜 애플을 좋아하고 할리 데이비슨을 좋아하는지 언어로는 설득이나 설명이 불가능하다. 이들에 한번 빠지면 그냥 좋아한다. 그리고 이들에게 왜 이 브랜드를 사느냐고 묻는다면 소속감이라는 단어를 꺼낼 것이다. 그 소속감은 본능적이다.

이성의 영역을 자극하면 스트레스와 의심만 쌓여 결정을 내리지 못하지만, 감정의 영역을 자극하면 단 번에 확신에 찬 결정이 내려진다.

마케팅이 이성의 영역에서 이뤄진다면 한 번은 팔 수 있지만 재구매를 유도하기란 매우 어려운 미션이 되고 만다. 그러나 감정의 영역을 자극하면 재구매는 당연하고 주변사람들을 설득하여 이 브랜드를 소비하도록 종용하게 만들 수도 있다. 자신과 함께 이 브랜드를 소비하며 소속감을 가지고 싶기 때문이다.

인간이 이처럼 행동하는 이유는 우리가 원시시대 야만인 출신들이기 때문이다. 신석기의 시작은 1만 8000년 전이다. 그런데 산업혁명 이후 고작 300년이 흘렀을 뿐이다. 따라서 우리는 어떤 일이든 이성보다는 감정을 써서 결정한다. 그러한 이유로 이성보다 감정을 자극해야 사람을 감동시키고 움직이게 만들 수 있는 것이다.

충성심은 원시시대 때부터 있었다. 원시시대에는 리더가 한 무리를 데리고 이동하며 사냥을 했다. 그런데 겨울이 오거나 한동안 짐승이 잡히지 않으면 무리 중에 가장 약한 놈을 버리고 갔다. 입을 하나라도 더 줄여야 했기 때문이다. 따라서 살아남기 위해서 인간의 뇌는 뿌리깊게 소속감과 충성심이 가득하도록 진화해 왔다. 인간이 가진 이 DNA가 없었다면 벌써 수 십만 년 전에 멸종했을지도 모를 일이다.

인간 깊숙한 곳에 있는 충성심과 소속감을 깨우는 기업은 팬덤이 있는 기업으로 성장한다. 나아가 하나의 기업에 머무르지 않고 거대하고 뿌리깊은 문화가 된다.

부하직원을 가르쳐 일을 하게 하는 과정을 생각해 보자.

① **무엇을**

이 회사는 무엇을 파는 기업이다.

OO 대기업은 석유를 가공해서 만들어 파는 기업이다.

OO 제과는 과자와 아이스크림을 만들어 파는 기업이다.

'무엇을'은 가장 쉬운 영역이다.

② **어떻게**

업무를 가르치는 영역이다.

프로그래밍을 한다면 어떻게 구조를 짜고 어떤 사이트를 참조하거나 이용하며 누구와 피드백을 해야 하는지, 어떤 프로그램을 썼을 때 가장 효율적인지를 가르친다. 직원으로서 어떻게 하면 밥값을 할 수 있는지 가르치는 영역이다.

③ **왜**

그런데 기업은 왜에 대해서는 가르치지 않는다. 왜 이 일을 하는지 몰라도 되는 것처럼 방치한다.

무엇을과 어떻게는 이성의 영역이다. 이성의 영역을 자극해서 일의 스킬은 늘릴 수 있어도 절대적으로 일을 열정적으로 하게 하지는 못한다. 열정이란 스스로가 왜 이 일을 하는지 알아야만 나오는 에너지이기 때문이다. 이 과정이 생략된 기업이 직원을 움직이게 만들고 싶을 때, 대표가 할 수 있는 일이라고는 단지 돈을 더 주는 것 이외에는 없다.

모든 일엔 왜가 우선해야 한다.

- 세상이 달콤하다는 것을 알리기 위해 빙수를 만든다. – 팥빙수 종업원
- 사회의 변혁을 가르치기 위해 선생을 한다. – 선생님

- 세상을 바꾸기 위해 사업을 일으킨다. - 벤처 기업가
- 돈 때문에 운전을 하는 것이 아니라 소중한 생명을 구하기 위해 운전을 하는 것이다. - 앰뷸런스 운전수
- 일이기 때문에 사진을 찍는 것이 아니라 세상이 아름다운 것을 알려주기 위해 세상을 담는 것이다. - 사진작가
- 명령에 따라 움직이는 것이 아니라 더 나은 군대와 국가를 후손에게 물려주기 위해 신념을 따르는 것이다. - 군인

추구하는 가치가 왜를 만든다. 그리고 왜 일을 하는지 아는 직원은 무엇을, 어떻게 할 것인지 스스로 터득하게 된다. 위대한 리더는 기업의 가치인 왜를 직원에게 심어줄 수 있어야 한다. 스티브 잡스가 펩시콜라의 마케팅 전문경영자였던 스컬리를 스카우트 할 때 했던 말이다.

"평생 설탕물만 팔 겁니까? 아니면 세상을 바꾸기를 원합니까?"

이것이 애플의 가치관이며 존재의 이유다. 스티브 잡스는 직원에게 왜를 심어줄 수 있는 리더, 나아가 고객에게도 왜를 심어 줄 수 있는 위대한 리더였다.

팬덤이 있는 기업은 그 이면에 팬덤을 직원에게 심어주는 CEO가 있다. 그리고 그들은 의욕이 있는 직원을 골라낼 줄 알고 그들에게 회사의 비전을 보여주며 왜라는 영감을 불어 넣어 준다. 애플의 스티브 잡스, 아마존의 제프 베조스, 테슬라의 일론 머스크가 대표적인 인물들이다.

어떻게 하면 의욕이 하늘을 찌르는 직원을 뽑을 수 있을까? 기량이나 기술을 보고 뽑으면 되는가? 핵심은 태도에 있다. 『일본전산 이야

기』라는 책을 보면 일본전산 사장이 직원을 채용하면서 선착순으로 뽑고 밥을 빨리 먹는 순서대로 뽑았다. 이게 말이 되는가?

일본전산은 애초 지금처럼 큰 회사가 아니었다. 본사도 도쿄가 아닌 지방에 있었다. 신입사원을 뽑으면 그리 오래지 않아 태반이 퇴사를 해버렸다. 미래가 안 보이니 말이다. 그래서 이런 면접법을 고안해냈다. 선착순대로 면접을 볼 수 있게 했고 면접은 꽝꽝 얼린 밥을 주는 것이었다. 이 방법에 무슨 의미가 있는가? 어차피 회사도 중소기업이다. 본사도 지방이다. 그러다 보니 면접을 보러 오는 지망생들도 도쿄대가 아닌 지방대 출신들이다. 지방대 출신의 신입사원들이 입사 후 며칠 일 좀 해보다가 "이 회사 정말 구리네" 하면서 회사를 나간다. 회사 입장에서는 팔짝 뛸 노릇이다.

그래서 능력은 아예 보지도 않기로 했다. 단지 열정만 본다. 면접에 얼마나 일찍 오는지 열정을 보고, 꽝꽝 얼린 밥을 먹을 정도의 절박함에 주목했다. 열정과 절박함으로 무장했다면, 설령 부족함이 있어도 배우면 금방 따라갈 수 있다고 판단하였다. 이것이 지방의 한 기업이 소형모터분야 세계 1위로 우뚝 선 비결이다.

열정이 우선이고 실력은 그 다음이다. 실력은 가르치면 되지만 열정은 가르쳐서 될 일이 아니다. 일본전산은 이 점을 간파했고, 먼저 열정을 가진 직원을 뽑아 업무는 후에 가르치면서 성장하였다.

업무도 이 개념의 흐름도를 따라가면 된다. 왜를 가진 직원을 뽑은 후 무엇과 어떻게를 가르치는 것이 업무 순서이다. 그래서 대학교에는 건학이념이 있고 기업에는 창업이념이 있지 않은가. 이런 이념에 동참할 인재를 뽑는 것이 인재를 뽑는 기준이 되는 것이다.

진정한 리더는 열정 있는 직원을 뽑고 그들에게 영감을 불어 넣어 신나게 일을 하도록 만든다. 그래서 팬덤을 보유한 기업으로 성장시킨다.

진정한 리더는 직원뿐 아니라 고객에게마저 자신의 가치관을 불어 넣어 주는 사람이다. 그것을 팬덤이라 한다. 팬덤이 있는 브랜드를 소비하는 사람은 리더의 가치관에 기꺼이 동참하며 스스로 충성을 다한다. 그리고 말한다. 나의 신념을 증명해줄 제품의 브랜드를 선호하는 것은 당연한 일이라고.

위대한 기업은 이야기를 만들고 퍼뜨리며 많은 사람을 감염시켜 그들을 따르게 한다. 그리고 세상을 지배한다. 우리는 어떤 기업에 투자해야 할까? 답은 명확하다.

왜를 아는 기업, 혁신적인 제품을 끊임없이 창조해내고 고객들은 경이적인 충성도를 보이는 기업에 투자해야 할까? 아니면 무엇을(보조금, 가격할인, 좋은 스펙 등) 가지고 접근하여 고객들을 유혹하려는 기업에 투자해야 할까?

투자는 그런 기업을 찾아헤매는 여정이다.

세상을 바꿀 기업이 주목하는 곳은?

☑ **"논란의 확률형 아이템 버려야 게임업계 신뢰 회복"**

현장에서 확률 공개 미봉책에 불과 새로운 비즈니스 모델 찾아야

넥슨의 '메이플스토리' 확률형 아이템 확률을 공개한 뒤 게임업계 관계자의 토로다. 넥슨은 지난 5일 게임 메이플스토리의 확률형 아이템에 대한 이용자들의 불만이 일자 게임 내 장비 아이템의 잠재능력 옵션을 변경하거나 상위 등급으로 올릴 수 있는 구매형 아이템 '큐브'의 확률을 공개했다.

2021년 3월 14일자 한국경제

게임의 확률형 아이템에서 아이템 상자 자체는 무료다. 대신 상자를 여는 데 필요한 열쇠는 유료로 돈을 내야만 얻을 수 있다. 이런 식으로 법을 빠져나가면서 유저가 돈을 지불하게 하는 형태들을 확률형 아이템이라고 한다.

확률형 아이템은 중독성이 매우 높다. 『인스타브레인』이라는 책을 보면 이런 내용이 나온다

쥐를 놓고 실험을 했다. 지렛대를 누르면 음식을 주는 실험이다.

그런데 지렛대를 누를 때마다 음식을 주면 쥐는 심드렁해진다. 반면 30%~70%의 확률로 음식을 준다면 어떻게 될까? 미친 듯이 누른다는 것이 실험의 결과다.

쥐가 30%~70%의 확률에 미친 듯이 반응하는 이유는 무엇일까? 자연이 그렇게 설계되어 있기 때문이다. 먹이를 잡을 확률이 낮아지면 생존을 위해 더 많이 더 빨리 움직일 수밖에 없다.

사람이 도박에 빠지는 이유도 이와 비슷한 이치다. 항상 이긴다면 도박만큼 재미없는 게임이 어디 있을까. 항상 이기지 못하기 때문에 이기려고 덤비는 것이 아니겠는가.

이 세상의 모든 불합리한 인간의 행동은 원시인의 두뇌와 연관되어 있다. 현생 인류가 살아온 날은 80만 년이다. 원시인으로 살았던 기간이 79만 년, 그나마 사람답게 산 기간이 1만 년이다. 게다가 현대인으로 살았던 기간은 지난 300년 정도밖에 되지 않는다. 이처럼 원시인의 두뇌로 현대인의 삶을 사니 항상 어긋난 삶을 살게 되는 것이다.

⌛ 집중하는 유전자

인간의 유전자로 한 곳에 집중하기란 쉬운 일이 아니다. 책을 읽다가도 스마트폰을 보고 스마트폰을 보다가도 TV를 켠다. 마치 ADHD(주의력 결핍) 증상처럼 말이다. 이런 증상은 살아남은 원시인 조상이 우리에게 물려준 유전자다.

원시인은 어떻게 죽었을까? 심혈관계 질환이나 심장병, 당뇨병으로 인한 합병증으로 죽었을까? 아니다. 대부분은 누구에게 맞아 죽거나 굶어 죽었다.

따라서 그들 중 끊임없이 경계를 잘하는 원시인 조상이 살아 남았을 확률이 높고 그로 인해 우리는 항상 경계를 하도록 만들어져 왔다. 한 곳에 집중하기가 어려운 것은 당연한 결과다. 특히 앉아서 하는 일에는 말이다.

소위 정찰을 하면 도파민이라는 물질이 만들어진다. 즉 멀티태스킹을 하면 행복회로가 돌아가는 것이다. 도파민은 동기부여와 관련된 물질이다. 그래서 경계할 필요가 없는 현대사회에서도 끊임없이 경계한다. 생존을 위해 원시시대부터 누적되어 왔기 때문이다.

그런데 의외로 걷거나 뛸 때는 집중이 잘 된다. 나는 아침에 주로 운동을 하면서 유튜브를 듣는데 많이 걷고 뛸수록 더 많은 아이디어가 떠오른다. 아마도 원시인들이 걷거나 뛰면서 사냥을 했던 유전자가 전달되어 움직이면서 집중하는 매커니즘이 자리잡은 것처럼 생각된다.

⌛ 원시인들이 남겨준 유전자

원시인 A와 B가 있다. 원시인 A가 과일 나무를 발견했다. 그런데 원시인 A는 적당히 먹는 원시인이다. 적당히 먹고 배부르니 집으로 돌아갔다. 다음날 다시 과일 나무로 오니 과일이 하나도 없다.

원시인 B도 과일 나무를 발견했다. 그런데 원시인 B는 배가 터지도록 먹는 원시인이다. 배가 터지도록 먹고 집에 갔다 다음날 다시 오니 과일이 하나도 없다. 둘 중 과연 누가 살아 남았을까? 원시인 B다.

현대는 어떤가? 돈만 있으면 얼마든지 먹을 수 있다. 그런데 우리는 원시인의 뇌를 가지고 현대를 살아간다. 뷔페에 가면 배가 터지도록 먹을 수 있다. 그러고도 다음 날 또 음식점에 가서 배가 터지도록 먹을 수 있다. 그렇게 먹을 필요가 없는데도 불구하고 배가 터지도록 먹는다. 원시인의 뇌를 가지고 현대를 살아가기 때문에 벌어지는 일이다. 결과는 비만으로 인한 당뇨병이다.

사람의 인내력은 시험의 대상이 아니다. 과자를 앞에 두고 아이들에게 인내하게 하는 실험은 못할 짓이다. 왜냐하면 사람의 인내력은 아주 나약하기 때문이다. 인내하게 하려면 과자를 집에 두지 말아야 한다.

술, 담배를 끊는 것보다 다이어트가 더 어렵다. 술, 담배는 끊고 안 먹고 안 피우면 되지만 다이어트는 아주 조금씩 먹는 버릇을 들여야 하기 때문이다.

술을 한 잔만 마실 수 있나?

담배 한 개피만 피울 수 있나?

그럴 수 없다. 그러나 다이어트는 끊을 수 없으니 소량이라도 먹어야 한다. 그래서 다이어트가 더 어려운 일이다.

사람은 행복은 짧고 불안은 길게 느낀다. 원시인은 사냥에 성공했다고 하여 행복을 길게 가져가면 안 된다. 행복에 젖어 있으면 불시에 누구에게 얻어 맞아 죽을지 아니면 들짐승에게 잡혀먹을지 모른다. 따라서 불안이 지속되는 것은 당연하다. 현대인은 그렇게 맞아 죽을 일이 없는데도 불구하고 불안이 떠나지 않는다.

자기 전에 스마트폰을 보면 잠이 잘 오지 않는다. 스마트폰에서는 청색광이 나온다. 청색광은 파란 하늘에서만 나오는 빛이다. 청색광은 우리의 뇌를 대낮으로 인식하게 만든다. 따라서 눈을 감고 있어도 지금은 밤이 아닌 낮이다. 낮에 잠을 자면 한 번이 아닌 단계적으로 잠을 자게 된다. 깊게 자지도 못한다. 그래서 밤 늦게까지 스마트폰으로 영화나 드라마, SNS를 보면 숙면을 취하지 못한다.

뇌는 하던 일만 반복하려고 한다. 한번 습관이 들면 그것이 맞던 틀리던 습관대로 행동한다. 따라서 뇌를 쓰려면 반드시 새로운 장소에 가야 한다. 낯선 곳에 가면 뇌가 반응한다. 왜냐하면 습관이 통하지 않으니까. 그래서 여행을 하면 창조력이 상승한다고 한다.

그런데 뇌는 왜 게으를까? 원시시대에는 현대처럼 먹을 것이 풍부하지 않았다. 따라서 뇌를 많이 쓰면 에너지가 그만큼 많이 소비된다. 그러니 뇌를 적게 쓰는 것이 생존에 유리했다.

뇌는 인간의 얼굴을 볼 때 더 집중한다. 그래서 페이스북이 얼굴책을 만들었다.

결론

어떤 기업이 성공하는지 아는가? 인간의 원시두뇌를 잘 이용하는 기업이다. 이 책은 세상을 바꿀 그 기업을 찾아가는 과정이다.

매뉴얼을 지키는 이유

매뉴얼로 얻고자 하는 결과물은 크게 두 가지다.

① 절대로 잃지 말자.
② 다시는 다시는 실수하지 말자.

스포츠에서는 공격을 잘하는 팀보다 수비를 잘하는 팀이 우승을 한다. 농구건 야구건 축구건 마찬가지다. 주식, 부동산, 재테크도 다르지 않다. 다른 점이 있다면 수비를 잘하면 스포츠에서는 우승 트로피가 주어지지만, 재테크에서는 부자 타이틀이 주어진다.

적게 잃으려면 어떻게 해야 하는가? 앞선 책 『내일의 부』(전2권, 1권 알파편, 2권 오메가편)에서도 핵심적으로 강조했고, 이 책에서도 반복적으로 강조하고 소개할 바로 '-3%룰'을 잘 지키면 된다. -3%룰은 공격이 아닌 전형적인 수비의 룰이다(이 책에서는 업그레이드된 -3%룰을 제시한다).

-3%룰은 미국의 나스닥 지수에서 위험한 때에 어떤 일이 일어났는가를 살펴보고 발견한 법칙이다. 공황은 오기 전 -3% 이상의 위험신

호를 먼저 보내고 그 다음에 오더라는 것이다. 요란하게 기적을 울리며 배가 항구에 도착하는 것처럼 말이다.

가장 최근 발생한 코로나19로 인한 주가폭락에서도 -3%룰을 지켰고 세계 1등 주식에 투자했다면 돈을 잃었을 리가 없고, 돈을 벌지 못했을 리가 없다. 만약 잃었다면 룰이 잘못된 것이 아니라, 그 룰에 따르지 않았기 때문이다. 왜냐하면 돈을 잃기에는 너무나 보수적으로 설계되었고, 잃지 않도록 철저한 계산하에 만들었기 때문이다.

인간은 살면서 세상에 일어나는 모든 일을 경험할 수 없다. 몸이 천 개라도 부족하다. 그 대안으로 할 수 있는 일이 책 읽기다. 책을 읽는 이유는 거인의 어깨 위에서 세상을 바라보고 싶기 때문이다. 그렇다. 독서를 통해 우리는 세상의 많은 일들을 간접적으로 경험할 수 있고, 긴 세월을 다 살아보지 않아도 현인의 삶을 살아볼 수 있다. 현인의 생각을 일대일로 듣는 것이기에 닮아가거나 그처럼 현명해질 수도 있다.

1980년대 초반부터 주식을 시작했던 경우가 아니라면 주식의 공황을 온몸으로 겪었을 리가 없다. 그러니 우리는 그 당시의 공황을 간접적으로나마 경험해 봐야 한다. 공황은 한 번 다녀가면 영원히 다시 오지 않는 손님이 아니다. 때가 되면 매번 불쑥 찾아오는 불청객과도 같다. 따라서 간접적으로라도 공황을 경험해 봐야, 당시 공황이 왜, 어떻게 왔고 주가가 어떻게 떨어졌고 다시 상승랠리로 바뀌었는지 알 수 있다. 모르면 불청객의 낯선 그림자에 화들짝 놀라 코가 깨지도록 자빠질 수밖에 없으니 말이다.

나스닥 지수에 어느날 갑자기 -3%가 뜨면 왜 팔아야 하는가? 또 다시 실수를 하지 않으려고 파는 것이다. 팔지 않고 버티면 어떤 결과가 오는지 안다면 당연히 룰에 따라야 한다.

어느 누가 그랬다. 머리 좋은 놈은 때리기 전에 피하고 보통인 놈은 맞은 다음에 피하고 머리 나쁜 놈은 맞고 나서 또 맞는다.

공황의 끝을 알리는 신호로 앞선 책 『내일의 부』에서 몇 가지를 제시했다. 매뉴얼이 수정, 보완되어 지금 남아 있는 공황의 끝을 알리는 신호는 2가지다.

8거래일 상승과 2달+1일

나스닥 지수가 8거래일 연속 상승하면 공황 끝, 나스닥에 -3%가 뜬 후 2달 연속 다시는 -3%가 뜨지 않으면 공황 끝. 투자자는 이 조건에 부합하면 다음날 안심하고 주식을 다시 사면 된다.

8거래일 상승으로 공황이 종료된 경우는 지금까지 4번의 공황 중에 총 2번이 있었고 2번 모두 조기에 공황이 끝났다. 1987년 블랙먼데이와 2008년 금융위기다. 두 번의 8거래일 상승이 2달+1일의 공황탈출 공식보다 한 달 반 정도 빨랐다. 그러니 투자자에게 8거래일 상승은 반가운 소식이 아닐 수 없다.

왜 8거래일 상승은 공황의 끝 신호가 되었을까? 8거래일 동안 안정적으로 상승했다는 의미는 증시가 그만큼 안정적인 추세로 바뀌었다는 증거이기 때문이다.

그런데 오늘 새벽에 만약 나스닥 지수에 -3%가 떴다면 파는 것이 나을까? 아니면 안 팔고 버티는 것이 나을까? 매뉴얼은 잃지 않고 실수하지 않으려는 속성에서 보수적으로 만들어진 것이다. 그러니 안 팔고 버티기보다는 파는 것이 맞다.

누가 파는가?

크게 잃지 않으려는 심정이 강한 사람.

밤에 발 뻗고 자려는 사람.

대부분의 투자자들이 이렇게 투자하고 싶어하지만, 대다수가 실제 행동은 반대로 한다. -3%가 뜰까 걱정되지만 -3%가 뜨더라도 팔지 않고 버티려고만 한다. 손실 확정에 대한 두려움 때문일 것이다.

하나의 종목에 투자하면서 -2%에 팔지 못하는 사람은 -10%에도 팔지 못한다. -50%에서는 가능할까? 죽었다 깨나도 못 팔고 -90%에서는 죽으면 죽었지 절대 팔지 못한다.

그런데도 공황을 알리는 뱃고동 소리일 수도 있는 나스닥 일간지수에 -3%가 뜨더라도 절대 팔지 않겠는가? 그것은 크게 잃지 않고 편하게 잠을 자려는 투자의 마인드와 반대로 가는 행동이다.

만약 8거래일 연속 상승하여 주식을 다시 담으려고 했는데, 바로 -3%가 뜬다면 아쉽지만 이번에는 이 조건을 매뉴얼에서 지우면 된다. 그러면 2달+1일만 남는다. A와 B가 있고 A의 경우가 더 좋지만 A가 아니라면 자연스레 B를 선택하면 되는 것이다.

이처럼 시장이 주는 시그널에 순응하면서 손실을 최소화하고, 리스크 관리를 한 다음 시간이 지나 시장이 안정적으로 오르는 시기가 왔을 때는 마음 편히 꾸준한 수익 누적이 가능해진다. 앞서 -2% 손실이 아까워 팔지 못하는 경우를 언급했다. 안정적인 시기에는 세계 1등 주식의 경우 하루 만에 회복할 수 있는 손실 수준이다. 손실 보고 파는 건 비록 아깝지만 결국 리스크 관리가 되다보면 그렇게 아까워하지 않아도 된다는 의미다.

매뉴얼은 기록하고 다시는 잊지 않는 데 목적이 있다. 그래야 똑같은 실수를 반복하지 않는다. 매뉴얼을 만들었고 지키기로 원칙을 세웠다면 우직한 자세로 지켜가는 것이 최선책이다. 그리고 A조건에 부합하지 않으면 A조건은 지워 나가면서 B조건이 완성될 때까지 기다린다.

조급하지 않은 마음자세로 투자에 임하면 절대 같은 실수를 두 번 반복하지 않는다. 매뉴얼이 존재하는 이유는 돈을 벌기 위함보다는 다시는 당하지 않기 위함이다. 매뉴얼을 보수적인 자세로 대해보라. 그러면 절대 잃지 않는다.

투자에서는 절대 잃지 않겠다는 원칙을 제1로 삼아야 한다. 절대 잃어서는 안 되기 때문이다. 만약 모든 돈을 잃어서 자산이 제로가 되면 아무리 100을 곱해도 혹은 1,000을 곱해도 결과값은 모두 0이다. 기회 자체가 완전히 사라져버린다. 따라서 적게라도 얻는 것이 완전히 잃는 것보다 만 배 낫다.

잃지만 않는다면, 영원히 올 것 같지 않던 만회와 재기의 시간이 어느덧 다가온다. 자산을 지키고 있었다면 쉽게 만회가 된다. -3%를 잃었지만 다시 +3%를 버는 것은 그리 어렵지 않다. 그러나 100%를 잃어버리면 다시 100%을 얻을 기회 자체가 없다. 새로운 자금을 마련하여 시작한다고 해도 잃어버린 자산을 회복하는 데는 오랜 시간이 걸리며 가능성도 높지 않다. 오랜 시간 투자하면 회복이야 되겠지만 이 경우 같은 실수를 또 반복할 확률이 높기 때문에 가능성이 제로에 수렴한다고 생각한다. 또한 새로운 자금으로 시작하여 다시 -20%를 잃는다면 그때는 자포자기 상태가 되고 만다. 많은 투자자들이 지금 이 상황에 놓여 있다는 사실을 기억하기 바란다. 사람들은 쉽게 잊는다. 잃고 또 잃어도 같은 실수를 또 반복한다. 이제는 바뀌어야 하지 않겠는가.

나는 2018년 수억 원을 날린 경험이 있다. 하루 아침에 총 자산의 30%가 사라졌다. 그 고통이 아직도 몸에 남아 있는 듯 느껴진다. 다시는 당하지 않으리라 다짐하고 매뉴얼을 만들었다. 경험한 것만 분석하지 않고, 경험하지 않았던 공황까지 모두 분석하여 공황의 시작과 끝을 만들었다. 공황의 중간에는 어떤 액션을 취할 것인지, 어느 지점에서 얼마의 자산을 박을 것인지(말뚝박기)도 고려해서 만들었다.

공황은 같은 얼굴로 오지 않는다. 비슷한 징후는 물론 있겠으나 불시에 얼굴을 가리고 덮쳐온다. 그리고 공황이 올 때는 공통점들이 있다. 수치들이 보여준다. 내가 분석한 공황수치가 바로 매뉴얼이다. 공황의 시작과 끝을 알리는 신호들 말이다. 매뉴얼 덕분에 최근 발생한 코로나발 공황에서 자산을 허무하게 잃는 일을 겪지 않을 수 있었다.

나는 같은 실수를 반복하지 않으려 무던히 노력하고 자산을 잃은 경험을 절대 잊지 않는다. 혹시나 잊을까 하여 마음판에 선명하게 새겨놓는다. 그 결과 매뉴얼로 자산을 방어하고 일정한 페이스로 자산을 확대해 가는 안정적인 투자의 수레바퀴를 구축하였다. 하락할 때 추가로 매수하는 매뉴얼에 따라 두려움 없이 주식을 추가매수하고, 공황의 시작과 끝이라는 공포스러운 상황에서도 무심한 듯 기계적으로 매매에 임한다. 수익이 아무리 충분히 났다 하더라도 원칙대로 가면 결코 주식을 팔지 않는다.

만약 나스닥 지수에 -3%가 뜨면 모든 주식을 처분하고, 8거래일 연속 상승이 나오면 다시 샀다가 -3%가 다시 뜨면 다시 버리고, 두 달

동안 -3%가 더 이상 뜨지 않기를 기다린다. 어떤 투자자에게는 투자를 쉬는 두 달이 영겁의 시간처럼 길게 느껴질 수도 있겠으나 나는 그깟 두 달만 버티면 되지 하는 심정이다. 자산이 -30%가 되는 상황은 못 견딜 것 같기 때문이다. 자산이 마이너스가 될 수도 있는 상황을 겪느니 차라리 쉬는 게 백 번 낫지 않겠는가.

깡통을 차는 투자자에게는 원칙이 없다. 자산을 지켜줄 방어장치가 없기 때문에 주식의 높은 변동성에 당하고 만다. 빨리 당하느냐 그나마 오래 버티다가 당하느냐의 차이가 있을 뿐이다. 매뉴얼도 없이, 게다가 자신만의 투자원칙도 없이 그때그때의 감정에 따라 투자하면 계좌는 해빙기의 눈처럼 싹 녹아버린다. 투자자에게 남는 건 원치 않는 강제퇴출이다.

투자라는 사다리를 통하지 않고는 부자가 될 방법이 없다. 임금소득에 의지해서는 평생 노예의 삶에서 벗어날 수 없다. 투자를 해야만 하고, 투자를 잘못하면 자산이 모두 녹아버린다. 그러니 매뉴얼에 따라 반드시 잃지 않는 투자를 해야 하는 건 당연하다.

개미들은 얼마 전 과거도 기억하지 못하는 고질병, 망각의 병이 있다. 투자의 세계에서 가장 큰 약점이다. 잃고 또 잃고, 물리고 또 물린다. 들고만 있으면 마냥 오를 것만 같지만 현실은 항상 예상을 빗나간다. 증시가 하락에 대한 강한 시그널을 주는데도 '존버(존중하며 버티다의 합성어를 줄인말로써 힘든 과정을 거치는 중이거나 참는 상황에서 사용하는 말)'가 답이라며 버티다가 고점에 물리면 내일이 없다. 잃는 것은 순간이다. 특히 공황의 시기에는 그 속도가 빛의 속도로 빨라진다. 그러나 그 돈을 다시 찾으려고 하면 엄청난 세월을 견뎌야 한다. 존버의 시기에 레버리지라도 썼다면 100억대 자산가도 10억을 빚진 거지가 될 수 있다. 그것이 바로 주식이다. 플러스를 기대하기 전 마이너스를 방어해 주는 매뉴얼이 그래서 중요하다.

결론

존버하면 깡통도 찰 수 있지만 -3% 때 매도하면 재기가 가능하다. 반대로 존버하면 돈을 벌 수 있지만 -3%는 절대 가난해지지 않도록 방어한다. 만약 8거래일 상승 후에 -3%가 떠서 폐기가 되어서 다시 두 달을 기다린다고 가정하자. 두 달 늦게 간다고 세상 무너지지 않으며 부자 안 되는 것도 아니다. 지금이라도 -3%에 어떤 의미가 있는지 다시 한번 점검해 보았으면 한다. 당신과 성향이 맞으면 철칙으로 지키기 바란다. 그러나 -3%가 무슨 의미인지, 왜 하는지 모르겠고 자신의 투자방향과 맞지 않는다면 나의 투자방식으로는 쓸 수 없다. -3%률을 지키라고 강요할 수는 없다. 단, 지키려면 어떤 의미인지는 알고 따르기 바란다.

이전 책보다 성능이 좋아진 '업그레이드 -3%'률과 평소에 사용하는 '현금화 리밸런싱', 나스닥 일간지수에 -3%가 발생했을 때 적용하는 '말뚝박기' 등에 관한 구체적인 전략은 이 책의 2권(바뀐 세상에서 어떻게 투자할 것인가?)에 자세히 기록했으니 끝까지 집중력을 잃지 않았으면 한다.

주식은 모아가기만 하면 되는가? 아니면 사고팔아야 하나?

1등 주식 투자법은 사고파는 투자를 전제로 한다. 한 곳에 머물지 않는다. 모아가는 전략도 아니다. 주식을 모아간다는 말은 보통 매달 적립식으로 주식 수를 늘려가는 방식이다. 혹은 부정기적으로 돈이 생길 때마다 투자를 하는 경우다.

어떤 주식을 모아가야 하는가? 1등 주식일까? 아니다. 자신이 생각한 주식이다. 예전 강의를 수강한 사람이 있었는데 자신은 '아마존'이 좋다고 했다. 그래서 돈이 생길 때마다 아마존을 산다고 한다. 아마존의 미래가치를 믿는다며, 월급 통장에서 생활비를 빼고 나머지 돈으로 아마존만 산다는 것이다. 이런 방식이 모아가는 전략이다.

세계 1등 주식은 어떻게 투자해야 할까? 모아가야 할까, 사고팔아야 할까? 답은 사고파는 전략이다. 1등 주식을 사고파는 이유는 1등 주식이 지속적으로 바뀌기 때문이다. 하나의 주식을 모아가는 투자자는 세계 1등 주식이 바뀌어도 갈아탈 이유가 없다. 1등이건 1등에서 2등이 되었건, 혹은 10등까지 밀려나도 모아가기만 하면 되니까 말이다.

따라서 모아가는 투자를 하고 싶다면 개별주식보다는 S&P500과 같은 지수 추종 ETF인 VOO와 같은 상품을 돈이 생길 때마다 모으는 게 좋다. 모아가는 전략은 지수 관련 종목에 구사하는 것이다.

세계 1등 주식 투자법은 모아가는 전략이 아닌 사고파는 전략이다. 다만 세계 1등 주식을 추종하면서 모아가는 것도 맞는 말이다. 계속해서 모아가되 세계 1등 주식이 바뀌면 바뀐 주식으로 갈아타면서 계속해서 모아가면 된다. 그러나 기본 전제는 사고파는 전략이다.

주식에서 가격이란 어떤 의미일까? 나는 주식의 가격인 평단가에 크게 의미를 두지 않는다. 어느 가격에 사건 사서 올라가면 된다. 내가 애플을 150달러에 사서 160달러에 팔고 다시 200달러에 사더라도 억울해 하지 않는다. 평단가에 의미를 두면 주식을 사고팔 수 없을 뿐더러 돈이 생겨도 더 살 수가 없다. 여러 가지 필요 없는 감정이 투자에 뒤섞여버리기 때문이다.

내가 1,000만 원으로 애플을 350달러일 때 샀는데 다음 달에 돈이 생겨서 1000만 원으로 애플을 사려고 보니 400달러가 되었다. 그러면 살 수 있을까? 지난달 얼마에 샀는데 너무 비싸다고 생각하지 않을까? 당연히 이런 생각이 들기 마련이다.

따라서 평단가에 지나친 의미를 두면 투자가 복잡하고 힘들어진다. 오를 것 같고 떨어질 것 같은 여러 가지 복잡한 생각이 머리를 지배한다. 그리고 큰돈을 투자하기 어려워진다.

이런 성향의 투자자는 수익률에 목숨을 건다. 내가 1,000만 원 넣어서 2,000만 원이 되었으니 2배 즉 수익 100%가 나왔는데, 지금 더 큰돈을 넣으면 물타기가 되어서 수익률이 20%가 될 수 있다. 그래서 추가 매수를 망설이게 된다. 이래서는 한 종목에 큰돈을 넣을 수 없고,

이 종목에 조금, 저 종목에 조금, 이런 식으로 투자하거나 투자금 자체를 늘릴 수 없게 된다.

개미들의 또 다른 특징 중 하나는 자신이 샀던 가격을 잊지 않는다는 점이다. 애플을 2달러에 사서 4달러에 팔아 2배의 수익을 거두었다. 그런데 한참 시간이 지나서 보니 애플의 주가가 400달러가 되었다. 그러면 이 개미는 400달러에 살 수 있을까? 매수가 쉽지 않다. 자신이 판 가격인 4달러만 생각할 뿐이다.

그런데 애플은 그동안 지속 성장해 왔고 수익이나 미래가치가 400달러에 수렴했으니 400달러가 된 것이 아닌가? 이런 절대적인 가치가 아닌 자신이 판 4달러라는 상대적 가치에 집착하기 때문에 애플을 놓치고 만다.

나는 150달러에 샀다가 160달러에 팔고 다시 200달러가 되었어도 다시 사는 데 아무 거리낌이 없다. 평단가를 신경 쓰지 않기 때문이다. 평단가를 신경쓰면 절대 큰돈을 집어 넣지 못하고 오르는 주식에 더 돈을 넣지 못한다. 그저 소액으로 휘휘 소심하게 휘젓기만 하는 것이다.

소액으로는 주가가 10배 올라도 부자가 되지 못한다. 100만 원이 10배가 올라 1,000만 원이 된다고 부자 될 수 있는가? 지속적으로 돈을 넣어서 평단가가 높아져야 부자가 되는 것이다.

손절매를 못하는 투자자도 많다. 1억 원을 넣었는데 10%가 빠져서 9,000만 원이 되었다. 손절매를 두려워하는 투자자는 1,000만 원이 아까워서 절대 팔지 못한다. 그런데 50%가 빠졌다고 가정해 보자. 손실이 5,000만 원이다. 수렁에 빠져버렸다. 이때 팔 수 있을까? 1,000만 원 빠졌을 때 못 파는데 5,000만 원 빠지면 팔 수 있는가? 미션 임파서

<부의 체인저> 세상은 어떻게 바뀌는가?

블이 되고 만다.

반대의 경우도 생각해 보자. 1억 원을 넣어서 10%가 올라 1억 1,000만 원이 되었다. 올랐으니 수익 실현을 한다고 팔아서 1000만 원 이득이 되었다. 그런데 몇 달이 지나고 보니 내가 판 가격보다 주가가 20%나 올라버렸다. 지난 번과 같은 수량을 사려면 1억 2,000만 원이 필요하다. 살 수 있을까?

손절매와 같은 이유로 사지 못한다. 만약 주가가 더 올라서 1억 5,000만 원이 필요한 상황이라면 이때는 살 수 있을까? 아마 때려죽여도 못 살 것이다. 이래서는 부자가 되지 못한다. 손절매를 잘 해야 돈을 잃지 않고 평단가를 잊어야 더 살 수 있는 것이다.

부자가 되려면 어떻게 해야 하는가? 크게 잃지 않아야 한다. 크게 잃지 않으려면 어떻게 해야 하는가?

① 절대 팔지 않는다. 본전이 될 때까지

우리나라 대부분의 주식은 우하향하고 있다. 물론 최근에는 지수가 레벌업되고 있기는 하지만 과거 수십 년 간 한국주식은 고전을 면치 못했다. 현대차, 포스코 등 우량종목이라고 생각했던 주식도 하염없이 떨어지기만 했었다. 여기서 본전이 될 때까지 절대 팔지 않는 주식은 세계 1등과 같은 우량한 주식이다.

② 일정구간에서는 손절매 라인을 만들고 팔아야 한다

손절매 라인은 미리 설정해 두고 상황이 오면 앞뒤 따지지 않고 실행해야 한다.

예를 들어 산 가격에서 -5% 이상 빠지면 판다. 이를 실천하면 잃어도 크게 잃지 않는다. 또는 나스닥 지수에 -3%가 뜨면 전량 매도한다. 이것도 크게 잃지 않는다. 나스닥 지수 -3%로 시작하는 공황의 시기, 대부분의 주식은 50%까지 빠지고 심지어 상장폐지가 되기도 한다.

주가의 미래를 우리 힘으로는 알 수 없기 때문에 손절매 라인을 만들고 지키면 잃어도 크게 잃지 않는다.

반면 거지가 되려면 어떻게 해야 하는가? 반대로 행동하면 된다. 한 번 잃을 때 크게 잃으면 된다는 얘기다. 크게 잃는 방법은 무엇인가?

① 대출과 레버리지를 쓰면 크게 망한다

왜 레버리지를 쓰면 크게 망하는가? A라는 주식을 대출을 끼고 3배 레버리지를 껴서 샀다. 그런데 30% 이상 떨어지면 어떻게 되는가? 원금이 10%만 남는다. 결국 40%까지 빠지면 3배 레버리지니까 -120%가 되어서 원금은 다 까먹고 -20%가 되는 것이다.

② 절대 팔지 않고 버티면 크게 망한다

주식의 가치는 시시각각으로 변한다. 천하제일의 주식도 피해갈 수 없는 운명이다. 오를 때는 상관 없지만 떨어질 때는 심각한 문제가 발생한다. 나중에 오르겠지 하고 팔지 않고 버티다가 결국 상장폐지를 당할 수도 있다. 그러면 어렵지 않게 크게 망하는 것이다.

주식투자로 부자가 되기 위해서는

① 절대 레버리지, 대출을 쓰지 않는다.

② 시장이 시키는 대로 따른다.

시장이 사라고 하면 사고, 시장이 팔라고 하면 군말 없이 판다. 철저히 시장을 믿고 따르는 전략이다. 시장을 따르면 시장은 절대 잃지 않는다는 보장을 해준다. 그리고 수익으로 보답한다.

-3%가 뜨면 팔면 된다. 혹시 모를 공황이 올 수 있으니까 신호를 주는 것이다. 이렇게 팔면 수수료는 나가도 크게 잃지는 않는다. 공황이 끝나면 다시 사면 된다. 다시 -3%가 뜨면 또 팔면 된다. 단순하다. 비가 오면 우산을 쓰고, 비가 그치면 우산을 접는다.

시장은 원래 양치기 소년이다. 능수능란한 거짓말쟁이다. 나스닥 지수에 -3% 폭락이라는 태풍이 불고도 다음날 오를 확률이 50:50이다. 페이크가 절반이라는 뜻이다. 즉, -3%가 뜨고도 별일 없이 지나갈 수도 있다는 의미다. 그런데 이런 양치기 소년의 이야기라도 귀담아 들어야 한다. 언젠가는 10년에 한 번 오는 공황이 지금까지의 노력을 완전히 물거품으로 만들 수 있기 때문이다. 이번의 -3%는 공황과 관련이 없다고 그 누가 장담할 수 있겠는가?

시장에 역행하는 자신의 행동을 자랑처럼 여기는 말을 종종 듣는다.

"-3%를 버텼더니 오히려 더 올랐어."

"-3% 뜰 때 들어간 사람이 승자야."

이렇게 말이다.

그런데 만약 그 날이 2000년 닷컴버블의 꼭대기였다면 어땠을까? 3년 반 동안 78%가 빠지는 꼭대기였다면 말이다. 원금 회복까지 14년이 걸려 2014년에야 주가가 제자리로 돌아왔다. 이래도 버텼을까?

지수는 그나마 양반이다. 소프트뱅크와 같은 기업은 2000년 닷컴버블 때 99%가 빠졌고 겨우 전고점 대비 10%만 회복되었다. 2008년 금융위기 당시 시티은행, AIG의 꼭대기에서 투자한 사람은 어땠을까? 1,000달러였던 주가가 4달러 대까지 떨어져 99% 마이너스가 되었고 10년이 지난 지금도 원금의 10%도 회복하지 못했다. 이것을 알고도 버티는 것이 정말 잘한 일일까? 시장을 역행하면 운 좋게 한두 번은 돈을 번다. 그러나 크게 떨어진 단 한 번에 크게 당해 망하고 만다.

10년 동안 매년 1억 달러씩 총 10억 달러를 벌어들인 펀드매니저가 있었다. 그야말로 승승장구다. 그런데 2000년 닷컴버블을 만나 회사 돈 50억 달러를 한 번에 날리고 퇴직했다. 나심 탈레브의 『블랙스완』에 나오는 얘기다. 시장이 팔라고 했는데 팔지 않고 버티다가는 한 번에 망할 수도 있다는 경고의 메시지다. 공든 탑이 이처럼 한 번의 태풍에 쓸려버린다.

우리나라 슈퍼개미의 말로는 좋지 않다. 시장과 반대로 해서 돈을 벌었으니 시장의 무서움을 모르고 자신의 실력을 맹신, 과신한다. 조심성이라는 방어막이 완전히 해체되어 버린다. 10년 동안 100억을 벌었는데 3배 레버리지를 타다가 공황을 만나 -40%가 빠지면 바로 -20억 원이 되는 것이다.

믿기지 않는가? 아래 링크로 들어가면 관련 동영상이 있으니 한번 보기 바란다.

검색제목 : 100억 규모 주식계좌가 깡통계좌가 되는 이유
(투자자 김정환 3부)
유튜브 링크 : https://www.youtube.com/watch?v=muBd6rbrosk &t=420s

⚖ 결론

시장 앞에서 겸손해야 한다. 조금 벌었다 하여 내가 최고야 하고 나대지 말자. 원래 초보는 한 번도 잃어 본 적이 없어서 자만심이 충만하다. 이런 사람이 사고를 친다. 시장은 양치기 소년이다. 하지만 시장이 주는 신호를 철저히 지키자. 즉, -3%룰을 철저히 지키고 세계 1등 주식을 장기투자 하면 부자가 된다.

1등이 다 먹는 세상, 빈익빈부익부 현상은 앞으로 더욱 심화된다

코로나 위기를 겪으면서 미연준(Fed, 연방준비제도, 통화금융정책을 수행하는 미국의 중앙은행)은 양적완화와 제로금리 정책을 시행하였다. 2008년 금융위기 당시 양적완화 규모는 3조 5천억 달러였다. 그러나 2020년 코로나 위기를 겪으면서 연준이 단 몇 달 만에 쓴 양적완화는 2조 9000억 달러였다. 2008년 금융위기 때에 육박한다.

이것이 끝이 아니다. 2차 대유행을 앞두고 의회의 승인을 받아 3조 달러의 돈을 더 풀려고 하고 있다. 이 돈마저 풀게 된다면 돈의 가치는 실질적으로 엄청나게 떨어질 것이다.

그러나 달러 가치의 하락 징후는 보이지 않는다. 오히려 기업들은 제로금리로 인해 싸진 이자 때문이라도 회사채를 더 찍어서 현금을 확보하려고 하고 있다. 달러인덱스가 떨어지기는 했지만 찍어낸 돈에 비하면 떨어진 것도 아니다.

코로나 위기가 더 심해진다면 오히려 달러의 가치가 올라갈 것으로 보인다. 이렇게 돈을 풀었는데도 달러의 가치가 유지되는 이유는 시중에 돈이 돌지 않는 돈맥경화 때문이다.

미국이 막대한 양의 돈을 풀자 이에 맞춰 세계 각국 정부도 돈을 풀어 경기를 살리려 하고 있다. 한국도 재난지원금 형태로 돈을 뿌렸고 추경을 통해 더 많은 돈을 확보하는 데 중점을 둔다. 한국의 정부부채는 이미 많이 올라갔고 앞으로도 더 많이 오를 것으로 보인다.

정부에서 돈을 풀면 인플레이션이 일어난다. 인플레이션이 일어나면 돈의 가치가 하락한다. 물가가 올라간다는 뜻이다. 물가가 올라가면 임금노동자들은 임금을 올려 달라고 정부에게 요구하고 정부는 임금을 올려주는 입법을 발의한다. 최저임금이 올라가는 이유이기도 하다. 이로 인해 임금이 올라가지만 임금이 올라가면서 더 많은 돈이 풀리기에 인플레이션은 더 크게 일어난다.

이때 선진국과 신흥국 중 어떤 나라 돈의 가치가 더 많이 떨어질까? 미국인가, 아니면 아르헨티나인가? 당연히 아르헨티나다. 왜냐하면 같은 양적완화를 해도 미국의 국채는 세계 각국에서 사주면서 오히려 가격이 안정되는데 아르헨티나의 국채는 부도가 난다.

왜 부도가 나는가? 국채는 갚는 것이 아니다. 새로운 국채를 발행해서 예전에 발행했던 국채의 만기가 돌아오면 갚아나가는 방식이다. 그런데 이렇게 위기상황에서 전세계가 양적완화를 한다면 어떤 일이 벌어지는가? 더 안전한 나라의 국채만을 사게 된다. 국채를 사는 외국인의 돈은 한계가 있기 때문이다.

미국의 국채를 먼저 사고 돈이 남으면 아르헨티나 국채를 사는데 돈이 남을 리가 없다. 따라서 아르헨티나의 국채를 사줄 곳은 거의 없다. 그러면 아르헨티나는 더 높은 금리를 주면서 국채를 발행해야 그나마 사줄 곳이 생긴다. 당연히 아르헨티나의 이자 부담이 더욱 가중

된다.

그리고 이런 위기 상황에서는 더 많은 자금이 해외로 빠져 나간다. 국채를 발행해서 신규발행국채를 메우지 못하면 결국 디폴트가 될 수밖에 없다. 이런 구조이기 때문에 위기가 오면 선진국과 신흥국 간의 빈부 격차는 더 커지게 되어 있다.

위기가 오면 사람들은 이렇게 생각한다. '미국이 이렇게나 많은 국채를 발행하는데 과연 괜찮을까, 미국보다 안전한 것이 무엇일까?'

미국보다 안전한 것은 기업이라는 생각을 하게 된다. 위기상황에서도 주가가 더 올라가고 돈도 더 많이 버는 기업에 주목할 수밖에 없다. 자금이 몰리니 이 기업의 주식은 세계 1등 자리에 오른다.

현재는 언택트가 대세다. 코로나로 인해 언택트의 세상은 더 빨리 가속화 되었다. 5G, 클라우드, 인공지능, 화상회의, 재택근무 등, 언택트는 대세가 되었고 어느새 우리 가까이 바짝 다가왔다. 따라서 미국 국채보다 더 인기를 끄는 것이 바로 미국의 언택트 주식이고 언택트 주식의 대표는 바로 세계 1등 주식이 된다.

사람들은 바보가 아니다. 귀신처럼 돈이 될 만한 곳으로 모여든다. 이 현상이 바로 가격으로 나타난다. 가격은 사람들의 욕망을 가장 정확하고 적나라하게 드러내는 신호라고 보면 된다. 사람들이 몰리면 가격이 오르고, 사람들이 떠나면 가격이 내린다. 명확한 이치다.

우리나라 부동산을 보자. 정부가 수도권의 웬만한 지역은 조정지역으로 묶는 대책을 발표하자 조정지역에서 빠진 지역의 아파트 가격이 단숨에 올라갔다. 향후에도 이런 곳의 아파트는 가격이 더욱 올라갈 것이다.

〈부의 체인저〉 세상은 어떻게 바뀌는가?

아파트를 짓는 건설회사는 더 많은 아파트를 지으면서 사람들의 기대에 부흥하게 될 것이다. 한 마디로 아파트가 부족하면 아파트 가격이 올라가고 아파트 가격이 올라가면 그곳에 아파트가 부족하니 더 많은 아파트를 지으라는 신호로 보면 된다는 것이다.

우리나라에서 가격이 제일 높은 곳은 어디일까? 지역으로만 본다면 아파트 평균가가 가장 높은 곳은 강남이다. 그러니 사람들이 강남을 욕망하는 것이다. 물 좋고 공기 좋아서가 아니라 가격이 높기 때문에 들어가려고 안간힘을 쓰는 것이다.

앞으로의 기업 경쟁력은 빼앗아 오는 데 있다. 누구의 것을 빼앗아 오는가? 적응하지 못하는 기업의 것이다. 미국의 FAANG(Facebook, Amazon, Apple, Netflix, Google) 기업은 기존의 산업을 빼앗아온다. 그러면서 거대한 공룡기업이 되었다.

아마존은 오프라인 쇼핑을 가져왔고 오프라인 서점을 가져왔으며 앞으로는 오프라인의 헬스케어를 가져오면서 더 큰 기업이 되게 하고 있다. 넷플릭스는 극장산업을 빼앗아 왔고 마이크로소프트는 오프라인의 서버수요를 빼앗아오고 애플은 콘솔게임, 오프라인 음악기업 등의 수익을 빼앗아오고 있다.

앞으로의 가치투자는 무엇인가? PER, PBR 같은 것이 아니다. 시대정신과 혁신이다. 과거는 PBR, PER, ROE(기술적 관점), 역사적 저점과 같은 기본적 혹은 기술적 분석이나 관점 등이 기업의 가치를 매기는 수단이었다. 그러나 현재는 시대를 바꾸는 기업이 가치를 매기는 수단이 된 것이다. 지나가는 유행과 같은 테마가 아니고 인류의 삶에 변화를 줄 수 있는 기업에 투자하는 것이 진정한 가치투자가 되었다.

구글의 PBR을 따져보면 무형자산의 비율이 95%가 넘는다고 한다. 이 얘기는 무엇인가? 앞으로는 지적재산권과 같은 무형자산이 토지, 공장, 기계 등과 같은 유형자산보다 훨씬 가치가 있다는 의미다. PBR을 고집해서는 진짜가 나타나도 알아볼 수가 없게 된다.

공룡기업은 앞으로도 자신의 몸집을 더욱 크게 불려갈 것이다. 세계 1등 기업이 다 먹는 세상이 온다. 애플, 마이크로소프트, 아마존, 구글 등과 같은 기업이 세상을 석권하게 된다는 말이다. 기업 간에도 빈익빈 부익부가 더욱 심해질 것이다.

이러한 시대정신과 혁신을 알고 투자하는 자는 돈을 더 벌게 될 것이다. 이런 기업과 함께 성장하는 투자자가 될 수 있다.

4차 산업혁명 70년 후의 미래는 계급사회가 도래한다는 논문이 발표되었다.

① **최상층부** 플랫폼 소유주 : 구글, 아마존, 마이크로소프트 등 - 0.001%

이들은 플랫폼을 장악한 기업가와 투자자가 될 것이다.

② **상층부** 플랫폼 스타 : 대중적 호소력을 지닌 정치 엘리트, 예체능스타, 로봇 설계자 등 창의적 전문가 집단 - 0.002%

이들은 플랫폼의 히어로들이다.

③ **하위층** 프레카리아트(Precariat) : 최하위 노동계층 - 로봇보다 아래 단계 - 99.997%

이들은 인공지능에 의한 기계의 생산성에 밀려 최하위 노동계층이 된다.

이를 다 믿을 수도 없고 상상하면 무섭기까지 하지만, 이처럼 세상을 바꾸는 변화와 혁신을 따르며 투자하지 않으면 투자자의 세계도 이렇게 되지 말라는 법이 없다. 따라서 개인과 개인 간에도 빈익빈 부익부가 더욱 더 심해진다.

⚖ 결론

양적완화의 세상은 국가 간에서도 빈익빈 부익부를 만든다. 양적완화로 인한 자본의 가치 하락은 기업의 의존으로 넘어가게 만들고 세상을 바꾸는 혁신기업이 빛나는 세상이 될 것이다. 물론 여기에 적응하지 못한 기업은 파산의 길로 간다. 이러한 기업을 볼 줄 아는 사람은 부자가 될 것이고 그렇지 못한 사람은 노예가 될 것이다. 앞으로의 세상은 모든 면에서 빈익빈 부익부가 더 심해질 수밖에 없다.

양적완화 이후 일어나는 일들

코로나 위기를 맞아 연준이 실행한 대표적인 정책 두 가지는 양적완화
와 제로금리였다. 연준이 양적완화를 실시한 이유는 디플레이션을 방
지하기 위해서였다. 디플레이션이 무엇이고, 일어나는 원인은 어디에
있을까? 디플레이션의 원인은,

① 공급은 빚을 내 소비하던 시절에 맞춰져 있다. 그런데 빚이 너무
  많아지면서 가계에 초과수요가 일어나지 않는다. 즉 소비할 돈이
  없다. 공급은 폭발적으로 늘어난 반면, 수요는 오히려 감소하였다.
  예를 들어 2008년 이후 집값은 지속적으로 상승하였다. 우리가 내
  는 주택담보대출의 이자도 그만큼 커졌다. 그런데 임금이 거기에
  맞게 늘어나지 않는다면 어떻게 되는가? 이자 비용이 가처분 소
  득을 줄여 소비가 줄어든다. 디플레이션이 일어나는 첫 번째 원인
  이다.

② 또한 디플레이션은 실업자가 넘치고 생산성이 향상되면서 일어난
  다. 실업자가 넘치니 소득은 정체되어 간다. 개인은 빚이 많아서 소

비여력이 떨어진다.

③ 은행의 신용경색으로 일어난다. 2008년 이후 개인에게 돈을 빌려 주는 것보다는 중앙은행에 맡겨 두는 쪽이 더 안전하다는 인식이 은행 사이에 퍼졌다.

신용경색은 왜 일어났을까? 은행의 초과 지급준비금 상승 때문이다. 지급준비금의 뜻도 알아야 한다. 은행이 모든 예금을 다 대출해주면 대출로 인한 마진도 최대한으로 챙길 수 있다. 은행은 단기로 돈을 빌려(예금) 장기로 돈을 빌려(대출) 주는 곳이다. 그런데 모든 돈을 다 빌려준 상황에서 만약 예금을 했던 고객이 찾아와 자기 돈을 내놓으라 하면 은행은 어떻게 해야 하는가? 방법이 없다. 파산 신청을 해야 한다.

그래서 연준이 은행 보고 이렇게 말했다. "너희들 8% 정도는 남겨 두고 92%까지만 빌려줘" 하고 말이다. 자기 돈을 찾으러 온 예금자에게 돌려줄 돈, 이 돈이 지급준비금이다. BIS 비율 8%도 여기서 나온 말이다. 물론 이 돈은 연준 금고에 들어가 있다.

그런데 경제가 어려운 공황발생 시 은행은 돈 빌려 주기를 꺼릴 수밖에 없다. 자칫 떼일 수 있기 때문이다. 그래서 은행들은 연준이 제시한 8%가 아니라 10% 혹은 15% 이상의 돈을 연준 금고에 초과로 예치한다. 이를 초과지급준비금이라 한다. 은행이 연준금고에 돈을 넣는 이유는 연준이 이자를 주기 때문이다. 약 0.25% 정도 된다.

그렇다면 마이너스 금리란 무엇인가? 고객이 맡긴 예금에 마이너스를 매겨 보관료를 받는다는 의미인가? 당연히 아니다. 마이너스

금리는 은행과 연준 간의 관계에서 발생하는 금리다. 연준은 은행들 보고 연준 금고에 돈을 너무 많이 넣으면 안 된다고 말한다. 그래도 돈을 넣으면 이 부분에 대해 벌칙을 가한다. 즉 초과지급준비금에 대해 마이너스 금리를 매기는 식이다.

마이너스 금리인데도 불구하고 신용경색이 일어나는 이유는, 은행이 대출 부실화에 대해 공포를 갖기 때문이다. 빌려주고 못 받을 수도 있다는 공포 말이다. 아이러니하게도 은행은 돈 좀 빌려달라는 개인에게는 안 빌려주고 안전한 대기업에게는 더 빌려주려고 한다. 물론 돈이 필요한 정크등급의 기업들에게는 개인들에게 하는 것처럼 돈을 빌려주지 않는다. 통상 공황상황에서는 안전한 대기업 말고는 돈을 빌려주지 않는다. 그러면서 신용경색이 일어난다. 이때 정크등급의 기업들이 줄지어 도산한다.

디플레이션 대책

디플레이션의 대책은 무엇인가? 일본의 디플레이션 원인에 대한 연준의 보고서가 있다.

① 일본은행이 공격적(2% 이상)으로 인하하지 않았다.
② 디플레이션에 한 번 진입하면 되돌리기 힘들다.

왜냐하면 통화정책의 한계 때문이다. 인플레이션은 물가가 올라가는 현상인데 이것은 금리를 올리면 바로 잡을 수 있다. 하이퍼인플레이션 마저도 금리를 올리고 세금을 더 걷자 바로 잡힌 경우가 있었다.

그러나 디플레이션은 다르다. 제로금리와 양적완화 빼고는 중앙은 행이 할 수 있는 일이 없다. 따라서 디플레이션에 가기 전에 잡아야 한 다는 것이 연준의 생각이다. 디플레이션의 파장이 얼마나 크길래 연준 마저 디플레이션을 무서워하는가?

2001년 노벨 경제학상 수상자 조지 애컬로프 교수는 "미국에서 1% 의 디플레가 발생하면 균형 실업률은 5.8%~10%까지 상승한다"고 했 다. 그러니 디플레이션으로 가기 전에 연준은 신속하게 제로금리와 양 적완화를 통해서 경기를 살려야 한다. 그러나 그럼에도 불구하고 공황 은 필연적으로 발생한다.

공황 발생

정확히는 불황이라는 단어가 맞는 말이다. 불황이 깊어지면 공황이 된 다. 불황 즉 경기후퇴의 기준은 무엇인가? 리세션이다. 리세션은 2분 기 연속 마이너스가 발생했을 때를 의미한다. 리세션이 발생하면 디플 레이션 조짐이 생기는 것이고 디플레이션은 중앙은행으로서는 최악 의 경우라 할 수 있다.

1,000만 원짜리 자동차가 있다고 가정해 보자. 그런데 내년에는 900만 원으로 떨어진다. 같은 자동차가 이렇게 된다면 물가상승률은 -10%가 된다. 물가상승률이 마이너스라면 중앙은행이 대출을 풀어봐

야 대부분의 사람들은 현금을 선호하게 된다. 왜냐하면 중앙은행이 줄수 있는 것은 0이 최고인데 실질적인 물가상승률은 -10%이기 때문이다. 즉, 현금을 들고 있으면 올해보다 내년에 더 많은 것들을 살 수 있다. 혹은 올해보다 더 싼 가격에 원하는 물건을 살 수 있게 된다.

빚을 지고 있는 사람들의 경우 인플레이션 상황에서는 부채 부담이 줄어들게 되어 있다. 그러나 디플레이션 상황이라면 원금 부담이 늘어나게 되어 있다.

우리가 생각해야 할 것이 바로 자산의 가격은 변하는데 부채의 가격은 일정하다는 것이다. 1억 원 하는 아파트를 예로 들어보자. 자산가격(아파트)의 90%까지 대출을 당겨서 1억짜리 아파트를 9천만 원 빚을 지고 샀다고 하자. 그러면 자산가격은 1억 원, 부채는 9천만 원이 된다. 변하는 것은 무엇인가? 바로 자산가격인 1억 원의 아파트 가격이다.

1억 원 아파트 가격이 2억 원이 되었다면 이는 자산가격 상승인 인플레이션이 일어난 결과다. 그런데 부채는 9천만 원으로 일정하다. 9천만 원의 빚을 진 채무자의 마음은 어떠할까? 아주 안정적이다. 빚은 그대로인데 자산가격이 두 배나 뛰었기 때문이다. 빚은 일정하니 아파트를 팔면 순수한 자기 돈 1천만 원 투자해서 10배의 수익을 거둔 결과가 되고, 팔고 싶지 않으면 대출을 9천만 원 더 받을 수도 있다. 그러므로 채무자는 인플레이션이 일어날수록 좋다.

그러나 디플레이션은 어떠한가?

1억 원 아파트를 9천만 원의 빚을 지고 샀는데 거꾸로 아파트 가격이 5천만 원이 되는 경우다. 모든 것이 반대의 상황이 된다. 채무자는 내 돈 1천만 원은 이미 날아갔고 대출은 90%로 맞춰져 있으니 대출한도는 집값의 90%인 4천 5백만 원으로 줄어 들었다. 원금과 이자를 동시에 갚아야 하는 난감한 상황이 되는 것이다. 그나마 상환 능력이 있다면 버틸 수 있지만 돈이 없으면 파산이다. 따라서 채무자에게 최악은 바로 디플레이션이다.

이러한 일들이 발생하는 원인은 자산의 가격은 변하는데 부채의 가격은 변하지 않기 때문이다. 디플레이션 상황이 온다면 소비가 일어날 리가 없다. 소득으로 빚 갚기도 벅찬 상황에서 소비가 일어날 수 있겠는가.

문제는 여기서 끝이 아니다. 소비가 줄어들면 내가 다니는 회사가 만든 물건이 안 팔리게 되고 물건이 안 팔리니 회사는 직원을 해고하게 된다. 직원이 잘리니 실업자는 늘어나고 실업자가 넘쳐나니 소득은 정체되거나 떨어지고 또 다시 소비가 줄고 공장은 다시 직원을 자르는 악순환이 반복된다. 이것이 바로 디플레이션이다.

디플레이션 상황에서 사람들은 자연스럽게 현금을 선호하게 된다. 개인과 기업 모두 마찬가지다. 개인은 당장 일이 없고, 언제 취직이 될지 모르기 때문에 조금이라도 더 버티기 위해 가진 돈을 아껴쓴다. 당연히 현금을 선호한다.

기업은 언제 소비가 되살아날지 모르니 최대한 현금을 확보하고 고정비 지출을 줄이는 방법으로 버티기에 들어간다. 새로운 투자는 언감생심이다.

기업은 거래에 있어서도 현금을 선호하게 된다. 현금은 익명성이 보장된다. 모든 거래가 현금으로만 이루어진다면 세금 회피의 수단도 된다. 그래서 기업은 더 악착같이 현금을 선호하게 되는 것이다.

현금 중에서도 미국의 달러가 현금의 왕이니 개인, 기업, 국가에서도 달러를 쟁여 놓으려는 수요가 폭발한다. 달러의 가치를 평가하는 달러 인덱스가 치솟는 건 당연하다.

⌛ 양적완화에도 인플레이션이 일어나지 않는 이유

연준이 양적완화를 하는데도 불구하고 왜 인플레이션이 일어나지 않는 경우가 있는가? 공황은 현금 유동성이 떨어지게 만든다. 이러한 상황에서는 양적완화를 하더라도 돈이 돌지 않는다. M1, M2 개념을 살펴보자.

① M1은 유동성이 가장 높은 통화만을 의미하는 통화량이다
② M2는 M1에 정기예·적금, 시장형 금융상품, 실적배당형 금융상품, 금융채 등을 더한 것이다

쉽게 말해 M1은 중앙은행이 찍어낸 돈이라 보면 되고, M2는 이 돈을 은행이 갑돌이에게 대출해주고 갑돌이는 이것으로 집을 사서 을숙이에게 가고 을숙이는 이 돈으로 아들의 학원비를 대고 저축을 하는 식의 돈이다. 즉 경기가 좋을 때 유동성이 높아진다는 것은 M2의 회전이 빠르다는 의미로 이해하면 된다.

M1이 1이라면 평소에 경기가 잘 돌아갈 때 M2는 15배까지 늘어난다. 그러나 공황중에는 M2가 겨우 3배 정도 수준에 머문다. 따라서 연준이 천문학적인 돈을 풀어댄다 하더라도 사람들의 심리가 개선되지

않는 한 M2는 6배 정도로밖에 늘어나지 않는다. 그러니 시중에는 지속적으로 돈이 모자라는 현상이 벌어진다. 천문학적인 돈이 풀렸음에도 불구하고 말이다.

가장 크게 문제가 되는 곳은 바로 기업이다. 우량기업도 이런 와중에 더 많은 대출을 받아 현금을 빨아들여 현금을 확보한다. 그러나 정크등급 즉 투기등급의 기업들은 회사채를 발행해도 아무도 안 사줄 뿐더러 사준다 하더라도 금리는 제로인데, 7~8%의 고금리로 돈을 빌려야 하는 경우가 생긴다.

이렇게 금리가 벌어지는 현상을 스프레드라 하고 정크등급의 금리 차이를 하이일드 스프레드라 한다. 따라서 하이일드 스프레드가 벌어진다면 정크등급의 기업이 돈을 시중에서 빌리기 힘들어진다는 뜻이고 결국 파산의 위험도 커진다는 얘기가 된다.

정크등급 회사의 파산이 현실화된다면 돈을 빌려준 은행은 돈을 떼이게 되고 이것은 은행시스템의 부실로 이어지며 결국 은행시스템의 붕괴로까지 발전하게 된다.

⏳ 이때 정부와 연준이 쓸 수 있는 정책은?

디플레이션이 예상되는 공황 상황에서 정부와 연준은 어떤 정책을 써야 하는가? 두 가지로 나뉜다. 정부가 쓰는 재정정책과 연준이 쓰는 통화정책이다.

정부가 쓰는 재정정책이란 정부가 의회의 승인을 받아 연간 예산을 늘리거나 추경을 편성해서 돈이 늘어나게 하는 것이 방법이다. 코로나

정국에서 뉴스를 통해 자주 접했을 내용이다. 이 돈의 특징은, 연준이 만든 돈이기 때문에 정부의 부채가 늘어난다. 나중에 국민들에게 세금을 거둬서 갚아야 한다. 그래서 문제가 크다.

반면 연준이 쓰는 통화정책은 무엇인가?

연준이 금리를 낮추고 양적완화를 통해서 시중에 돈이 늘어나게 하는 방식이다. 이 돈의 특징은, 연준이 돈을 빌려줬기 때문에 나중에 상환 받고 돈이 사라진다. 양적완화도 매입한 채권 만기가 되면 돈을 돌려 받고 사라진다. 문제가 크지 않다.

그래서 연준의 통화정책을 주로 써왔다. 그러나 통화정책으로 성장이 일어나지 않았으니 이번 코로나를 계기로 재정정책을 쓰고 있는 것이다.

연준이 쓰는 통화정책에 대해 조금 더 깊이 알아보자.

연준은 디플레이션은 절대 일어나서는 안 된다고 생각한다. 그래서 인플레이션 정책을 써야 한다. 연준이 쓰는 통화정책의 구체적인 방법은 0%대의 초저금리와 천문학적인 규모의 양적완화다. 공황중에는 이렇게 강력한 인플레이션 정책을 펴도 안전자산의 선호 때문에 시중금리가 급등하지 않고 오히려 떨어진다.

미국의 국채는 안전자산이다. 미국의 국채 가격은 자산이고 이자는 연준이 주는 부채이다. 마찬가지로 아파트와 같이 국채(자산)의 가격은 변하는데 부채(이자)의 가격은 변하지 않는다.

예를 들어 국채 가격이 100만 원이고 10%의 이자를 줘서 매년 10만 원의 이자를 준다고 하자. 사람들이 공황이 닥치니 너도나도 미국국채를 사게 된다면 어떻게 되는가? 100만 원짜리 미국국채의 가격이

110만 원이 된다. 그런데 미국국채는 처음 발행할 때 이자율이 10%로 정해져 있다. 국채의 자산가격이 변한다 하더라도 이자로 10만 원을 주는 사실은 변하지 않는다. 따라서 110만 원짜리 국채는 10만 원의 이자를 주니 처음에 10% 수익률에서 9%로 떨어지게 되는 것이다.

미국국채 20년물은 모기지(주택담보대출)와 연동되어 있다. 따라서 연준이 아무리 돈을 찍어내도 사람들이 안전자산을 선호하는 한 모기지 대출금리는 떨어지게 되어 있는 것이다.

그렇다면 연준은 어떤 식으로 양적완화를 하는가? 연준이 돈을 찍어 낸다는데 돈을 찍어서 누구에게 주는가? 바로 미국 재무부에 준다. 그냥 주는 것은 아니고 미국 재무부가 단기 국채를 찍으면 연준이 그것을 사주는 방식이다. 그러면 자연스럽게 미국 재무부로 엄청난 현금이 들어가게 되고 미국 재무부는 의회의 승인이 떨어지면 그 돈을 인프라 사업이건 실업급여건 대출이건 해 주면서 엄청난 현금을 살포한다.

이렇게 한다고 하더라도 상황이 공황이니 만큼 미국에서 양적완화한 돈은 전 세계가 나눠 갖는다. 따라서 달러의 가치가 훼손되는 인플레이션은 일어나지 않는다. 아마도 인플레이션으로 망하는 것은 오히려 달러가 없는 신흥국이지 미국이 아니다.

달러가 없는 신흥국은 시중에 현금이 마른다. 외국인들이 위험자산인 신흥국의 주식, 채권을 팔고 미국으로 들어가기 때문이다. 신흥국은 미국국채가 있다면 미국국채를 담보로 미국과 통화스와프를 하면 되는데 이마저도 없는 신흥국은 자국의 돈을 찍어서 경기를 살리려고 하다가 환율만 올라가는 일이 벌어진다.

연준이 인플레이션 대책을 쓰는 이유는 미국은 전세계 기업들이 가장 치열하게 경쟁하는 시장이기 때문이다. 미국은 과잉 수요가 일어나면 해외 각국에서 제품이 신속하게 공급되는 시장이기도 하다. 따라서 현재는 미국이 세계에서 인플레이션 자체가 일어나기 가장 힘든 시장이라고도 할 수 있다.

그렇다면 연준은 이번(코로나 사태)에 어떻게 이렇게 신속하게 돈을 풀 수 있었는가? 그리고 의회는 왜 이렇게 빨리 천문학적인 돈을 승인해 줬는가? 2008년에는 의회의 승인 거부로 나스닥이 급락하는 경우가 몇 번 있었는데도 불구하고 말이다.

2008년 금융위기는 월가의 탐욕이 불러낸 결과다. CDO라는 파생상품을 만들어 뿌려댔고 그로 인해 수많은 미국 자산이 천문학적인 손실을 보았다. 따라서 국민적 공감이 전혀 없었다. 2008년 9월 28일, 의회는 부실자산 프로그램을 부결시켰다. 반대표와 찬성표의 비율이 205표대 228표였다. 다음날 이 소식이 알려지자 S&P500은 8.8% 폭락했다.

당시 왜 부결이 되었나 보니 유권자들이 의원실에 전화를 걸었다는 것이다. 이 비율은 50대 50이었다. 50%는 안 된다는 것이었고 나머지 50%는 절대 안 된다는 내용이었다. 따라서 양적완화, 제로금리까지 가는 데 많은 국민적인 저항이 있었고 그것이 정치적인 판단으로 이어졌다.

그러나 코로나 위기는 다르다. 코로나는 천재지변이었고 국민의 저항이 없었다. 오히려 국민의 호응이 있었으므로 공화, 민주 양당이 빠른 합의를 이끌어 냈다. 구제프로그램이 빠르게 통과된 이유가 바로 여기에 있었다.

자 생각해보자. 천문학적인 국채가 시중에 풀렸다. 그렇다면 이 상황에서 가장 위험한 자산은 무엇인가? 오랜만에 학창시절로 돌아가 객관식 문제를 풀어보라.

① 미국국채   ② 주식   ③ 부동산

정답은 미국국채다. 가장 정답이 아닐 것 같은 답이 정답이다. 미국국채가 가장 위험한 이유는, 천문학적인 돈이 풀렸고 그것은 미국국채에 기반을 두고 있다. 행여라도 미국국채에서 대량매도라도 나와 미국국채의 가격이 떨어져버린다면 폭싹 망하는 것이다.

⌛ 왜 주식으로 돈이 몰리게 되나

그래서 이때부터 상대적으로 안전한 주식으로 돈이 몰리게 된다. 물론 주식이라고 다 안전한 것은 아니다. 2000년 닷컴버블은 IT기업의 부실로 촉발된 위기이니 IT기업이 위험하다. 금융위기 상황에서는 소비심리가 위축되니 전통적인 제조업, 부실대출의 원흉인 은행들과 같은 기업이 위험하다. 그리고 코로나 상황에서는 컨택트 기업인 여행, 호텔, 공유경제 등과 같은 기업이 위험하다.

그렇다면 안전한 주식은 무엇인가? 바로 위기상황과 반대가 되는 주식이다. 2000년 닷컴버블일 때는 부동산이나 상품이 상대적으로 안전했다. 그래서 은행은 부동산에 대해 무제한으로 대출을 해줬고, 투

자은행들은 원유, 알루미늄, 구리 등의 상품에 투자했다. 그 결과 부동산에 버블이 일고 원유가격이 100달러 이상으로 상승하였고, 2008년 금융위기를 촉발시켰다.

2008년 금융위기는 GM, 포드 등의 전통제조업이 몰락하고 은행도 죽을 쒔으나 IT는 상대적으로 활황이었다. 그리고 2020년 코로나 위기는 컨택트 기업이 몰락하고 상대적으로 비대면을 추구하는 IT기업과 바이오 기업들이 활황을 맞았다. 그 상승세가 쉽게 꺾이기 어려운 국면이다.

2000년 닷컴버블 위기 이후 부동산, 은행, 상품가격이 2008년까지 상승하였고, 2008년 금융위기 이후 2020년까지 IT가 상승하였다. 2020년 코로나 위기도 최소 5년에서 10년 이상의 IT, 바이오 기업의 상승을 이끌어 낼 것이다.

안전한 주식이란 위기와 반대되는 기업이라고 했는데, 더 좁게 정의해 보자.

미국국채보다 안전한 주식은 잉여 현금이 많아서 채권 이상의 안정성을 가진 주식이라고 볼 수 있다. 이익이 쉼 없이 증가하는 주식이다. FAANG(Facebook, Amazon, Apple, Netflix, Google), MAGA(Microsoft, Apple, Google, Amazon) 주식이 대표적이며 이러한 주식이 더 오르게 된다. 결국 세계 1, 2등 주식이 안전한 주식이라는 결론에 다다른다.

1등은 애플, 2등은 마이크로소프트, 3등은 아마존, 4등은 구글이다.

3등 아마존은 최근 실적발표를 보면 완전한 IT기업으로 보기 힘들다. 언택트뿐 아니라 컨택트도 많이 가지고 있고 전통제조업과 비슷하게 택배, 물류 등도 많이 하고 있어서 고용의 부담도 훨씬 크다. 그래서 실적을 보니 10만 명을 고용했던 것이 오히려 실적 부담으로 작용했고 코로나 위기의 방역비용으로도 상당히 많은 지출이 있었음을 알 수 있다.

이에 비해 페이스북, 구글, 트위터, 마이크로소프트, 애플 등은 재택근무를 실시했다. 컨택트의 부담이 전혀 없었으며 언택트의 수혜인 비대면 주력산업이 빛을 발해 더 큰 수익을 거두었다. 코로나 불황의 시기에 재택근무 소프트웨어, 클라우드, 온라인쇼핑, 게임, 앱, SNS 등의 분야는 언택트의 강점을 어필하며 수익이 오히려 증가하였다. 즉, 이런 주식에 돈이 몰렸고 주가도 상승하였다는 의미다.

공황이 끝난 후 풀린 돈이 하는 일

연준의 커뮤니케이션 전략이 있다. 중앙은행은 반드시 인플레이션을 일으킬 것이니 먼저 움직이는 경제 주체는 큰돈을 벌 수 있을 것이다. 라는 것이 핵심이다.

공황이 끝나면 경제주체들은 어떻게 움직일까? 각 경제주체들은 현금확보를 끝내고 주식 등과 같은 위험자산에 본격적으로 투자를 시작한다.

왜 그럴까? 일단 천문학적인 돈이 풀렸다. 빌린 돈이다. 나중에 갚아야 한다. 빌려주는 주체는 은행이다. 은행은 낮은 금리로 많은 금액을 빌려줘야 하는데 아무래도 신용도가 높고 담보가 많은 기업, 기관, 개인들을 대상으로 한다. 이들은 원래 돈이 많은 주체이니 생활비를 쓰는 데 돈을 더 쓰지는 않는다. 따라서 자산을 늘리는 데 쓰게 된다.

⏳ 기업

기업은 위험한 행동을 하게 된다. 연준이 금리제로를 선포하면서 기업이 부도날 확률을 제로로 만들어 줬다. 일본이 잃어버린 30년 동안 제로금리를 한 결과가 무엇인가? 바로 기업의 낮은 부도율이다.

일본의 투자적격 회사채 5년 누적 부도율은 0.1%이다. AAA 등급이다. 이에 반해 미국은 1.5%로 일본의 15배다. 일본 기업이 정말 안전한 기업환경에 있기 때문에 나온 결과인가? 아니다. 제로금리를 시행하면서 일본은 죽어야 할 기업이 죽지 않는 좀비 경제가 되었고 기업의 활력도 떨어졌다. 게다가 중소기업 주식의 PER도 대폭 상승하게 된다.

금리가 제로로 떨어지면 기업은 더 많은 돈을 빌릴 수 있고 이자 부담에서도 벗어난다. 따라서 기업은 자신의 가치를 올리는 일을 한다.

① 자사주 매입

부도 날 위험이 없는 기업들은 빚을 내서 자사주를 매입해서 태워버리는 행위를 한다. 이렇게 주식의 가치를 높인다. 자사주 매입을 하는 데 있어서 연준은 큰 역할을 한다. 그것은 연준의 오퍼레이션 트위스트다.

오퍼레이션 트위스트는 미국에서 1961년 존 F. 케네디 행정부 시절 처음 시행된 후 50년 만에 다시 동원된 공개시장조작 수단이다. 중앙은행이 장기채권을 사들이는 동시에 단기채권을 파는 식으로 시중금리를 조절한다.

연준이 왜 장기채권을 사들일까? 장기채권을 사들이면 어떤 일이 벌어지는가? 바로 채권의 가격은 올라가고 채권의 수익률은 떨어지게 된다. 이렇게 시장에서 국채의 수익률이 떨어져야 좀 더 위험한 자산인 회사채가 더 낮은 가격에 채권을 발행할 수 있다. 그러니 기업은 더 낮은 조달금리로 돈을 빌릴 수 있지 않은가?

그러나 기업은 연준의 바람과는 반대로 고용과 투자를 늘리는 대신 오히려 회사채 발행으로 조달한 자금으로 자사주를 매입, 소각하여 주가를 올리는 데 힘을 썼다. 왜냐하면 투자할 곳이 없었기도 했고 주가가 올라야 전문경영인인 사장이 행동주의 투자자들에게 찍히지 않기 때문이다. 따라서 결과적으로 연준의 오퍼레이션 트위스트는 기업의 자사주 매입을 더 부추겨 주가가 더 많이 오르도록 만든 측면이 있다.

② 인수합병을 통한 구조조정

인수합병을 하면 기업의 덩치가 커진다. 그러나 인수합병만으로는 기업의 가치가 높아지지 않는다. 따라서 중복되어 필요 없는 부분을 덜어낸다. 인력구조조정과 돈 못 버는 사업부를 없애버리는 것이다.

⌛ 은행

은행은 0%대의 초저금리 상황에서 수익성에 목마르게 된다. 따라서 위험을 무릅쓴다. 주식, 부동산의 대출 증가와 채권 매입 등 자산가격의 증가가 일어난다. 위험하지만 수익률이 좋은 신흥국 투자를 늘리게 된다. 기업과 은행의 이해관계가 맞아 떨어진다. 기업의 대출 조건을 완화하여 기업 인수합병을 더 늘려준다.

⌛ 개인

개인의 신용거래가 증가하고 부동산 투자도 증가한다. 공황이 끝나고 향후 있을 거대한 상승의 시기에 일어날 일들이다(2021년 9월 현재, 이미 상당히 진행되고 있다. 2009년 9월 공황이 끝나자 2020년까지 거대한 상승이 이렇게 일어났다. 물론 이번 코로나 위기도 비슷한 일이 일어날 것이다).

⌛ 신흥국

양적완화는 부자들을 신흥국 자산에 투자하도록 만들었다. 따라서 신흥국의 원자재 가격 상승이 일어났고 에너지 가격도 올랐다. 그러자 신흥국은 에너지 가격 상승에 흉년까지 겹쳐 식료품 물가가 상승했고 이는 튀니지에서 시작된 아랍의 봄(2010년 말 튀니지에서 시작되어 아랍 중동 국가 및 북아프리카로 확산된 반정부 시위)을 일으키는 원인이 되었다.

시장에 풀린 돈은 누구에게 가는가?

통화정책의 단점은 금리를 낮추고 주가를 높여도 돈이 실물경제로 옮겨가지 않고 금융시장에 머물면서 자산버블을 일으킨다는 데 있다. 돈을 푸는데도 경기가 좋아지지 않는 이유는 세계적으로 높은 기술장벽을 가진 기업을 여타의 기업들이 뛰어넘지 못하기 때문이다. 따라서 이 사실을 아는 기업들이 투자를 망설이는 것이다.

재정정책의 장점은 돈이 돈 없는 서민들에게 직접 전달되어 소비를 일으킨다는 데 있다. 반면 재정정책의 단점은 정부의 부채가 늘어난다는 점이다.

2011년 미국에서 신용등급 위기가 일어났다. 정부의 재정지출이 GDP 대비 큰 폭으로 늘어난 결과 미국 11%, 일본 9%, EU 4%가 되었다. 따라서 투자자들은 국가부채를 우려해서 2009년 아랍권 국가들에 대해 국채 투매를 시작했다. 그리고 2010년 포르투갈, 아일랜드, 이탈리아, 그리스(PIIG 국가들) 국채 투매를 했으며 이것이 유럽 재정위기로 이어졌다.

그리고 2011년 미국 연방정부 부채 한도 협상에서 공화당, 민주당 재정 갈등이 불거지자 신용등급 회사인 S&P가 미국 신용등급을 강등시키면서 결국 미국 신용등급 위기가 벌어졌다.

결국 문제 해결은 긴축재정이다.

경기가 어려워졌을 때 재정을 많이 풀어도 결국 긴축재정을 하지 않으면 국가 디폴트가 나는 상황이 찾아온다. 재정수입보다 더 많이 지출하면 재정수지 적자가 난다. 재정수지를 흑자로 만들려면 어떻게 해야 하는가?

① 세금을 걷는다.
② 복지혜택을 줄인다.

그러나 재정수지 흑자 정책은 국민적 저항을 불러 일으키고 정치인도 포퓰리즘으로 일관하면 재정피로에 다다른다.

중요한 용어가 있다. 그것은 기초재정수지이다. 기초재정수지란 국가가 재정지출을 하는 데 있어 이자로 지출한 금액을 차감한 재정수지를 일컫는다. 대규모 경기부양으로 이자부담은 증가하는데 기초재정수지 흑자는 지속적으로 줄어드는 상태를 바로 재정피로가 쌓인다고 한다. 이러다 보면 부채한도에 도달하는데, 부채한도란 이자부담과 기초재정수지 흑자가 같아지는 지점을 말한다. 이 지점을 넘어 이자부담이 높아져 기초재정수지가 적자로 돌아선 상태가 바로 디폴트이다.

그렇다면 경제가 어려워졌음에도 불구하고 경기부양에 나설 수 없는 이유는 무엇인가?

첫째, 조세저항이 심한 성향의 국민성을 가지고 있을 경우.

둘째, 노령화로 오히려 복지 지출이 심할 때.

셋째, 경쟁력 있는 기업이 없어서 세금 자체를 낼 수 없을 때.

디폴트가 올 수밖에 없는 나라에서 개인이 할 일은 무엇인가? 투자하지 않으면 결국 세금을 더 내야 하거나 국가 디폴트를 맞기 때문에 빨리 오를 수 있는 자산에 투자하지 않으면 손해이다. 따라서 앞으로 오를 자산에 투자를 하는 것은 필수다. 안 하면 자기만 손해다.

만약 투자를 못했다면 디폴트가 나는 나라를 떠나야 한다. 미래의 이탈리아나 그리스와 같은 나라를 탈출해 디폴트가 절대 나지 않을 국가로 가는 것이다.

국가 디폴트가 없는 나라라니 어느 곳을 말하는가? 인구가 젊고 조세저항이 없으며 성장률이 높고 금리를 낮게 유지할 수 있는 나라다.

한 마디로 미국으로 가라는 말이다.

한국은 지속적으로 정부부채를 늘려 70%가 넘어가면 AA등급에서 BB+ 등급으로 떨어지게 된다. 이렇게 양적완화와 제로금리가 지속되면 저금리로 주식의 가치가 높아져 빈부의 격차가 늘어나게 된다. 2013년 6월 말에서 9월 말까지 연준 자산은 2조 달러 증가했다. 연준의 순자산 중 1/3은 주식의 가격을 증가시키는 데 기여했다. 그래서 주식의 시가총액이 이 기간 중에 6,400억 달러 증가하게 된다.

최상위 1%는 자산의 50%가 주식이다. 그러나 전체가구의 60%에 해당하는 중산층은 자산의 10%만 주식을 갖고 있으며 나머지 60%는 부동산이다. 따라서 늘어난 부는 최상위 자산가가 누리게 된다.

임금격차는 어떻게 되었나? 이 기간 동안 최고 경영자, 일류 엔지니어의 임금은 폭발적 상승이 일어났다. 이들이 스톡옵션으로 주식을 취득했기 때문이다. 예를 들어 1997년 임시 CEO로 애플에 입사한 스티브 잡스를 보자. 스티브 잡스는 연봉으로 1달러만 받겠다고 선언했다. 그러나 1999년 말 스티브 잡스가 정식으로 CEO 취임에 동의하자 애플은 잡스에게 2,000만 주의 스톡옵션을 부여했다. 향후 주가가 올라 스티브 잡스의 수익은 무려 5억 달러나 되었다. 연봉이 얼마건 눈에 들어오지 않는 천문학적인 돈이다.

그리고 미국의 세법에도 배당보다는 스톡옵션으로 주식을 주는 것이 유리하다. 배당은 세금을 매기지만 스톡옵션은 오히려 세금감면을 받는다. 미국 국세청이 보상비용으로 간주하기 때문이다. 따라서 천재적인 경영자를 모셔 올 때 스톡옵션으로 보상을 주는 것이 기업의 입장에서는 더 유리하다고 볼 수 있다.

게다가 양적완화로 늘어난 돈은 누구에게 가는가? 바로 부자들에게 간다. 왜냐하면 연준이 사 주는 것이 바로 국채, 회사채, 주식이기 때문이다. 이런 것들을 누가 가지고 있는가. 바로 부자들이다.

생각해 보자. 부자들이 풀린 돈을 가지고 무엇을 했을까? 소비를 더 많이 했을까? 아니다. 이들은 소수이고 이미 소비는 아낌없이 하고 있다. 따라서 대부분의 돈은 모두 재투자를 하는 데 들어간다. 그러니 다시 주식, 부동산, 원자재, 상품 시장으로 들어가게 되는 것이고 들어간 돈이 자산시장의 버블을 일으키게 되는 것이다.

게다가 근로자의 임금은 오르지 않는다. 미국의 노동생산성은 1980년대 이후 107% 상승했다. 그러나 근로자의 실질임금은 40% 인상하는 데 그쳤다. 따라서 주식을 가진 자와 갖지 못한 자 사이에 빈익빈 부익부가 더욱 심화되었다.

사실 노동생산성 면에서도 컴퓨터로 인한 3차 산업혁명이 엄청난 부가가치를 이뤄냈다. PC가 본격적으로 나오기 이전까지 기계는 사람이 있어야 돌아가는 물건이었다. 프레스 기계는 사람이 직접 손으로 눌러서 찍어내야 한다. 그런데 만약 컴퓨터가 자동화로 프레스 기계를 눌러준다면 100명이 필요하던 공장은 이 컴퓨터를 이용하면서 10명만 고용하면 된다. 공장 입장에서는 더 많은 부가가치를 올리는 계기가 된다. 그러니 반드시 노동자의 수고로 노동생산성이 높아졌다고 볼 수는 없다.

쉽지 않은 양적완화와 제로금리의 종료

양적완화와 제로금리는 무한대로 지속될 수 없다. 언젠가는 종료되는 시점이 있기 마련이다. 양적완화와 제로금리는 경기가 좋아진다면 경제주체들의 행위로 인해 인플레이션으로 발전하게 된다.

인플레이션을 막는 방법은 무엇인가? 연준이 가지고 있는 보유 채권을 매각하는 것이다. 그러나 대규모 국채 매각을 한다면 채권 가격이 하락하게 된다. 따라서 연준은 가지고 있는 자산의 막대한 손실을 입게 된다. 심지어 연준은 국채 매각으로 깡통계좌가 될 수도 있다. 따라서 연준은 만기까지 보유하는 전략을 취한다. 이것이 2008년 금융위기 이후 불어난 연준 자산을 처분하지 못한 이유이다. 자산의 종료는 있어도 매각은 없다.

그러나 양적완화의 종료도 쉽지 않다. 왜냐하면 연준의 양적완화 규모 축소의 부작용이 있기 때문이다. 경제주체는 연준의 양적완화 규모 축소를 보며 연준의 탈출전략으로 인식한다. 그리고 조만간 금리인상이 있을 것으로 본다. 그러면 당연히 달러가 뜰 것이고, 따라서 베네수엘라, 앙골라, 나이지리아 등 그동안 신흥국에 투자해 놓았던 외국인 자금이 탈출하게 된다.

외국인 자금 탈출로 인해 신흥국에서는 환율 폭등, 금리 인상이 일어난다. 그러면 신흥국은 디폴트에 빠지게 된다. 이에 신흥국 중앙은행은 시장에서 미국의 국채를 매도해서 달러를 확보한다. 이로 인해 미국의 국채 가격 하락이 일어나고 수익률(이자율) 상승이 일어난다.

그런데 미국 주택의 모기지 채권은 미국 국채와 연동되어 있다. 따라서 미국 주택담보대출 금리 상승이 일어나게 된다. 그리고 미국은 주택가격 하락과 수요 감소가 일어나며 건설경기 위축이 일어난다. 결국 미국 소비 경기 하락으로 나타나고, 이에 놀란 연준은 자산의 종료를 늦춘다.

이처럼 한번 시작된 양적완화는 규모를 축소하기가 굉장히 힘들며 경기가 진짜 좋아져야 축소가 가능하다.

결론

2008년 금융위기 당시 제로금리에 도달한 시점은 2008년 12월 15일 이었다. 당시 나스닥 지수는 1508.34p였다. 금리가 다시 인상된 시점은 2015년 12월 16일 이었으며 나스닥 지수는 5,071.13p였다. 금리인상까지의 시간은 만 7년, 이 기간 나스닥 지수 상승률은 3.36배였다.

엄청나게 풀린 돈은 전통제조업보다는 바이러스에 강하고 현금이 많은 IT 기업에 몰릴 것이다. 돈이 원래부터 돈이 많은 기업에 더욱 몰린다는 의미다. 마이크로소프트, 애플, 아마존 등이다. 금리 하락기에는 성장주가 가치주보다 강세를 보인다. 양적완화와 제로금리가 만들어낸 유동자금은 공황이 끝나면서 주식시장으로 가서 버블을 만들어 낸다. 코로나가 완전히 물러나지 않은 지금도 일어나고 있는 일이지만 말이다.

인공지능 시대, 살아남을 직업 두 가지

☑ AI 채용 시스템 도입한 유니레버…"7만 시간 아꼈다"

年 3만명 채용·180만건 지원서·최종면접 전까지 AI가 처리·채용 과정 빠르고

정확해져

'도브' 비누와 '바셀린' 로션을 생산하는 다국적 기업 유니레버(앨런 조프 CEO·사진)의 인공지능(AI) 채용 실험은 세계적으로 유명하다. 이 회사에 입사지원을 하면 최종 면접을 보기 전까지 회사 관계자를 볼 수 없다. 지원서 접수 후 3~4단계에 이르는 전형을 모두 AI가 진행하기 때문이다. 유니레버 측은 월스트리트저널(WSJ)과의 인터뷰에서 "인사 시스템에 AI를 도입하면서 채용 과정이 빠르고 정확해졌다"고 소개했다. 유니레버는 통상 1년에 약 3만 명의 직원을 채용하고, 180만 건이 넘는 입사지원서를 처리한다. 그만큼 많은 시간과 비용이 소요되기 때문에 채용 과정을 간소화하면서 효율적으로 개선하는 방안을 오랫동안 고민해왔다. 유니레버 측은 AI를 채용 시스템에 도입한 뒤 면접과 평가에 할애되는 약 7만 시간을 줄였다고 분석했다. 미국 IBM, 일본 소프트뱅크 등 다른 글로벌 기업들도 AI 면접을 적용하고 있다.

2020년 10월 27일자 한국경제

유니레버가 채용시스템에 AI를 쓰고 있다는 뉴스다. AI는 정성적 평가보다는 정량적 평가에 반응할 가능성이 크다. 즉 자기소개서보다는 학벌, 자격증, 학점 등 수치화가 가능한 항목들로 먼저 사람들을 걸러 낼 것으로 보인다.

이젠 AI를 직장 상사로 모셔야 할지도 모를 일이다. 인사권자가 될 가능성이 크기 때문이다. 사람은 아무래도 승진 등과 관련하여 불공정성 시비가 붙기 쉽다. 그런데 AI가 정량적 평가에 의해 직무평가를 하면 이런 시비는 줄어들 수 있다. AI가 성과가 나지 않는 직원에게는 해고통지서를 발송할 수도 있다. 이런 시스템이 자리를 잡으면 사람은 AI가 하는 일에 반론을 제기할 수 없다.

향후 기업은 AI 사용을 점차 늘려갈 것이다. AI와 핵심적인 산업은 어떻게 연결이 될까?

알파고와 이세돌이 격돌한 세기의 바둑 대결, 많이들 기억할 것이다. 우리의 상식을 뒤집어 놓았고, 먼 미래에나 있을 법한 일이 성큼 현실로 다가온 상징적인 사건이었다. 알파고는 어떻게 하여 이세돌이라는 천재 바둑기사를 이길 수 있었을까? 기존에는 바둑에 있어서 경우의 수는 100에 100승 정도의 수가 있어서 인공지능이 인간을 이기기란 어려운 일이라고 여겨졌다.

AI가 약진한 동력은 인간의 신경망을 통한 학습이 가능했기 때문이다. 어려운 말은 빼고 인간의 생각을 모방했다는 것이다. 바둑기사는 바둑판에 놓을 수 있는 100에 100승이나 하는 경우의 수를 생각하고 둘까? 아니다. 전체적인 판세를 보고 확률적으로 바둑돌을 놓는다. 인공지능도 인간과 같은 방식으로 바둑돌을 놓는다.

인간의 기보를 분석하여 네모 모양일 때는 1, 2, 3, 4번 중에 2번에 놓는 것이 유리하다는 생각을 한다. 확률적으로 이길 만한 수를 놓는다는 것인데, 먼저 수많은 기보가 있어야 한다. 기보를 저장할 만한 데이터센터가 있어야 하고, 데이터센터와 연결할 초고속인터넷망이 있어야 하고 연산에 필요한 빠른 CPU가 있어야 한다. 데이터센터는 당연히 낸드플래시메모리, D램 등이 필요하다. 수학적 계산은 CPU가 빠르나 그림 등을 연산할 때는 엔비디아의 GPU가 더 유리하다.

바둑뿐 아니라 운전도 확률적 계산이다. 초보 운전일 때는 서툴러서 사고가 날 때도 있지만 익숙해지면 가던 길만 가지 않는가? 그래서 인공지능도 사람들이 많이 간 길을 데이터센터에 저장하고 많이 간 길을 가면 사고가 덜 나며 빠르게 갈 수 있다. 이것이 빅데이터다.

이런 빅데이터가 쌓이면 어떤 일이 가능한가? 눈길에서 운전하기가 가능하다. 눈길은 하얀 눈이 세상을 덮었을 때를 가정한다. 사람이야 익숙한 길이니 다니면 되지만 도로의 중앙선도 안 보이고 길인지도 모르는 곳을 인공지능이 이미지 분석으로 갈 수 있을까? 이럴 때 빅데이터가 필요하다. 인공지능은 사람들이 많이 간 코스를 불러와서 운행을 한다. 그러면 눈길에 도로가 보이지 않아도 운행이 가능해진다.

따라서 인공지능 시대에 발전하는 것들은 빅데이터, 초고속인터넷, 슈퍼컴퓨터, 데이터 저장, 인공지능 등과 관련된 기업이다.

인공지능이 조금은 무서운 녀석으로 보이기도 하니, 두려움을 줄이기 위해 사람이 인공지능보다 뛰어난 면이 무엇인지 찾아보기로 하자. 예를 들어 '멕시코에서 5번째로 큰 도시는 어디인가?'라는 문제를 냈다고 가정해 보자.

사람은 바로 대답할 수 있다. "몰라요." 그러나 인공지능은 자신의 모든 데이터베이스를 훑고나서 대답할 수 있다. '데이터에 없다.' 따라서 사람은 인공지능보다 더 빨리 모른다는 사실을 0.001초 내에 알 수 있다. 이것이 사람이 인공지능보다 더 뛰어난 능력이다. 모르는 사실을 순식간에 알 수 있는 능력말이다.

그런데 사람의 이런 능력을 어디에 써먹을까? 바로 판단이다. 알고 있다. 혹은 모르고 있다에 대한 판단도 되지만 어떤 일을 할 수 있다. 없다에 대한 판단도 가능하다. 이러한 판단은 어떤 능력인가? CEO에 필요한 능력이다.

앞으로 인공지능이 인간의 직업을 모조리 없앤다고 한다. 그래서 내 직업이 없어지지 않을까 두려움이 일기도 한다. 그러나 여기에 대한 대책은 두 가지 길이 있다. 한 가지는 직업을 없애는 기업의 주식을 사는 것이고, 다른 하나는 CEO가 되는 것이다.

인공지능이 직업을 다 없앤다고 하지 않나? 이 말의 의미는 인공지능을 쓰면 원가가 절감된다는 뜻이다. 따라서 아이디어만 있다면 직원을 쓰지 않고도 얼마든지 사업을 할 수 있다는 얘기다. 웬만한 일들은 인공지능이 직원 역할을 대신해주니 말이다. 따라서 인공지능 사회는 직원보다는 사장이 되어야 한다. 그리고 사장 마인드를 가져야 한다.

⚖ 결론

인공지능이 발전하면 앞으로는 투자자와 CEO만 남을 것이다.

〔부의 체인저〕 세상은 어떻게 바뀌는가?

테슬라가 전기차 2000만 대 생산으로 노리는 것

☑ **구글플레이 30% 수수료 결국 현실 됐다**

신규 앱 내년 1월·기존 앱 내년 10월 적용. 국내 모바일 앱·콘텐츠값 일제 인상 불가피

구글이 내년부터 자사 앱마켓에서 팔리는 모든 앱과 앱에서 구매하는 콘텐츠 결제 금액에 대해 자사 결제 시스템인 인앱결제를 적용해 30% 수수료를 받게 된다. 구글은 29일 개발자 블로그를 통해 "구글플레이를 통해 배포되는 앱 중 디지털 재화에 대한 인앱결제(IAP)를 제공하는 앱은 구글플레이 결제 시스템을 사용해야 한다"고 밝혔다. 구글은 "이는 지속적인 플랫폼 투자를 가능케 하며 이런 비즈니스 모델을 통해 구글플레이와 개발자의 동반성장을 추구한다"고 밝혔다.

2020년 9월 29일자 서울경제

구글이 애플처럼 모든 앱에 대해 30% 수수료를 받기로 했다. 구글의 수익성은 올라갈 수밖에 없다. 요즘 결제는 모두 모바일로 이루어진다. PC게임마저도 모바일로 결제한다. 모바일로 결제를 하면 편리하고 간편하다. 사실 PC게임은 애플, 구글에 수수료를 줄 이유가 없는데도 불구하고 30%의 수수료가 나간다.

게다가 게임 아이템이라도 결제를 하게 되면 결제수수료는 크게 증가한다. 리니지 같은 PC게임은 현질(현금으로 아이템을 사는 행위)을 몇 천만 원에서 몇 억 원씩 하는데 이런 돈도 모두 애플, 구글로 나간다.

이렇게 한번 플랫폼을 만들어 놓은 기업은 플랫폼 생태계가 바뀌지 않는 한 영원히 수익을 거둘 수 있다. 스마트폰 생태계가 그래서 무섭다. 그런데 여기에 도전장을 내민 기업이 새로 등장했다. 바로 테슬라다.

☑ **10년 내 전기차 3대 중 2대는 테슬라?…머스크 "2030년 2,000만대 생산"**

현재보다 55배 증가…전세계 생산량은 3,000만대 전망

새 배터리 시제품 주행 테스트…"성능은 사소한 수준"

미국 전기차 업체 테슬라의 최고경영자(CEO) 일론 머스크가 10년 뒤 테슬라의 전기차 생산량이 현재보다 55배가량 늘어난 2,000만대가 될 것으로 전망했다. 머스크는 28일(현지시간) 2030년 전까지 연간 2,000만대의 전기차를 생산할 수 있을 것으로 예측했다고 경제전문매체 비즈니스인사이더가 보도했다. 비즈니스인사이더는 "테슬라는 2019년 36만5,000대의 전기차를 생산했다"며 머스크가 제시한 예측치는 "현재 생산량의 50배 이상에 달한다"고 말했다. 머스크는 이날 트위터에 올린 글에서 앞으로 7년 내 전 세계 전기차의 연간 생산량이 3,000만대에 이를 것으로 예상한 뒤 "테슬라는 아마도 2030년 이전에 연간 생산량 2,000만대에 도달할 것으로 본다"고 밝혔다.

2020년 9월 29일자 서울경제

테슬라의 최고경영자 일론 머스크가 전기차 생산을 2,000만 대로 늘릴 것이라는 계획을 발표하였다. 배런즈는 "테슬라가 만약 2,000만 대를 판매한다면 테슬라는 8,000억 달러(936조 원) 매출에 1,000억 달러(117조 원) 수익을 창출한다는 의미"라며 "거기까지 가려면 갈 길이 멀지만, 투자자들은 머스크를 믿는 경향이 있다"고 말했다.

수익이 117조라니 놀라지 않을 수 없는 수치다.

☑ **애플 2분기 실적, 매출 전년 대비 1%↑ 영업이익 8.5%↓…**

아이폰 매출 12%↓

30일(현지시간) 미국 경제매체 CNBC와 로이터통신에 따르면 애플은 2분기(회계연도 3분기) 기준으로 매출 538억달러(63조5000억원), 영업이익 115억4400만달러(13조6300억원), 순이익 100억4000만달러(11조8500억원)를 기록했다. 매출은 전년 동기 대비 1.0% 증가했지만, 영업이익은 8.5% 감소했다.

2019년 7월 31일자 Digital Today

전세계 시가총액 1위를 달리고 있는 애플의 분기 매출이 538억 달러, 연간으로 하면 2,152억 달러다. 테슬라가 내세운 8,000억 달러 목표는 현재 애플의 연간 매출보다 4배나 많은 금액이다.

결국 테슬라가 노리는 것은 무엇인가? 애플과 구글이 잡고 있는 스마트폰 플랫폼 생태계를 전기차 플랫폼이 가져온다는 구상이다. 환경도 테슬라에게 유리하다.

캘리포니아가 2035년까지 모든 승용차와 트럭을 친환경차로 바꾼다고 발표하였다. 전기차(수소차 포함)가 대세가 된다는 의미다. 캘리포니아는 뉴욕주와 함께 인구밀도가 가장 높은 주 가운데 하나다. 이곳만 빼고 자동차를 판다는 것은 말이 되지 않는다. 따라서 미국은 2035년까지 가솔린차에서 친환경차로 대세가 바뀔 것이다. 미국뿐만 아니라 유럽도 그린에너지 패권을 잡으려고 친환경차로 드라이브를 걸고 있다.

⌛ 플랫폼에 주목해야 한다

전기차의 차별화는 무엇일까? 바로 플랫폼이다. 현재 스마트폰만 만드는 회사는 삼성전자고 스마트폰과 함께 플랫폼을 갖고 있는 회사는 애플이다. 시가총액은 한 때 7배 차이가 났다. 두 회사의 시가총액이 이처럼 크게 차이가 나는 이유는 바로 영업이익률에 있다. 영업이익률은 외주가 많고 설비가 없을수록 좋아진다. 외주가 많으면 인건비와 같은 고정비가 적게 들고, 설비가 없으면 감가상각도 발생하지 않는다. 애플의 경우 자신은 플랫폼만 운영하고 기기는 중국의 폭스콘에 아웃소싱을 한다. 폭스콘의 영업이익률은 겨우 4%밖에 되지 않는다.

사실 영업이익률의 핵심은 소프트웨어 즉 애플iOS의 생태계라 하겠다. 고정비가 없는 소프트웨어 시스템이 큰 부가가치를 만들어 낸다.

향후 테슬라의 경쟁자는 자동차를 만드는 기업이 아니라 스마트폰으로 생태계를 구성한 기업이 될 것이다. 헤게모니를 두고 커다란 전쟁이 발발할 것이며, 승자는 곧 세계 1등이 될 것이다. 단순히 상대를 넘어서는 경쟁을 넘어 세계 1등에 올라서기 위한 치열한 각축전이 예상된다. 이에 맞서 애플은 자율주행차를 만들려고 한다. 향후 자동차 플랫폼까지 장악하려는 포석이다.

과연 누가 헤게모니를 잡을까? 아직은 아무도 모른다. 한 곳을 선택에 자금을 모두 투여하기에는 리스크가 크다. 가장 좋은 방법은 1등에 쭉 투자하다가 1등이 바뀌면 또 바꿔서 투자하면 되는 것이다. 지금은 애플이 1등이지만 테슬라가 승리하면 애플을 제치고 1등에 올라설 것이고, 투자자는 그때 애플에서 테슬라로 종목을 교체하면 된다. 만약 테슬라가 생태계를 장악하면 테슬라의 플랫폼으로 바뀔 것이다. 플랫폼이 바뀌면 테슬라가 스마트폰을 만들 수도 있다. 어차피 디바이스(장치)는 중요하지 않다. 플랫폼을 장악한 자가 디바이스도 장악한다.

결론

플랫폼을 장악한 자가 세상의 1등이 된다. 테슬라가 생산량을 늘려 시장 지배력을 높이려는 이유도 플랫폼 장악에 있다.

코로나가 출산율을 높인다고?

의도한 건 아닌데…美대도시 월세 20~30% 빠진 이유

살려는 그리고 사려는 사람이 많으면 부동산 가격은 오른다. 미국에서는 사람들이 많은 주요 도시의 월세가 요즘 크게 빠지고 있다. 정부 정책 영향은 아니다. (중략) 기술기업을 중심으로 재택근무(원격근무)가 확산되며 매일 출근할 필요가 없어진 직원들이 싼 주변 지역으로 이동하자 월세도 영향받고 있다. 이번 보고서는 "주변 지역으로의 임대 수요 이동은 (대도시) 임대료를 낮추고, 사회적 거리두기를 더 가능케 한다.

필요하다면 이들은 출퇴근도 할 수 있다"고 설명한다.

2020년 10월 22일자 머니투데이

미국에서는 코로나로 인해 대도시 탈출이 이어지고 있다. 월스트리트 저널(WSJ)은 도시를 떠나 주변 지역에 터전을 잡는 사람들 중에는 그동안 결혼이나 출산을 미뤘다가 이제 가정을 이루려는 커플들이 많다고 전했다. 싼 곳으로 가면서 집을 사기도 한다.

미국에서 결혼과 출산이 증가하고 있다. 경제적인 이유가 가장 크다. 우리나라 청년들이 결혼을 뒤로 미루는 이유는 높아진 생활비 부담 때문이다. 한 달 생활하는 데 1인 기준 약 250만 원 정도다. 결혼을 해서 아이까지 있다면 그리고 아이들이 학교를 다닌다면 얼마나 들어갈까? 500만 원은 있어야 한다.

세후 500만 원이 되려면 얼마나 벌어야 하나? 600만 원이면 4대 보험을 제하면 실수령액은 490만 원 정도다. 연봉 기준 7200만 원은 되어야 겨우 월 500만 원을 맞출 수 있다.

우리나라에 연봉 7200만 원을 받는 사람이 몇이나 될까? 전문직 의사의 경우 페이닥터는 800만 원부터 시작한다. 많으면 1000만 원도 받으나 그 이상을 받으려면 아무래도 본인이 직접 차려야 한다. 그런데 직접 차리면 내과 기준으로 세금, 직원월급 등을 제하고 1000만 원 가져가기도 힘들다. 어떤 치과의사는 1000만 원 벌어서 400만 원은 세금, 월급 등을 주고 600만 원 가져간다고 한다.

뭐 훨씬 많이 버는 의사도 있다. 강남에서 성형외과를 크게 경영하면 수입이 달라진다. 그러나 경기를 많이 타기 때문에 잘못하다가는 한 번에 무너질 수도 있다. 수 억 원의 빚을 지고 죽을 때까지 빚을 갚으며 페이닥터를 해야 할 수도 있다는 말이다.

그밖에 세무사, 회계사, 변리사, 변호사, 감정평가사들도 세후 500만 원 가져가기가 쉽지 않다. 그러면 대기업에는 초봉 7200만 원 버는 사람이 많을까? 삼성전자 등 잘나가는 기업이야 보너스가 워낙 많이 나오니 억대 연봉도 가능하지만 대기업임에도 초봉이 5000만 원도 안 되는 곳도 많다. 이러나 저러나 부러움의 대상인 사람들도 월 500만 원 벌기 쉽지 않다는 결론이다. 하물며 중소기업은 말할 것도 없다. 초봉 2000만 원 이하인 중소기업도 많다.

평균으로 따지면 보통은 250만 원 정도의 월급을 받는다고 할 수 있다. 250을 버는 두 사람이 결혼을 하면 500만 원이 완성된다. 여기까지는 문제가 없다. 그런데 출산을 하면서 문제가 생긴다. 애를 키우려면 한 사람은 그만둘 수밖에 없다. 펑크 난 250만 원을 어떻게 메워야 하는가. 남편이 퇴근 후에 대리운전 등을 하거나 부인이 애를 키우면서 부업을 해야 한다. 그러면 부부 생활을 원활히 이어갈 기준은 얼마인가? 남편 혼자 월 500만 원이다.

만약 당신이 결혼을 앞둔 여성이라면 소개팅에 나가서 남자에게 무엇을 물어봐야 하나? 당연히 월급이 포함되고, 월 500만 원 이하라는 대답이 돌아오면 '차라리 혼자 살고 말지'라는 생각이 들 수밖에 없다. 현실을 잘 파악하고 있는 여성이라면 말이다. 결혼해서 애 키우고 시댁식구랑 부딪치고 걱정하며 사느니 차라리 나 혼자 250만 원 벌고 골드미스로 사는 편이 훨씬 더 낫다고 생각하는 게 무리가 아니다. 아니 오히려 현명한 판단일 수 있다.

이런 와중에 코로나가 터졌다. 대도시 월세, 전세가격은 천정부지로 치솟고 있다. 부동산 정책의 실패로 전세는 아예 씨가 말랐다. 한국에서 청년들이 정말 결혼할 수 있을까? 그런데 만약 미국처럼 재택근무가 활성화된다면 어떨까?

거주지 이동으로 인해 주변 지역 월세는 오히려 오르고 있다. 맨해튼에 붙어 있는 브롱스의 방 1개짜리 아파트 월 임대료는 1,900달러(215만원)로 전년보다 9% 상승했다. 하지만 여전히 맨해튼의 월세 3,400달러(385만원)보다 훨씬 낮은 금액이다. 385만 원보다 무려 170

만 원이 더 싼 215만 원이다. 그러니 결혼을 미루던 커플들이 결혼을 하고 애를 낳는 것이 아닌가?

생활비가 싸져서 적은 돈으로 생활이 가능한데다, 재택근무를 하게 되면서 아이는 남편이나 부인이 돌아가면서 집에서 보면 되니 도우미를 쓰지 않아도 된다. 처가집 근처로 이사 갈 필요도 없고, 장모님 팔목 인대 늘어날 걱정도 사라진다.

결론

코로나로 인한 재택근무가 출산율을 높인다. 미국은 그런 면에서 코로나 백신 접종이 완료되어도 대부분의 기업은 직원 복지를 위해 재택근무를 택할 것으로 보인다.

주식투자 하기 가장 좋은 나라는?

☑ 캘리포니아 주지사 "2035년부터 휘발유·디젤 신차 못팔아"

2035년 이후 내연기관 신차 판매 금지 행정명령 서명. "탄소배출 감축 및 기후
변화 대응 위한 조처". 트럼프 정부 반발…민주당 주지사 동참 여부 주목

23일(현지시간) 월스트리트저널(WSJ)에 따르면 개빈 뉴섬 캘리포니아 주지
사가 이날 2035년부터 내연기관 차량 판매 금지를 목표로 하는 행정명령에
서명했다고 보도했다. 차량에서 발생하는 탄소배출을 줄이고 기후변화에 대
응하기 위한 조처다.

노르웨이는 2025년부터 모든 승용차의 배기가스 배출을 막겠다는 목표를 세
웠다. 프랑스는 2040년 이후 휘발유·경유 차량 판매를 금지하기로 했으며,
영국은 내연기관 및 하이브리드 차량 판매를 2040년부터 금지하겠다고 밝혔
다가 2035년으로 5년 앞당겼다.

2020년 9월 24일자 이데일리

친환경이 이슈다. 원인은 이산화탄소가 지구 온난화를 앞당긴다는 이
유 때문이다. 이산화탄소를 줄이기 위해 유럽이 먼저 치고 나가고 있

다. 유럽이 먼저 치고 나간 이유는 혁신이 없기 때문이다.

> ☑ **[투데이] 레이건의 교훈, 대처의 교훈**
> 레이건은 관제사들이 자신을 지지한 세력이라는 데 구애받지 않았다. 그는 군
> 용비행장의 관제사들을 동원하고, 자가용 비행기의 운항을 제한해 급한 불
> 을 끄면서 48시간 안에 직장에 복귀하지 않는 관제사들은 해고하겠다는 최후
> 통첩을 냈다. 관제사들은 레이건이 자기들을 해고하지 못할 것이라고 자만했
> 다. 레이건은 48시간 뒤 1만1천5백명의 관제사들의 해고를 단행했다.
> 2003년 7월 1일자 중앙일보

1980년대 레이건은 관제사 노조를 무력화 시키면서 미국을 해고의 나
라로 변모시켰다. 그러면서 세계에서 가장 기업하기 좋은 환경을 만들
었다. 그러나 유럽은 그렇게 하지 못했다. 아직도 노조가 강하다. 때문
에 사업을 쉽게 할 수 없다.

그리고 IT기업은 더더욱 하기 힘들다. 사업이 안 되면 구조조정을
해야 하는데 구조조정이 안 되니 안 차리거나 차라리 미국에서 차린
다. 따라서 미국의 IT기업이 유럽을 장악했다. 검색엔진은 구글이 독
점했고 애플이 구글과 함께 스마트폰 생태계를 독점했다.

유럽이 잘하는 분야는 기껏해야 자동차 산업 등 제조업이다. 그런데
제조업도 EU가 통합이 되면서 독일 공장이 체코 등 인근 나라로 이전
했다. 체코의 임금이 독일의 1/4수준이기 때문이다.

그래서 유럽은 성장이 없다. 성장이 없으니 유럽 차원에서 성장률을
올리려고 밀고 나가는 분야가 바로 친환경이다. 그런데 친환경을 장악

하고 있는 기업은 어디인가? 전기차는 테슬라가 만들고 수소차는 현대차가 만들고 배터리는 LG화학이나 중국의 CATL, BYD 같은 곳이 만든다. 유럽이 아니라 오히려 동아시아나 미국이 친환경 시장을 장악하게 생겼다. 유럽은 내연기관이 강한데 자신의 강점을 스스로 없애려 하고 있는 셈이다. 때문에 유럽의 주가가 오를 리가 없다. 더구나 유럽에 남은 건 제조업이나 여행 산업 등인데 코로나에 특히 취약한 분야들이다. 영국, 프랑스, 독일 등의 주가는 코로나 이전보다 더 떨어지거나 전고점 돌파에 실패하고 있는 실정이다. 이에 비해 미국, 한국, 중국 등은 전고점 돌파 후 무섭게 질주하고 있다(2021년 초 기준).

산업분야를 국가차원에서 일으키고 이끌어 가는 데는 한계가 있다. 더구나 유럽의 기업들은 친환경 이슈에도 적응하지 못하고 있다. 따라서 미국, 한국, 중국 등이 앞으로의 친환경 테마에도 잘 적응하리라 생각한다.

친환경 테마에서 가장 중요한 요소는 무엇일까? 바로 플랫폼이다. 최근 구글은 2021년부터 게임 이외 분야에 30% 수수료를 받기로 했다.

☑ **구글 내년부터 모든 앱 '수수료 30%' 강제…소비자 부담 늘어난다**

구글은 기존 앱의 경우 내년 10월 1일부터, 새로 구글플레이에 등록하는 앱은 내년 1월 20일부터 인앱결제 수수료 30% 의무화를 추진한다고 밝혔다. 구글은 이날 블로그 성명을 통해 "자사 앱에서 디지털 상품을 판매하는 모든 개발자는 구글 플레이의 결제시스템을 사용해야 한다는 점을 명확히 한다"며 "우리의 정책이 모든 개발자에게 일관성있고 공정하게 적용되길 바란다"고 했다.

2020년 9월 29일자 조선일보

한 기업의 영업이익률은 얼마나 될까? 제조업일수록 경쟁이 심해서 10% 미만인 곳도 허다하다. 그런데 무려 결제액의 30%를 구글이 가져간다면 모든 영업이익을 구글이 가져가는 것이나 마찬가지다.

스마트폰 생태계는 구글의 안드로이드와 애플의 iOS가 장악하고 있다. 향후 친환경으로 바뀌면 전기차, 수소차로 바뀔 텐데 지금 휘발유차에서도 전장화가 진행되고 있다. 즉, 차가 스마트폰처럼 가전제품이 된다는 얘기다.

삼성전자의 시가총액이 애플의 1/7밖에 되지 않는 이유는 무엇인가? 플랫폼이 없기 때문이다. 따라서 앞으로 전기차, 수소차 등이 나와도 누가 자동차의 플랫폼을 장악하느냐에 따라 새로 바뀌는 친환경의 강자가 나타날 것이다.

아무래도 앞서는 곳은 테슬라를 비롯한 미국의 IT 기업이 아닐까? 자동차는 전기차가 되겠지만 결국 자율주행이 핵심이 될 것이다. 그러니 자율주행에서 가장 앞서는 테슬라, 구글 등이 핵심 기업이 될 가능성이 높고, 배터리를 만들거나 자동차를 만드는 기업은 결국 애플이 아닌 플랫폼이 없는 삼성전자처럼 될 것이다.

⚖️ 결론

주식투자 하기 좋은 나라는 미국이다. 결국 승자는 미국의 빅테크 기업이 될 것으로 보이기 때문이다.

개인이 기업을 이길 수 있는? 창업을 꿈꾸라

☑ **온라인쇼핑 거래 사상 최대…음식배달 작년比 83% 폭증**

코로나19 재확산과 역대 최장 장마가 겹치면서 지난 8월 온라인 쇼핑 거래액이 통계 작성 이래 최대치를 기록했다.

통계청이 5일 발표한 '8월 온라인 쇼핑 동향'에 따르면 지난 8월 PC와 모바일을 통해 이뤄진 인터넷 쇼핑 거래금액은 14조3833억원으로 1년 전보다 27.5% 증가했다. 이는 관련 통계 작성이 시작된 2001년 1월 이래 가장 크다.

이로써 8월 전체 소매판매액 가운데 온라인 쇼핑 상품 거래액이 차지하는 비중은 28.6%로 1년 전 20.9%보다 7.7%포인트 증가해 역시 역대 최고치를 기록했다.

피자·치킨 등 온라인 주문 후 조리돼 배달되는 음식 서비스 거래액이 1조6730억원으로 83.0% 폭증했다. 일반 음식료품 거래액도 1조7510억원으로 전년 동월 대비 44.4% 늘었다.

이 같은 현상은 가정에 머무르는 시간이 늘면서 배달음식과 간편 조리식 수요가 늘고 집 꾸미기 용품과 생활가전 거래 등도 증가한 영향으로 풀이된다.

2020년 10월 5일자 매일경제

'크게 늘어나는' 온라인 쇼핑, 이곳에 길이 있다. 우리나라는 이미 선진국에 진입하였다. 선진국이 되고 나면 수축사회로 바뀌면서 모든 것이 줄어든다. 줄어듦에 익숙한 사회가 바로 선진국이며, 뼈아프게도 특히 일자리가 줄어든다.

어느 미용실 원장의 말이 생각난다. 자신은 자기 미용실에서 키운 사람만 디자이너로 쓴다고 한다. 그러다 보니 지속적으로 분점을 내게 되었다. 분점을 내는 이유는 뻔하다. 디자이너와 보조가 있는데 보조 생활을 어느 정도 하고 나면 디자이너로 커줘야 한다. 그런데 기존 디자이너가 앞을 가로막고 있으면 평생 보조를 벗어날 수 없다. 보조가 디자이너가 되려면 2호, 3호 이렇게 지속적으로 분점을 내면서 디자이너들이 독립을 해야 한다. 그래야 보조에게도 자리가 나고 기회가 생긴다.

이는 전형적인 팽창사회의 모습이다. 선순환 구조가 일어나면서 끝없이 일자리가 생성된다. 그러나 우리나라도 이미 수축사회로 접어들었다. 따라서 이제는 조직을 컴팩트하게 바꿔야 한다.

'의자 빼기' 사회에서 살아남기

우리사회 곳곳에서 의자 빼기가 진행되는 이유가 여기에 있다. 어느 날 내 의자가 사라졌다고 하여 반드시 나의 능력과 직결되지는 않는다. 여러 요인들이 복잡하게 얽혀 어쩔 수 없이 나타나는 현상일 뿐이다. 대기업에 들어가도 이제는 정년까지 자리를 보존하기가 여간 해서는 쉽지 않은 일이 되었다. 어느 직종을 가던 평생직장 개념은 이미 사라진 지 오래다.

이제는 누구나 자기 사업을 해야 한다. 더 이상 시대의 요구에 부응하지 않을 수 없다. 사업을 하기 위해서는 그에 맞는 준비를 해야 한다. 어떤 준비가 필요한지 생각해 보자.

먼저 길은 크게 두 가지로 나눌 수 있다. 청년시절 일찍이 창업을 하는 길과 어느 정도 회사를 다니다가 창업을 하는 길이다.

청년시절 창업을 하면 경험도 없고 돈도 없다는 단점이 있지만 최신 트렌드를 읽는 능력이나 아이디어가 넘친다는 장점이 생긴다. 반면 어느 정도 회사를 다니다가 창업을 하면 돈과 경험은 있지만 아무래도 처자식 생각 때문에 결심과 결단이 매우 힘들어진다.

기업을 다니다가 창업을 하는 경우라면 어느 시기가 가장 좋을까? 아무래도 35세 정도가 아닐까 생각한다. 왜냐하면 40대가 되면 애들도 크고 실패했을 때 데미지가 커서 재기가 힘들 수 있다. 그리고 자칫 40대를 넘어가 버리면 금방 50대에 접어들고 한순간 명예퇴직을 당할수도 있다. 이 경우 아무런 준비가 안 된 상태에서 제2의 인생을 맞이하지 말란 법이 없다.

회사생활을 오래 한 사람들은 실무경험이 많기 때문에 창업을 하더라도 곧잘 해낼 것이라고 생각한다. 하지만 착각이다. 사실은 위로 올라갈수록 시키는 일만 하기 때문에 창업에 별 도움이 되지 않는다. 닭을 스스로 튀겨야 하는데 시키는 일에만 익숙해져 뒷짐만 지고 사람만 많이 고용하니 결국 적자로 파산하기 일쑤다. 따라서 직장에 오래 다닐수록 창업과는 거리가 더 멀어지며 성공과도 인연을 맺기가 어려워진다.

직장생활을 오래할수록 숙명적으로 퇴직의 시간과 만날 수밖에 없다. 명예퇴직이 아니어도 결국 퇴직은 오게 되어 있다. 그런데 사람들은 직장생활을 하면서 크게 착각하는 경향이 있다. 나는 실력이 있는데 승진을 못하고 저 사람은 실력이 없는데 사내정치 잘해서 승진을 한다는 것이다. 완전한 착각이다. 원래 승진이란 사내정치를 잘하는 사람의 몫이다. 회사에서 높은 자리까지 올라가려면 예스맨이 되어야 한다.

당신이 사장이라면 어떤 사람을 좋아하겠는가? 실력 있는 부하인가, 충성심 있는 부하인가? 사장 경험이 없는 사람이라면 당연히 실력 있는 부하를 더 좋아한다고 생각하기 쉽다. 그러나 그렇지 않다. 사업의 주체는 사장이다. 사장들은 충성심 있는 부하를 곁에 두고 싶어 한다.

사극이나 역사책을 보면 이분법적 사고가 익숙하다. 충신 아니면 간신이다. 현대사회에서도 사장에게 아부를 잘하면 간신이고, 그 간신이 회사를 말아먹을 것이라고 뒤에서 욕하기 바쁘다. 그러나 회사를 말아먹을 것 같은 간신이 승진에서는 항상 한 발 앞선다. 아이러니 하지 않은가? 이런 아이러니한 상황이 지속되는데도 불구하고 왜 그 의미를 파악하지 못 하는가? 원래 세상이란 간신이 승진하고 출세하는 곳이라는 사실을 왜 받아들이지 못하느냔 말이다.

동양에는 역지사지라는 말이 있고 서양에는 상대의 신을 신어보라는 속담이 있다. 여기서는 안 보이지만 거기 가면 보인다. 세상에서 일어나는 수많은 오해와 다툼, 이해되지 않는 일들이 이 단순한 논리에 귀결된다.

사장은 최종 인사권자다. 그러니 사장의 입장에서 생각해 봐야 한다. 실력 있는 부하는 어떤 사람인가? 실력이면 다라고 생각한다. 그러면서 사장에게 대든다. 회사를 위한다는 핑계로 사장을 가르치려 든다. 그리고 실력이 좋다는 말은 어느 때고 회사를 나갈 수도 있다는 뜻이다. 그냥 나갈까? 아니다. 팀원들을 끌고 나간다. 그러니 사장의 입장에서 보면 실력 있는 직원이 오히려 더 회사에 해를 끼치는 암적인 존재다.

그런데 충성심 있는 직원은 소위 아부를 잘하는 부하라는 선입견이 덧입혀져 있다. 물론 실력은 조금 떨어질 수 있다. 실력으로 줄을 세우면 맨 앞이 아닐 수도 있다. 그러나 최소한 팀원을 끌고 회사 기밀을 빼돌려 창업할 사람은 아니다. 그러니 사장은 충성심 있는 부하를 시켜 회사의 동태를 파악할 수 있다.

충성심이 있는 상사를 만나면 힘들다. 예스맨이기 때문이다. 소위 이런 사람이 있다. 윗사람한테는 잘하고 아랫사람에게는 막 대하는데 승진은 빠른 사람. 군대에서도 만난다. 그런데 이런 유형이 군생활은 기가 막히게 잘한다. 군대뿐인가, 사회에 나와서도 자기 밥벌이는 충분히 잘하고 산다.

사회가 이처럼 불합리하게 돌아가는 이유는 무엇일까? 하나의 예를 보면 된다. 예스맨은 윗사람이 시키면 무조건 예스라고 외친다. 그런데 윗사람이 좋은 일만 시키는가? 경비를 줄이는 일, 어렵고 까다로운 일들도 허다하다. 승진을 잘하는 예스맨은 아랫사람들에게 능숙하게 압박을 가한다. 성과를 내고 그 성과를 바탕으로 승진을 한다. 그러나 윗사람이 시키는데 들이받으면 아랫사람들은 일이 없어 편하나 결국 들이받은 상사는 만년 과장으로 남는다. 이것이 현실이다.

그런데 이렇게 사회생활을 잘한 사람도 결국은 명퇴, 은퇴를 하게 되고 그때는 다른 생활이 펼쳐진다. 예스맨의 창업은 어떤 결과로 이어질까? 말아먹기 일쑤다. 왜냐하면 시키는 일만 잘하는 사람으로 회사를 나왔기 때문이다.

높은 자리에 앉아 있지만 아이디어는 없고 똑똑해 보이지도 않는 임원을 보면서 아랫사람들이 수군댄다. "저분이 치킨이나 제대로 튀길 수 있을까?" 맞는 말이다. 치킨 한 마디 제대로 튀길 수 없다. 혹시 부하직원이 당신을 보고 이런 걱정을 한다면, 당신의 미래가 걱정 돼서 나오는 진실한 조언이니 귀담아 들어야 한다.

⏳ 어떻게 창업해야 이길 수 있나

창업에는 여러 길이 있지만, 대기업을 이길 수 있는 틈새시장을 노리는 것이 좋다고 생각한다. 그들은 할 수 없지만 나는 할 수 있는 일 말이다. 대기업이 음식점을 하기는 어렵다. 강남역에서는 대기업 프랜차이즈보다는 개인이 하는 술집이 더 잘된다. 그리고 대기업은 온라인을 하지 못한다. 온라인은 개인과 대기업이 맞대결을 벌일 수 있는 곳이다. 대기업이나 개인이나 컴퓨터의 화면 안에서 경쟁해야 하기 때문이다.

오프라인은 상황이 다르다. 대기업은 명동, 강남역과 같은 핫플레이스에 백화점을 열지만, 개인은 변두리에 조그만 가게를 오픈하기도 벅차니 경쟁 자체가 안 된다. 하지만 온라인은 그 지역적 경계가 무너진다. 게다가 대기업 온라인샵은 신입사원들이 관리를 하니 사진이나 문구, 댓글 등의 업데이트가 느리다. 반면 개인은 자신의 온라인샵에 최선을 다해 정성을 쏟을 수 있다. 따라서 대기업의 온라인샵이 개인을 이길 수 없다.

아이템은 무엇이 좋을까. 승부가 되는 아이템이어야 한다. 현재 어떤 아이템이 핫한지 먼저 시장조사를 해야 한다. 이왕이면 국내를 넘어 해외까지 포함한다. 네이버랭킹을 분석하거나 해외사이트에서 인기 있는 상품의 랭킹을 체크해 봐도 좋다. 당장은 아니지만 앞으로 인기가 높아질 아이템을 찾는 것도 좋은 방법이다.

아이템을 찾은 후에 해야 할 일은? 중국에 가야 한다. 뜬금없이 왜 중국인가 하겠지만 사실 중국은 세계의 공장이다. 없는 물건이 없다. 그런데 문제가 있다. 중국어도 못하고 어디서 그런 물건을 사야 할지도 모르겠다. 즉 거래처를 찾을 수 없다.

그런 거래처는 어디에 있을까? 그래서 가는 곳이 바로 중국에서 열리는 국제박람회다. 그곳에 가면 다양한 거래처들을 만날 수 있다. 사실 중소기업 사장들이 어디서 물건을 떼어 오는지 아는가? 전부 중국이다. 이들도 국제박람회를 통해서 거래처를 확보하였다.

그곳에 가면 온갖 상품들이 다 나와 있다. 여기서 핫한 상품을 찾는다. 중국은 웬만한 물건은 죄다 있기 때문에 주문제작보다는 있는 제품을 골라오는 것이 더 현명하다. 주문제작은 돈이 많이 들고 제품이 나온 상태가 아니기 때문에 나중에 시제품이 나왔을 때 더 좋은 물건인지를 알 수 없다. 따라서 물건을 잘 찾는 쪽이 더 낫다.

물건이면 어떤 물건을 골라야 할까? 길거리 좌판에서 파는 상품인데 기능성이 있는 제품이다. 예를 들어 샤워기가 있다. 이 샤워기를 쓰면 물이 강하게 나오고 심지어 정수까지 된다. 왜 이 샤워기가 우리나라에서 가능성이 있는가? 우리나라 아파트들이 낡았기 때문이다.

〔부의 체인저〕 세상은 어떻게 바뀌는가?

우리나라 아파트는 1기 신도시의 경우 1990년도에 지어졌기 때문에 30년이 다 되어간다. 당시 배관은 아연동관을 사용했다. 따라서 썩은 물이 나오는 수준이다. 정수기를 이용하지 않고는 물을 마실 수 없다. 먹는 물만 깨끗하면 다인가? 아니다. 샤워용 물도 깨끗해야 한다. 그래서 정수필터가 달려 있고 배관이나 수압이 낮아도 샤워구멍을 좁혀 놓아 물이 강하게 나오는 샤워기가 필요하다. 재건축 아파트는 비싼데 정부의 규제 때문에 재건축은 하염없이 늘어지고 있다. 따라서 이런 샤워기는 잘 팔리게 되어 있다. 이미 히트 친 샤워기만 잘 팔릴까? 아니다. 내 생각에는 싱크대 코브라도 바꿔야 한다. 깨끗한 물로 설거지를 해야 하지 않겠나?

이런 상품들을 골라내야 한다. 이미 히트치고 있는 상품도 미투 상품으로 팔 수 있다. 만약 그 상품이 1만 원에 팔린다면 나는 5천 원에 팔면 된다. 말이 될까? 중국에서 그 제품을 만드는 공장을 찾아 마진을 4배 먹을 것을 2배로 줄이면 된다. 하나의 상품이 히트를 치면 짝퉁 상품이 온 시장을 뒤덮는 이유가 여기에 있다.

본질은 이것이다. 한국이 좋을까? 아마존이 좋을까? 일본도 있다. 한국보다는 아마존이 상품을 팔기에 더 편하다. 왜냐하면 배송, 반품 등을 모두 아마존에서 맡아서 하기 때문에 한국에서 전화응대나 댓글작업 등을 위해 작업을 할 필요가 없다. 그러면 인건비도 대폭 줄어든다.

⚖ 결론

전문직이 아니라면 창업을 해야 한다. 그러려면 취직할 때부터 창업을 염두에 둬야 한다.

소득불평등=주가 상승→소득불평등 심화

코로나 위기가 장기화되자 연준은 물가가 2%대까지 올라간다 하더라도 양적완화 기조를 유지하고 금리는 올리지 않겠다고 발표하였다. 시중에 더 많은 돈을 풀겠다는 말이다. 이처럼 돈을 풀면 시중의 유동자금이 주식으로 몰려 더 큰 주가 상승이 일어날 수 있다. 그리고 소득불평등은 더욱 심해질 것이다.

토마 피케티의 『21세기 자본』에서 가장 흥미가 가는 부분은 2012년 자료에서 상위 10%가 가져가는 소득이 절반을 넘어섰다는 분석이다. 그리고 소득 불균형은 점점 커지고 있다고 주장한다. 소득불균형이 가장 적었을 때는 1929년 대공황 당시로 상위 10%가 소득의 약 30% 수준이었다. 그러다가 2012년 50%를 넘어서 더 많이 올라가고 있다.

소득불균형은 문제가 있다. 저소득층 소득이 100만 원이라면 112만 원을 쓰지만 고소득층은 63만 원을 쓴다. 더 정확히 말해 저소득층은 소득을 모두 쓴 후 빚까지 진다는 의미다. 그리고 쓸 돈을 벌기 위해 평생 일을 해야 한다.

반면 고소득층은 1억 원을 벌어서 63%인 6,300만 원을 쓰고도 무려 2,700만 원이 남는다. 그러니 이런 잉여소득은 소비가 아니라 자산으로 간다. 따라서 고소득층은 시간이 갈수록 자산의 축적이 커지면서 더 큰 부자가 된다. 1929년 대공황 때 소득불균형이 축소되었던 이유는 공황의 여파로 자산가격이 폭락했기 때문이었다.

결국 저소득층은 있는 돈을 다 쓰고도 빚을 끌어다 써야 하므로 점점 더 가난해지고, 고소득층은 자는 동안에도 돈이 돈을 생산하면서 더 큰 부자가 된다. 이것이 빈익빈부익부 현상의 근본 원인이다.

그런데 2020년과 2021년 전세계는 코로나 위기상황이다. 대공황 때와는 달리 연준에서 적극적인 통화정책을 쓰고 있다. 이미 2조9천억 달러를 풀었고 이후 적게는 2조 달러에서 많게는 3조 달러까지 더 풀 것이다. 현금의 가치는 갈수록 떨어지고 있고, 자산의 가치는 갈수록 올라가고 있다. 자산가격의 대폭등이 일어나고 있다는 말이다.

오늘날의 연준은 1929년 대공황 때처럼 금리를 상승시켜 자산가격을 폭락시키지 않는다. 그러니 이번 코로나 위기가 지나고 나면 자산에 투자했던 고소득층은 더 부자가 되어 있을 것이고 먹고 살기 바쁜 저소득층은 더 가난해져 있을 것이다.

 결론

소득불평등은 주가의 상승을 부르고, 결국 더 심한 소득불평등을 낳는다.

코로나 세상, 생각보다 길 수 있다

> ☑ **'1차 고비' 10월 다가온다…美 항공사들 해고 칼바람**
>
> [뉴욕=이데일리 김정남 특파원] 미국 항공업계가 코로나19 충격파의 칼바람
> 을 맞고 있다. 정부의 재정 지원 종료 기한이 다가오면서 인력 감원, 노선 축
> 소 등이 줄을 잇고 있다.
>
> 25일(현지시간) CNBC 등에 따르면 미국 주요 항공사인 아메리칸항공은 10
> 월1일자로 1만9000명의 임직원을 일시 해고하기로 방침을 정했다. 조종사,
> 승무원, 정비사 1만7500명과 관리직 1500명 등이 그 대상이다. 이 정도 규
> 모는 코로나19 초기인 지난 3월 전체 임직원의 약 30%에 이른다.
>
> 2020년 8월 26일자 이데일리

2020년 코로나가 지속될 것이라는 예상 때문에 항공기 수요가 급감하
였다. 항공사들은 항공기 수요를 줄임과 동시에 선제적으로 구조조정
을 실시했다. 이런 상황만 보면 해외로 여행을 가거나, 공연을 보거나,
현장에서 스포츠를 즐기는 것이 영원히 힘들 수도 있겠다는 생각마저
든다. 물론 시간이 지나면 제자리로 돌아가겠지만 말이다.

> ☑ 홍콩서 재감염…백신 무용지물?
>
> 24일(현지시간) 블룸버그통신에 따르면 지난 3월 코로나19에 감염됐다가 완치 판정을 받은 33세 홍콩 남성이 최근 공항 검역 과정에서 다시 양성 반응을 보였다. 그동안 재감염 추정 사례가 몇 건 보고되기는 했으나 공식으로 확인된 것은 이번이 처음이다.
>
> 2020년 8월 26일자 한국경제

코로나 완치 판정을 받은 남성이 스페인에 여행을 다녀온 후 재감염되었다. 몸속 코로나의 재발이 아니라 스페인에서 새롭게 감염되었다. 이 말인 즉 코로나 변종이 지속적으로 일어나 백신이 개발되어도 효과가 없을 수도 있다는 얘기다. 2020년 8월 현재 코로나 델타변이가 일어나 이미 돌파감염이 흔한 일이 되었고 확진자는 다시 증가 추세다. 코로나가 감기처럼 완치가 안 되는 유행병으로 남을 수도 있는 상황에서 우리가 할 수 있는 선택은 무엇인가?

> ☑ "코로나 백신 개발돼도 내년까진 경제 반등 어렵다"
>
> 신종 코로나바이러스 감염증(코로나19) 백신이 개발돼도 경제를 살리는 처방은 되지 못할 것이란 분석이 나왔다. 백신수급 문제로 인해 실물 경제 회복까지 시차가 존재하는 데다 새로운 변종의 출현으로 백신 자체가 무력화될 수도 있어서다.
>
> 2020년 8월 26일자 중앙일보

기존 전망도 이미 이렇게 가고 있다. 코로나 집단면역으로 가거나 언택트로 살아가는 길이다. 집단면역은 스웨덴의 경우처럼 온 국민이 코로나에 걸려 항체가 형성되고 살 사람은 살고 죽을 사람은 죽는다. 그게 아니라면 지금과 같은 생활이 앞으로도 평생 이어지는 것이다. 마스크 쓰고 여행 못 가고 재택근무 하는 생활 말이다.

코로나에 대한 낙관과 비관이 공존하지만 어쩌면 우리 예상보다 훨씬 오래 갈 가능성은 있다.

6.25전쟁이 터지고 북한에 있는 사람들은 전쟁이 몇 달 안에 끝난다고 생각했다. 그러나 분단은 지금까지 이어지고 있다. 사람들은 낙관론 속에 재앙이 빨리 끝날 것이라 예상하지만 때로 어떤 재앙은 생각지도 못한 수준까지 확대되거나 오래 지속된다.

신규 주택판매는 13년 반 만에 최대를 기록했지만 소비심리는 6년 만에 최저로 가라앉았다. 미 상무부에 따르면 7월 신규 주택판매는 전월 대비 13.9% 급증해 연율 90만 1,000채로, 2016년 12월 이후 최대를 나타냈다.

하지만 콘퍼런스보드에 따르면 8월 소비자신뢰지수는 7월 91.7에서 8월 84.8를 기록, 2014년 5월 이후 6여년 만에 최저로 내렸다. 코로나19 팬데믹으로 지수가 급락했던 2020년 4월의 85.7보다도 낮다.

이처럼 지표가 엇갈린다. 신규 주택판매는 사상 최고치를 기록했다. 2008년 금융위기 이전 주택 버블에 해당하는 수치에 도달했다. 그러나 반대로 소비심리는 2020년 말까지 최저로 떨어졌다. 물론 코로나 백신 접종율이 높아지면서 소비심리가 일어나 인플레이션이 발생하고 있지만 코로나가 소비심리를 어떻게 변화시킬지 아직 알 수는 없다.

당시 소비심리가 떨어진 원인은 컨택트에 종사하는 사람들이 이미 실업상태에 빠지면서 소비를 줄이고 있었기 때문이다. 반면 언택트는 늘어나고 있다. 언택트가 늘어나면서 재택근무가 대세다. 이로 인해 도심이 공동화되고 도심 주변은 주택착공이 붐이다.

> ☑️ **미 신축주택 판매 15년만에 최대…부동산 회복세 지속**
> 마이어스 리서치의 알리 울프 수석 이코노미스트는 신축주택 시장이 상승할 수 있는 모든 여건을 갖췄다면서 "현재 재판매 공급 물량이 제한적인데다가 시장 상승 흐름을 놓칠지 모른다는 두려움, 기존 주택여건에 대한 불만 고조, 낮은 대출금리, 수개월치로 불어난 저축, 핵심 인구계층의 수요 증가가 겹쳐 있다"고 말했다.
> 2020년 8월 26일자 파이낸셜뉴스

주택가격이 2008년 이전 주택버블 때까지 올라가고 있는 이유는 사상 최저의 금리와 주택수요의 확대 때문이다. 이는 마치 2008년 금융위기 이전의 주택버블이 반복될 수 있다는 경고와 같다.

2000년 닷컴버블이 터지고 6.5%였던 기준금리는 2001년 1월부터 2001년 11월까지 매월 0.5%씩 떨어져 연 2%까지 도달했다. 이때 물가상승률이 2%대였으니 거의 제로금리와 다름 없었다. 당시 금리를 내린 이유는 닷컴버블로 실물경기가 심각하게 어려웠기 때문이다. 그 후 1%를 더 내려 1%대까지 가니 인플레이션을 감안하면 실질금리는 -1%가 되었다.

이러면서 미국의 금융기관들은 닌자(NINJA) 대출(NO Income, No Job, No Asset)을 하기 시작한다. 주택모기지 80%, 나머지 20%는 홈에퀴티

캐시아웃(Home Equity Cash Out)이라는 항목으로 현금으로 대출 받는 방식인데 거의 공짜로 집을 주는 것이나 마찬가지였다. 게다가 초기 2년 동안은 장난 이자율을 줬다. 금융기관은 2년 후에 금리가 갑자기 높아지니 캐시아웃 리파이낸싱으로 수수료를 벌었다.

장난이자율(Teaser rate)이란?

처음 2년 동안 아예 이자를 내지 않거나 내더라도 시장보다 매우 낮은 이자율을 내는 것. 이후 높은 이자율로 바뀌는 거래구조였는데 2년 후에는 집을 팔거나 상환 후 재대출로 큰돈을 벌 수 있었다.

캐시아웃 리파이낸싱(Cash-out refinancing)이란?

이자율 인하, 추가 대출 등 유리한 조건을 제시하는 금융기관으로 모기지 대출 업자를 바꾸는 행위, 현금을 더 확보해서 소비를 하려는 수요도 있었다.

그렇다고 2008년과 같은 금융위기가 다시 터진다는 얘기는 아니다. 2000년 닷컴버블이 터지고 제로금리로 가면서 주택버블 초입에 들어갔던 것처럼, 지금이 그때와 유사한 상황이라는 말이다. 다만 지금은 도심이 아닌 도심외곽으로 주택수요가 몰리고 있다는 점(언택트로 인한 재택근무 영향)이 다를 뿐이다. 물론 미국 얘기다.

☑ **美 최대은행 JP모건 "주 2회 재택 등 순환근무 영구 도입"**

25일(현지시간) 미 경제방송 CNBC에 따르면 대니얼 핀토 JP 모건체이스 공동 대표는 매체와의 인터뷰에서 "우리는 순환근무 모델을 시행할 것"이라며 "(이는) 거의 영구적인 조치"라고 말했다. 구체적인 방식은 아직 정해지지 않

JP모건과 같은 투자은행도 IT기업처럼 재택근무를 시작했다. 간과할 수 없는 매우 큰 변화다. 이러면서 도심 공동주택의 공실률이 올라가고 상업용 부동산은 폐업이 줄을 잇고 있으며 외곽의 주택으로 가는 현상이 더욱 심해질 것이다.

도심 부동산 하락으로 인해 시티, 웰스파고와 같은 은행들은 힘들어질 것이다. 왜냐하면 도심부동산 하락은 담보가치 하락으로 이어지고 부실자산으로 쌓여 대손충당금을 쌓아야 하기 때문이다.

반면 직장인들은 재택근무로 출퇴근의 공포에서 벗어나고 있다. 도심지에서 멀리 떨어진 자택 또는 인근 사무실에서 업무를 볼 수 있기 때문이다. 실리콘밸리에서 엄청난 연봉을 받는 직원들은 더 빠른 은퇴가 가능해진다. 왜냐하면 코로나 이전까지만 하더라도 많은 연봉을 받아도 월세를 내고 도심 물가에 치여서 저축이 힘들었기 때문이다. 그런데 지금은 재택근무를 하게 되면서 월세가 싼 도심 외곽으로 옮기고 물가도 싸고 사람들과 어울릴 기회도 줄어드니 당연히 돈이 모이게 된다. 따라서 파이어족이 원하는 삶이 된다. 빨리 돈 벌어서 젊은 나이에 은퇴하는 삶 말이다.

코로나 시대, 더욱 깊어지는 양극화의 늪

한편 양극화는 더욱 심화될 것이다.

⧖ 산업의 양극화

컨택기업인가? 언택기업인가?

컨택은 백신만 나오면 해결될 것으로 예상했으나 백신이 나와도 지금처럼 코로나가 지속된다면 컨택은 완전히 망하게 된다. 일단 사람이 많이 모일 수 없다. 여행 수요가 줄어들면서 항공기, 버스, 지하철 등의 수요도 줄어든다. 자동차는 예외일 수 있다. 코로나로 대중교통 이용이 줄고 승용차 이용이 오히려 늘어날 수도 있기 때문이다.

여행수요가 줄면 석유의 수요는 더욱 줄어들게 된다. 그러나 셰일혁명으로 촉발된 석유 공급 증가세는 지속되니 유가는 결국 40달러대에서 머물게 된다.

외식이 줄고 집에 있는 시간이 늘어나면서 집을 고치거나 집에서 먹는 집밥의 수요는 늘어나게 될 것이다. 반면 사람들이 많이 모이는 공연, 스포츠, 교육 등의 수요는 급감하게 된다. 그래서 엑손모빌이 다우존스 지수에서 빠지고 세일스포스 닷컴이 새로 편입된 것이다.

⧖ 직업의 양극화

서비스업, 관광업 등의 수요가 줄어들어 선진국 경제는 양극화된다.

제조업공장은 주로 신흥국에 지어져 있다. 따라서 선진국은 주로 서비스업 고용이 많다. 그런데 서비스업 수요가 줄어들면 실업률이 올라가고 좀처럼 떨어지지 않는다.

반면 소프트웨어 인력은 더 많이 필요하게 되어 인공지능 등을 개발하는 개발자는 연봉이 수직상승하게 된다. 빈익빈부익부가 심화된다.

⏳ 선진국과 신흥국의 양극화

신흥국은 관광객이 급감하여 매우 어려운 시기를 지나고 있다. 경제가 좋을 수 없다. 제조업을 하는 한국, 중국 등은 그나마 먹고는 살게 되나 제조업이 아닌 관광 등으로 먹고 사는 나라는 관광객 감소로 수입이 급격히 줄어든다.

반면에 선진국은 서비스업 수요가 늘어나게 된다. 예를 들어 골프와 같은 경우만 보더라도 가성비가 싼 해외 원정골프를 다녔는데 코로나 때문에 해외를 나가지 못하니 국내 골프장의 수요가 폭발하게 된다. 돈 많은 선진국의 관광객 수요가 감소하게 되어 선진국에서 신흥국으로 자연스런 부의 이동이 끊기게 되어 오히려 빈익빈부익부가 심화된다.

⚖️ 결론

코로나 이후의 세상이 우리의 생각보다 더 길게 이어지거나 영원히 이어질 수 있다. 투자를 하건 직업을 택하건 미래를 보고 설계해 나가야 한다.

빚잔치에 빠진 글로벌 경제,
이럴 때일수록 어디에 투자해야 하나?

> ☑ 코로나 전쟁에 1경3,200조원…선진국 빚, 2차대전 이후 최악
>
> 월스트리트저널(WSJ)은 23일(현지시간) 국제통화기금(IMF) 자료를 인용해
> 지난 7월 기준 선진국 부채가 전 세계 국내총생산(GDP) 대비 128%로 증가
> 했다고 보도했다. 2차대전 직후인 1946년(124%) 이후 최대 수준이다.
>
> 2020년 8월 25일자 중앙일보

지금 세계는 빚잔치 중으로 늘어나는 금액은 천문학적이다. 이에 따라
화폐의 가치는 빚의 속도로 떨어지고 있다. 그러니 화폐의 가치와 반
대로 움직이는 주식, 부동산, 금 등과 같은 자산으로 돈이 몰리고 있다.
헤지를 해야 하니 말이다. 그런데 앞으로는 이러한 현상이 더 심해질
것으로 보인다

앞 기사의 그래프를 보면 현재 선진국은 2차 세계대전을 능가하는
GDP대비 국가부채비율을 보이고 있다. 전쟁과 크게 다르지 않은 상
황이 벌어지고 있기 때문이다. 코로나와의 전쟁에서 이기려면 국가의
역량을 총동원해야 한다. 2차 대전 때는 국가와 국가가 싸웠다면 지금

은 국가가 병원균과 싸우고 있다는 점이 다르다.

전쟁이나 공황이 닥치면 정부는 써야 할 돈이 많아진다. 따라서 정부는 세수를 확보해야 한다. 세수를 확보하는 방법은 크게 두 가지다.

① **세금을 더 거둔다** - 세율을 높이거나 세금을 신설하는 일이다.
② **돈을 찍어낸다** - 화폐를 발행하거나 국채를 찍는 일이다.

세금을 더 거둔 정부는 어떻게 되었을까? 모두 몰락의 길을 걸었다.

① 일본

1970년대 이래 일본에서 소비세 인상을 주도한 정부는 선거에서 모두 패했다. 자민당을 누르고 집권한 민주당도 간 나오토 총리 등이 소비세 인상을 했다가 결국 아베의 자민당에게 다시 정권을 내줬다.

② 캐나다

캐나다는 1980년대에 국가부채가 GDP대비 약75%에 달해서 OECD 국가 중 이탈리아 다음으로 부채가 높았다. 캐나다 총리였던 멀로니는 1991년 부가세를 도입하기에 이른다. 이에 캐나다 경제가 좋아져 국가 부채비율은 30% 이하로 떨어지고 이자지급비용은 달러당 36센트에서 15센트로 낮아졌다. 그리고 2008년 글로벌 금융위기가 발생했을 때도 캐나다만큼은 별문제 없이 넘어갔다. 진보보수당 멀로니 총리가 국가 경제를 되살린 부가세를 도입한 시기는 1991년, 그 후 2년 뒤 1993년 총선에서 295석의 의석 중 단 2석만을 건지고 총리를 은퇴한다.

세수를 거두기 위해 세율을 높이거나 세금을 신설했을 때 국민적 저항이 크다는 사실을 정부도 알게 되었다. 따라서 존경받는 정부가 되고 싶으면 세금을 더 걷기보다 돈을 찍어내는 일을 한다. 화폐를 발행하거나 국채를 찍는다.

그러나 화폐발행에는 인플레이션의 위험이 따른다. 독일의 바이마르 공화국은 1차 세계대전에서 패하고 돌아온 독일군인들에게 급여를 주려고 돈을 찍어내다가 하이퍼인플레이션에 빠졌고 결국 바이마르 공화국은 몰락했다. 그리고 히틀러의 나치가 들어섰다.

현재 대부분의 신흥국들은 이렇게 돈을 찍어내다가는 하이퍼인플레이션에 빠질 수밖에 없다. 그런데 이들 신흥국들이 왜 돈을 찍어낼 수밖에 없는가? 요즘 같은 위기상황에서 세금을 더 걷었다가는 다음 번 선거에서 질 것이 뻔하기 때문이다. 그러니 국채와 돈을 찍어낼 수밖에 없다. 하지만 국채를 찍어도 돈을 마련하기는 힘들다. 미국도 천문학적인 국채를 찍어내기 때문이다.

필요한 것은 외화 즉 달러화다. 모든 상품(석유, 식량, 원자재, 공산품 등)이 모두 달러로 거래되기 때문이다. 그런데 글로벌 자금들은 차라리 이러한 위기에 미국의 국채를 사거나 금과 같은 안전자산을 사지 신흥국 국채를 살 이유가 없다. 그러니 신흥국 국채는 인기가 없고, 결국 돈을 찍어낼 수밖에 없다. 문제는 베네수엘라, 짐바브웨처럼 결국 하이퍼인플레이션으로 갈 수밖에 없다는 점이다.

그러나 선진국은 다르다. 위기상황일수록 미국의 달러화를 찾을 수밖에 없다. 따라서 미국이나 유로, 일본 등 기축통화국들은 국채를 찍어서 조달이 가능하다. 그러나 이렇게 찍어낸 달러는 결국 달러의 가

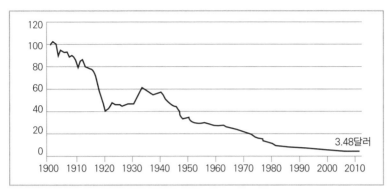

📤 달러의 가치 변화

치를 떨어지게 만든다.

미국의 달러가치는 1900년대를 100으로 쳤을 때 2010년이 되면 그 가치가 3.48 달러까지 떨어진다. 그나마 미국은 신흥국보다 나은 편이다. 달러의 가치가 낮아지기는 하지만, 신흥국 통화가치는 그보다 더 빠른 속도로 하락하기 때문이다. 한국의 달러/원 환율은 1997년 700원대에서 지금은 1,200원대 정도로 60% 이상 높아졌다. 따라서 신흥국보다는 달러에 투자하는 쪽이 더 낫고 달러의 가치가 장기적으로는 떨어지는만큼 달러자산에 투자하는 쪽이 더 낫다.

⚖ **결론** _____

세계 1등 주식에 투자하는 길이 부자가 되는 방법이다. 세계 1등 주식은 선진국에 있고, 달러를 쓰는 바로 그 초일류 국가에 소속되어 있기 때문이다.

자본파괴자와 혁신파괴자,
결국 세상을 바꾸는 파괴자는?

☑ **도요타마저⋯"전례없는 위기, 협력사들 부품값 내려달라"**

자동차 판매량 급감으로 어려움을 겪고 있는 일본 도요타자동차가 하청 부품업
체들에 추가적인 가격 인하까지 요청하고 나섰다. 일본에서는 최근 자동차 부
품회사와 외식업계를 중심으로 희망퇴직을 실시하는 기업이 대폭 늘어나는 등
신종 코로나바이러스 감염증(코로나19) 장기화에 산업계가 휘청거리고 있다.

2020년 7월 27일자 한국경제

자동차 업계가 휘청거리고 있다는 뉴스다. 자동차는 대표적인 전통제
조업이다. 전통제조업이 어려워진 이유는 무엇인가? 혁신적 파괴를
하지 못해서가 아닐까?

자본주의에서 파괴는 혁신파괴자와 자본파괴자가 존재한다. 산업
혁명 이전에는 혁신파괴자는 없고 자본파괴자만 있었다. 왜냐하면 전
세계 GDP가 늘지 않고 정체되어 있었기 때문이다.

자본파괴자는 누구인가? 왕이다. 자본은 누가 가지고 있나? 유대인
을 비롯한 고리대금업자이다. 그런데 이때 지금으로 보면 자본가에 해

당하는 고리대금업자는 당시 큰돈을 모으지 못했다. 자본파괴자인 왕이 있었기 때문이다.

왕은 시시때때로 전쟁을 일으키고 자본가에게 돈을 빌린다. 그리고 빌린 돈을 떼먹기 일쑤고, 돈을 떼인 고리대금업자가 돈을 돌려달라고 하면 심지어 그를 죽이기까지 한다. 따라서 자본가들은 돈을 모으기는 커녕 영세함에서 벗어나지 못했다.

이후 자본가들은 산업혁명을 거치면서 진정한 자본가로 거듭나는데 이때 영국의 역할이 크다. 제도를 통해 왕의 권리를 제한하고 소유권을 보호하면서 자본가들은 산업혁명과 함께 자본을 키울 전기를 마련한다.

1. 2차 세계대전은 마지막 자본파괴자가 되었다. 이후 국지전은 있었지만 거대 전쟁으로 인한 자본의 파괴는 없었다. 오히려 자본파괴자는 자본가 자신이었다. 2000년 닷컴버블이 그랬고 2008년 금융위기가 그랬다. 닷컴버블은 기술주식의 과다한 상승으로 자본파괴가 일어났고 2008년 금융위기는 세계적인 투자은행이 자본파괴를 했다. 그로 인해 스스로 붕괴됐다.

자본파괴자는 자본을 붕괴시켰지만 자본주의는 망하지 않았다. 혁신파괴자가 있었기 때문이다. 슘페터가 얘기하는 창조적인 파괴를 하는 기업가는 혁신파괴자에 해당한다. 혁신파괴자인 기업가는 자본주의를 끊임없이 발전시키는 원동력이다.

2008년 금융위기 이후 연준의 양적완화와 제로금리가 시작되자 세계에는 수많은 좀비기업이 생겨났다. 빚은 엄청나게 많지만 제로금리 덕분에 절대 망하지 않는 기업들이 생겨난 것이다. 게다가 이런 기업들은 규모가 한결같이 크다. 그럼에도 혁신적인 점수는 빵점이다. 생산성이 떨어진다는 얘기다.

예를 들어 조선업을 보자. 조선업을 하려면 커다란 도크를 만들고 골리앗 크레인을 운영한다. 처음에는 상당한 투자가 들어가지만 장부상으로는 10년에 걸쳐 감가상각하면 일부 유지보수 비용을 제외하면 들어가는 돈은 거의 없다. 감가상각 이후에는 아무리 배의 가격이 떨어지더라도 생산비가 낮아서 이후 생산물에 대해서는 이득이 된다. 그러면 배(벌크선, 상선, 컨테이너선 등)는 공급과잉이 일어난다.

2008년 이후 제로금리와 양적완화로 전통제조업은 이런 현상이 반복되고 있다. 자동차, 철강 등 모두 마찬가지다.

이때 혁신파괴자가 떠오른다. 바로 테슬라 같은 전기차업체다. 테슬라는 전기차라고 보기에는 어폐가 있다. 인공지능을 장착한 자율주행차가 전기차보다 상위개념이기 때문이다. 그런데 자율주행차라고 하기에도 부족하다. 그보다는 무료 5G네트워크를 연결하려는 스타링크 프로젝트를 하는 플랫폼 기업이 맞다. 전세계인이 인터넷을 통해 무료로 테슬라와 접속하게 될 것이다.

이러면 테슬라가 노리는 것이 자동차인지 아니면 애플을 제칠 플랫폼 기업인지 통신회사를 망하게 할 통신기업인지 헷갈릴 정도다.

⚖ 결론

자본주의는 언제나 혁신파괴자들이 세상을 바꿨다. 애플, 마이크로소프트, 아마존, 페이스북, 구글 등과 같은 혁신파괴자들 말이다. 그리고 그로 인해 새로운 세상이 열렸다. 물론 우리는 그들의 생각에 동의하기만 하면 된다.

미국은 왜 중국과 싸우는가?
이 싸움은 주가에 어떤 영향을 주는가?

미국과 중국의 지금 이 싸움은 내셔널리스트와 인터내셔널리스트(글로벌리스트)의 싸움이다. 글로벌리스트는 세계주의다. 개방을 해야 먹고산다고 생각한다. 지지난 선거에서 힐러리와 트럼프를 지지한 주는 크게 보면 각각 동쪽과 서쪽이다.

서쪽에는 캘리포니아, 동쪽에는 워싱턴이 있다. 캘리포니아에는 실리콘밸리로 대표되는 글로벌 기업들이 있다. 아마존, 페이스북, 구글, 마이크로소프트, 애플 등이다. 이들 기업들은 세계가 개방되어야 더많은 부를 가져 올 수 있다고 생각한다.

동쪽에는 월스트리트와 미디어가 있다. 월스트리트는 글로벌 기업들의 IPO(주식공개)를 하고 이들이 중국 등 신흥국으로 갈 때 지수, 파생상품, 수수료 등으로 돈을 번다. 당연히 돈을 벌려면 글로벌리스트가 되어야 한다.

신문지면 광고는 누가 할까? 글로벌기업이다. 따라서 미디어도 글로벌리스트들이다. 그래서 미디어는 악의적인 여론조사를 통해서 트럼프가 아닌 바이든이 대통령이 된다고 연일 나팔을 불었다.

글로벌리스트들은 정치적으로는 중국과의 관계가 돈독하다. 미국이 민주주의 국가를 밀 것 같지만 사실은 독재국가를 더 좋아한다. 민주국가인 유럽과는 오히려 티격태격한다. 그렇지만 함께 간다. 민주국가는 리더가 자주 바뀌고 서로 제각각의 말을 하기 때문에 통제가 힘들다. 그래서 미국은 독재국가, 왕정국가를 좋아한다. 사우디아라비아를 비롯한 중동국가들과 중앙아시아, 아프리카, 중국 등이다. 독재국가면서 친미인 국가들이 미국과의 외교 상대다. 다만 미국은 주적을 정해 놓고 싸운다.

이런 글로벌리스트와 반대편에 서 있는 집단이 내셔널리스트들이다. 러스트벨트, 팜벨트, 석유벨트 등의 농민, 백인 노동자들이다. 이들은 공화당이 기반이며 글로벌리스트와 신흥국들이 짝짜꿍해서 자신들의 일자리를 빼앗아 갔다고 생각한다.

트럼프는 어떻게 대통령이 되었을까? 내셔널리스트의 시대적 요구 때문이었다. 이들의 시대적 요구란, 중국을 견제하지 못해 중국이 너무 커버린 상황에서 중국을 견제할 인물을 원하는 요구였다.

중국과 미국의 교류는 1971년 핑퐁외교로 시작되었고 1979년 수교를 하게 된다. 미국은 중국이 자유민주주의, 자본주의로 들어오면 자연스레 민주주의 국가로 변모할 줄 알았다. 그러나 중국이나 소련이나 북한이나 이렇게 변한 예는 없다. 그들의 체제는 정상국가(자유민주주의 국가)가 되기에는 너무나 많은 장애물들이 있다. 법과 제도뿐 아니라 공산당이라는 전체주의 체제가 정상국가로 오는 길을 방해한다.

중국은 덩샤오핑 시절 천안문 사태가 발생했다. 덩샤오핑은 비록 개혁개방을 했지만 결국 천안문을 탱크로 밀어버렸다. 공산당이 있는 한 자유민주주의로 돌아설 것이라는 낭만적인 기대는 산산히 깨져버렸다.

따라서 오바마까지 중국의 부상을 지켜봤다면, 이제 더 이상 중국을 가만 놔둬서는 안 된다는 시대적 요구가 트럼프를 불러낸 것이다.

☑ **中도 영사관 폐쇄 맞불…美 "中공산당 14억 국민 억압"**

이와 관련해 마이크 폼페이오 미국 국무부 장관이 연설을 통해 중국 공산당 지배 체제와 일반 중국인을 분리시키는 공격에 나섰다. 폼페이오 장관은 23일(현지시간) 미국 캘리포니아주 요바린다의 리처드 닉슨 대통령 도서관에서 `중국 공산당과 자유 세계의 미래`를 주제로 한 연설에서 "중국 공산당은 14억 국민을 감시하고 억압하며 발언을 못하게 겁주면서도 그들을 대변한다고 말한다"면서 "우리는 자유를 사랑하고 중공과 완전히 구별되는 중국인들을 북돋우고 힘을 줘야 한다"고 강조했다.

2020년 7월 24일자 매일경제

마이크 폼페이오 국무장관은 주적으로 중국 공산당을 콕 집어 발언하였다. 주적은 13억 중국 인민이 아니고 중국 공산당이며, 그들이 자유민주주의로 오는 큰 걸림돌이라는 것이다.

미소냉전 시대 때도 비슷했다. 미국은 소련을 만만히 봤다. 소련이 국제사회의 영역 안으로 들여오면 충분히 바뀔 수 있다고 생각했다. 그래서 소련과 미국은 좌우합작이라는 방식으로 선거를 치렀으나 결과는 동유럽의 공산화였다. 동유럽은 모두 선거를 통해 공산화가 되었다.

이후 트루먼 대통령은 루즈벨트의 방식을 접고 소련과 본격적인 냉전을 시작한다. 그 시발점이 바로 1950년 한국전쟁이다. 미국은 소련과 처음으로 군사적으로 맞붙었다. 북한군과 유엔군의 싸움이었지만 소련은 무기를 댔고 중공은 인민군을 보냈다.

지금도 마찬가지다. 닉슨 때부터 시작된 중국의 국제사회 영역으로의 접근 허용과 포용이 클린턴, 부시 때 완성되는데, 그것은 2001년 중국의 WTO 가입이었다. 그러나 오바마를 끝으로 트럼프는 적대적인 관계가 되고 본격적인 중국과의 냉전이 시작되었다.

현재의 미국은 중국과 새로운 냉전을 준비중이다. 그러기에 앞서서 중국에게 선전포고를 하는 것이다. 조지 캐넌의 『미국의 봉쇄전략』이라는 책을 참고해 보자.

① **소련(중국)과 미국은 의견이 다르다고 솔직하게 공개한다**

중국에 의한 환율조작, 자유무역 방해, 기술도둑질 등에 대해 공식적으로 문제를 제기한다.

② **소련(중국)에게 더 이상 양보하지 않는다**

남중국해에서 항행의 자유 작전을 한다.

③ **이러한 목표를 지키려고 군사력을 키우고 동맹국들로부터 원조를 받는다**

미국은 태평양 사령부에서 인도, 태평양 사령부로 개편하고 중국을 봉쇄한다. 미국의 인도-태평양 사령부는 인도-태평양 지역을 관할하는 미국의 가장 오래되고 커다란 통합전투사령부다.

④ **국민적인 지지를 얻기 위해 소련의 비타협적인 태도를 널리 알릴 필요가 있을 때에만 협상에 임한다**

미국이 북한, 중국과 협상을 하는 이유는 그들과의 협상에서 무엇을 얻어내고자 함이 아니라, 협상을 했음에도 불구하고 막무가내로 나오는 그들의 모습을 보여주기 위함이다. 미국인들에게 독재성을 알림과 동시에 미국민의 지지도 이끌 수 있다.

주가 차원에서 미중 신냉전이 끼칠 영향은 얼마나 될 것인가? 미소 냉전 당시인 1953년부터 1972년까지를 보면 미국은 공황 한 번 없었고, 다우존스지수도 안정적으로 성장하였다. 체재경쟁으로 산업을 밀어준 결과였다.

과거를 통해 미래를 예측해 볼 수 있다. 중국과의 신냉전은 쉽게 끝나지 않을 것이다. 보다 정확히 말해 쉽게 끝내려 하지 않을 것이다.

⚖ 결론

중국과 미국의 신냉전은 체제 간 경쟁으로 주가 상승이 일어난다.

전염병은 대도시의 몰락을 불러올 것인가

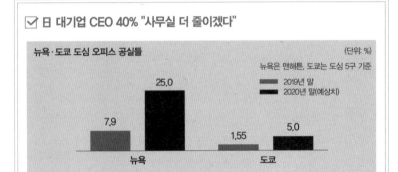

☑ 日 대기업 CEO 40% "사무실 더 줄이겠다"

21일 니혼게이자이신문이 일본 145개 대기업 CEO를 대상으로 한 조사에서 CEO의 약 40%는 코로나19 이후 사무 공간을 축소하거나 공유오피스를 활용할 계획이라고 답했다. '사무 공간 면적을 축소할 계획'과 '공유오피스를 활용할 계획'이라는 응답이 각각 37.9%와 34.5%(복수 응답 가능)였다. 사무 공간을 분산하거나 본사 기능을 도심으로부터 이전하겠다는 CEO도 상당수였다.

2020년 7월 21일자 한국경제

앞 기사에서 줄인다는 사무실은 서울처럼 대기업이 주로 있는 대도시 사무실이다. 소도시의 사무실은 오히려 더 늘리겠다고 한다. 이유는 임대료가 싸기 때문이다. 재택근무 확산과 사무실 축소 움직임은 주요 도심 오피스빌딩 공실률에서도 확인된다. 2020년 여름, 도쿄 도심 오피스빌딩 공실률은 1.97%로, 연초보다 0.42%포인트 올랐다. 일본 부동산시장은 공실률이 5%까지 뛸 것으로 예상하고 있다. 국제 신용평가사 무디스는 상반기 11.9%인 뉴욕 맨해튼의 공실률이 25%까지 오를 것으로 내다봤다. 중국 베이징 도심의 2분기 오피스빌딩 공실률도 14%로, 전 분기보다 2.7%포인트 올랐다.

　뉴욕이나 미국의 대도시 오피스 공실률이 확대되고 있다. 위워크(wework, 글로벌 공유오피스) 같은 곳이 경영상 어려움을 겪을 것으로 예상됐으나 소도시에서 위워크의 매출은 증가하였다. 즉 대도시의 비싼 곳은 줄어들고 소도시의 소규모 사무실 수요는 늘었다는 이야기다.

대도시는 영원히 지속될 것인가

1937년 리버풀은 맨체스터의 대형 직물공장에서 사용되는 면직물이 출하되는 항구였다. 여기서 출발한 옷감은 뉴욕 등으로 수송되었다. 많은 항만 노동자들이 리버풀로 모여들었다. 그런데 컨테이너 수송 같은 노동력 절감기술이 개발되자 인구의 절반이 리버풀을 떠났다. 생산성 향상이 도시의 인구를 줄이는 효과로 나타난 것이다.

　제조업은 많은 사람들이 공장에 모여서 일을 할 수 있는 환경을 제공한다. 일자리 창출이 탁월하다. 그런데 이런 제조업 공장의 문제는 보다 저렴한 인건비를 찾아 세계 어느 곳이든 옮길 수 있다는 점이다.

사주에게는 장점이나 고용된 사람에게는 단점이다. 미국의 제조업이 보다 싼 인건비를 찾아 아시아로 떠나자 미국의 공업도시는 러스트벨트가 되었다.

그럼에도 불구하고 나는 각국의 대도시는 영원히 계속될 것이라고 생각해 왔다. 신흥국에서는 고급인력을 아웃소싱 할 수가 없기 때문이다. 신흥국에서 인건비가 높아지면 더 낮은 인건비를 찾아 일본에서 한국으로 중국으로 그리고 베트남으로 이동하면서 일자리가 이동한다.

그러나 연구개발인력, 본사 인력과 같은 고급 인력까지 이동하지는 않는다. 그대로 남아 대도시로 모인다. 미국의 뉴욕, 시애틀에는 글로벌기업인 아마존, 마이크로소프트, 어도비 등이 모여 있다. 인건비가 더 싼 나라로 이동하지 않고 말이다.

이들이 대도시에 모이는 이유는 자신들이 원하는 고급인력을 뽑기 쉽기 때문이다. 고급인력 입장에서도 대도시는 직장을 다니기도 쉽고, 다른 직장으로 옮기기도 쉽다. 또한 정보를 구하기도 수월하다. 그런데 이렇게 재택근무가 활성화된다면 그동안 안전한 곳으로 여겨졌던 대도시의 부동산도 안심할 수 없게 된다. 대도시의 장점은 확실하다. 교육, 음식점, 문화시설 등이 모여 있고, 호텔 주방장 출신의 셰프 음식점도 갈 수 있다. 그러나 문제는 앞으로 대도시의 이러한 장점도 변한다는 것이다. 대학교가 많아서 인력을 뽑기 쉽다고는 하나 하버드만 해도 코로나를 겪으며 모두 온라인수업으로 바꾸고 있다. 유명 음식점은 배달 음식점으로 바뀔 수 있으며, 관광을 하기보다는 주로 게임을 하며 시간을 보낸다. 혹은 크루즈여행과 같은 단체관광보다는 캠핑처럼 가족단위의 비대면 관광으로 바뀔 수 있다.

게다가 요즘 음식점도 대로변, 역세권이라고 하여 안전하지 않다. SNS를 통해서 저렴하고 인테리어가 좋은 음식점을 찾아 다니는 젊은 이들이 증가 추세다. 역세권이 아닌 골목에 음식점을 차려도 젊은이들의 기호에 맞으면 얼마든지 찾아오게 만들 수 있다. 젊은이들이 좌표를 찍고 골목골목을 돌며 찾아오기 때문이다.

그런데 코로나로 인하여 대도시의 본사가 재택근무나 소도시의 사무실로 이전을 한다면 대도시의 오피스나 부동산의 가격이 지속적으로 오른다고 보장하지 못한다. 이 모두가 건물가격을 떨어뜨리는 요인이다. 사람이 줄어들면 임대료는 빠지게 되어 있고 빠진 임대료는 수익률을 떨어뜨려 부동산의 매매가격을 하락시킨다.

코로나 이후 바이러스의 확산은 어쩔 수 없는 현실이 되었다. 사스, 메르스, 신종플루 등 몇 년에 한 번씩 창궐하는 바이러스는 이제 그 주기가 점점 빨라지고 더 강력해지고 있다. 새로운 전염병의 확산이 자주 유행할수록 자가격리, 재택근무 등은 일상이 될 가능성이 있다.

코로나 이후 글로벌 대기업의 재택근무가 유행이 된다면 대도시의 부동산 불패신화도 깨지지 말란 법이 없다. 대도시 부동산 가격이 올랐던 이유는 단 하나다. 그곳에 직장이 있기 때문이다. 그런데 직장이 없다면 인구는 미국의 디트로이트처럼 썰물처럼 빠져 나간다. 인구가 빠져 나가는 부동산 가격이 올라갈 이유는 없다.

⚖ 결론

공업도시의 몰락은 인력 아웃소싱으로 인한 세계화에서 시작되었다. 그렇다면 대도시의 몰락은 전염병으로 인한 재택근무에서 시작될 것인가?

신흥국으로 향했던 달러, 결국 어디로 다시 가는가?

☑ **신흥국 증시 가파른 회복…"中·베트남 등 유망"**

신흥국 증시의 회복세가 빨라졌다. 세계 경제가 신종 코로나바이러스 감염증 (코로나19) 영향에서 차츰 벗어나면서 '따라잡기'에 나선 것이다. 코로나19 백신 개발, 경제 활동 재개, 원자재 가격 상승 등이 신흥국 증시엔 모두 호재다. 다만 상승세가 계속 이어질지 불확실성이 크다는 지적도 나온다.

신흥국 증시가 오르고 있다. MSCI 신흥시장(EM)지수는 지난 17일 1055.061로 한 달 새 6.1%, 석 달 동안 17.1% 올랐다. 같은 기간 MSCI 월드지수 상승률 3.4%와 13.7%를 웃돈다. MSCI 월드지수는 선진 증시 지수다. 미국(비중 65.5%), 일본(8.0%), 영국(4.4%), 프랑스(3.4%), 스위스 (3.2%) 등의 주식을 담고 있다.

2020년 7월 19일자 한국경제

미국과 유럽에서 뿌린 풍부한 유동성이 신흥국으로 가는 분위기다. 달러인덱스가 95까지 떨어지면서 달러 가치가 떨어진다는 말은 바로 신흥국으로 돈이 향한다는 얘기다. 현금을 들고 있으면 손해를 보는 상황이다. 그래서 주로 미국의 주식시장에서 신흥국 주식시장으로 돈이 흘러 넘치면서 가고 있다. 게다가 금값이 사상 최고치를 뚫고 있고 은값마저 상승중이다. 이처럼 유동성이 흘러넘치면서 상품가격까지 밀어올리는 상황에서 과도한 인플레이션이 유발될 수는 있으나, 인플레이션과 더불어 자산에만 버블이 형성될 가능성이 있다.

2008년 금융위기 당시에는 3조5천억 달러를 풀었지만 인플레이션이 일어나지 않았다. 대신 부동산과 주식 가격이 올라가면서 자산버블만 일어났다. 지금은 그때와 비교해 이미 푼 돈의 규모만 2배에 달한다. 따라서 더 많은 자산버블이 일어날 개연성이 높다. 버블은 미국뿐 아니라 신흥국도 마찬가지 상황으로 흘러갈 것이다.

2008년 금융위기를 겪으면서 글로벌 플레이어들은 '혹시 달러가 휴지가 되는 것은 아닌가' 하는 생각을 했었다. 그러나 오히려 금융위기를 계기로 달러가 더 강해지는 결과를 낳았다.

미국 달러가 금융위기를 계기로 더 강해진 이유는 다음과 같다. 선진국, 신흥국 할 것 없이 노령화 속도가 빨라지고 있다. 그러면서 자금이 국부펀드로 몰렸다. 우리나라만 해도 국민연금의 운용자금이 천문학적이다. 싱가포르에는 테마섹이 있고 노르웨이도 노르웨이국부펀드가 있고 중국은 중국투자공사가 있다. 이들이 추구하는 목표는 세 가지다. 안정성, 유동성, 수익성이다.

① **안정성** - 부도 위험이 없어야 한다
② **유동성** - 위기에 돈을 쓸 수 있어야 한다
③ **수익성** - 수익률이 좋아야 한다

평소에는 주식처럼 수익이 좋으면서 유동성이 풍부한 곳에 투자를 하다가도 위기에는 안정적인 자산에 투자한다. 평시에는 주식 70%, 채권 30%에 투자하다가 위기가 벌어지면 가격이 올라간 채권을 팔아 주식을 사면서 리밸런싱을 한다.

그런데 2008년 금융위기가 터졌다. 그래서 위 세 가지 원칙을 지키려고 세계의 모든 자산을 찾아보니 결국 미국 채권이 가장 안정적이라는 결과가 나왔다.

생각해보자. 미국 이외에 어디에 투자를 해야 하는가? 유럽은 그리스를 비롯한 PIGS[유럽국가 가운데 심각한 재정적자를 겪고 있는 포르투갈(Portugal), 이탈리아(Italy), 그리스(Greece), 스페인(Spain)의 머리글자에서 따온 용어] 국가들에서 위기가 벌어지면서 대상에서 제외된다. 스위스는 채권 발행량이 너무 적다. 일본 채권은 거의 자국 내에서 소진된다.

전세계를 둘러봐도 투자할 곳이 없다. 결국 미국뿐이다. 모든 조건을 갖추고 있고, 가장 안전하다. 게다가 2021년부터 바젤3(스위스의 마을 이름이다. 바젤 III는 바젤 은행 감독 위원회에서 금융위기 재발을 막기 위해 내놓은 은행자본 건전화방안의 개혁안이다)가 발동되는데 이 바젤3의 핵심내용은 무엇인가? 바로 은행에 대한 규제 강화다. 핵심은 은행에 대한 자본 요구량과 현금 요구량의 비율이 크게 늘어나는 것이다.

은행들은 단기 유동성 비율을 만족시켜야 한다. 쉽게 말해 현금으로 바꿀 수 있는 우량 유동성 자산을 30일간 사용할 수 있을 정도로 보유해야 한다.

그런데 그런 자산이 어디 있는가? 미국 달러와 국채 외에는 없다.

미국의 우량회사채가 있기는 하나 이 조건을 만족하는 회사는 AAA이고 단 4곳밖에 없다. 오토매틱 데이터 프로세싱, 존슨앤존슨, 마이크로소프트, 엑손모빌이다. 여기엔 애플도 들어가지 못한다. 애플은 스마트폰 경쟁이 너무 심해서라고 한다.

그런데 금융위기급이 터지면 주가도 반토막이 나는 상황에서 회사채는 오죽할까? 따라서 아무리 우량한 회사채라도 미국 국채 외에는 대안이 되지 못한다.

이처럼 전세계가 우량자산에 대한 목마름이 심하기 때문에 당연히 수요가 크게 늘어날 수밖에 없다. 즉 세계의 모든 국부펀드, 은행은 미국의 자산을 사야 한다는 의미가 된다.

바젤3는 아마도 미국이 2008년 금융위기 이후 미국자산을 원활히 팔기 위해 만들어 놓은 규제가 아닌가 하는 생각이다. 실제 2008년 금융위기는 달러자산, 특히 미국 국채의 안정성을 더 강화시켰다.

⌛ 돈은 신흥국으로. 그리고 돌고돌아 다시 미국으로

위기가 발생하면 돈은 미국으로 흘러 들어간다. 결국 그렇게 된다는 의미다. 왜 그럴까?

미국이 돈을 풀었다. 그러면 지금처럼 막대한 달러가 신흥국으로 들어간다. 외국인들이 한국으로 달러를 들고 들어오면 원화가치는 높아지고 달러가치는 떨어진다. 이러면 한국은 수출이 안 된다. 따라서 한국은행은 통안채(통화안정증권)를 발행해서 달러를 사들인다.

통안채는 공짜가 아니다. 이자가 붙는다. 우리나라의 외환보유액은 4000억 달러로 엄청난 규모다. 2012년 당시 인도는 10년물 금리가 무려 8~9%였다. 반면 미국은 2% 정도였다. 그러면 인도 중앙은행은 얼마나 손해를 보는 것인가? 이자비용으로만 6~7%의 손실이 발생한다.

이 통안채는 주로 누가 사갈까? 위기에 이 정도 큰 금액의 통안채를 살 수 있는 주체는 미국계 투자은행밖에 없다. 그러니 결국 이자비용이라는 명목으로 돈이 미국으로 빨려 들어가는 것이다.

그래서 하버드 대학의 로렌스 서머스는 2006년 연설에서 "전 세계에서 가장 가난한 국민들이 막대한 규모의 국제금융 보유액을 가진 국가에 살고 있다는 사실은 우리시대의 역설"이라고 얘기했다. 우리나라도 예외는 아니다.

⚖ 결론

지금 신흥국으로 달러가 몰려들어오고 있다. 더 많은 달러를 흡수하기 위해 통안채를 발행할 것이다. 그리고 금리차를 이용해 미국으로 돈이 빨려 들어갈 것이다. 그러나 각국의 중앙은행은 달러를 보유하지 않으면 신용등급이 떨어져 이 어려운 시기에 큰 어려움을 당할 수 있다. 아이러니하게도 2008년 금융위기로 미국의 자산은 더 강해졌다. 결국 승리자는 미국이다.

미국이 화웨이 퇴출에 목숨을 거는 이유, 신흥국이 아닌 미국주식에 투자해야 하는 이유

> ☑ **영, 화웨이 퇴출 결정···2027년까지 기존 장비도 없애야**
>
> 영국이 중국 화웨이를 5세대(5G) 이동통신 사업에서 완전히 배제하기로 결정했다. 올해말부터 화웨이 신규장비 유입이 금지되며 2027년까지는 기존에 설치했던 장비들도 모두 퇴출된다.
>
> 파이낸셜타임스(FT), CNBC 등 외신에 따르면 영국 총리실 국가안보위원회(NSC)는 14일(현지시간) 이같은 화웨이 퇴출 방안에 합의했다.
>
> 2020년 7월 15일자 파이낸셜뉴스

영국이 2027년까지 화웨이 장비를 완전히 퇴출시킨다는 소식이다. 화웨이는 중국이 밀고 있는 기업이다. 화웨이의 가장 큰 사업은 바로 통신장비다. 달리 말해 5G다. 5G가 왜 중요한가?

미국은 원래 다른 나라와 싸울 때 물건을 팔아가면서 싸운다. 소련과도 그랬다. 소련과 대치하고 있는 일본, 한국, 유럽 등에 무기를 팔아 소련이 군비경쟁을 하도록 유도했다. 소련은 군비경쟁에 치여 자금이 고갈되어간다. 그리고 소련과 대치하고 있는 국가들에 무기를 판매한다. 이것이 꿩먹고 알먹는 미국의 일석이조 전략이다.

　그런데 기막힌 미국의 이 전략을 베낀 기업이 바로 중국기업 화웨이다. 미국과 똑같이 물건을 팔아가면서 싸운다.

　앞으로의 군사적 충돌은 인공지능, 5G 인터넷, 통신 등이 핵심이다. 미국은 전투기도 무인으로 만들고 있다. 인공지능이 싸움을 훨씬 잘하기 때문이다. 또한 무인으로 만들어야 훨씬 빠른 비행기를 만들 수 있다. 사람이 타는 유인 비행기는 사람이 견딜 수 있는 한계 이상의 속도는 낼 수 없다. 그런데 인공지능이 조종하고 속도의 한계도 없는 전투기를 만들면 훨씬 빠르게 접근해서 적을 궤멸시킬 수 있는 것이다. 이 모든 것을 가능케 하는 기술이 바로 초고속 인터넷 즉, 5G 환경이다.

　5G기술은 화웨이가 가장 앞서 있다. 따라서 화웨이가 5G 통신기지국을 전세계에 깔면 중국의 무인전투기들이 전세계에서 안정적으로 미국의 전투기와 싸울 수 있는 환경이 만들어진다. 게다가 화웨이는 돈을 벌면서 기술개발을 하게 되니 미국으로서는 미치고 팔짝 뛸 노릇이다. 이에 따라 미국이 화웨이 퇴출에 나선 것이다.

　유럽이나 동아시아 국가들은 기술도 좋고 가격도 저렴한 화웨이 장비를 선호한다. 그런데 영국이 화웨이 퇴출을 결정했다. 이는 화웨이가 유럽에서 공식적으로 퇴출되는 신호탄일 가능성이 높다.

　군사적인 이유 말고도 화웨이를 퇴출시키려는 이유는 또 있다. 바로 5G 기술 자체의 중요성이다. 4G까지는 스마트폰 등 통신만을 위한 수단이었다. 그러나 5G부터는 사물인터넷 중심이 된다. 자동차, 드론, 항공기, 로봇 등 모든 사물과 연결되는 것이 5G통신이다.

　이 5G통신에서 가장 앞서 나가는 기업이 화웨이다. 그런데 화웨이에 대항할 만한 미국기업이 아직은 존재하지 않는다. 그러니 미국은 대안으로 한국의 삼성전자, 유럽의 에릭슨, 노키아 등의 통신장비를 미는 것이다. 한편으로는 적극적으로 화웨이를 말려죽이면서 말이다. 결국 미국이 화웨이를 죽일수록 반대로 삼성전자 등은 수혜를 입을 가능성이 크다.

산드라 블록 주연의 〈그래비티〉라는 영화가 있다. 허블 우주 망원경을 수리하기 위해 우주를 탐사하던 라이언 스톤 박사(산드라 블록)와 동료 맷 코왈스키(조지 클루니). 우주에 떠도는 인공위성 잔해물과 부딪히면서 스톤 박사와 우주선을 연결하는 로봇 팔이 부러지고 우주미아가 된다. 이후 우여곡절을 겪으며 지구로 돌아오는 과정을 담았다.

그런데 이 영화에 나오는 인공위성 잔해물은 어느 나라 것인가? 바로 중국이다. 중국은 우주에 미국의 인공위성을 파괴하는 킬러위성을 띄워 놓고 있다. 미국과 중국 간 전쟁이 벌어지면 중국은 미국의 GPS 위성을 쏘아 떨어 뜨리려 하고 있다. 왜냐하면 미국의 첨단무기 대부분이 GPS위성 신호를 받아 운용되기 때문에 위성 신호가 없다면 미국의 첨단 무기들은 모두 무용지물이 된다. 이처럼 중국은 미국과의 전쟁을 미리 준비하고 있다.

중국이 인공위성을 쏘아 올리는 프로젝트를 베이더우라 한다.

> ☑ **자체 GPS 꿈꾸는 중국, 베이더우 위성 발사 또 성공**
> 미국의 '위성 위치 확인 시스템'(Global Positioning System·GPS)에 대응하기 위해 자체 시스템을 구축 중인 중국이 이를 위한 인공위성 발사에 또 성공했다.

> 중국은 25일 새벽 2시 9분(현지시간) 쓰촨(四川)성 시창(西昌)위성발사센터
> 에서 창정(長征)-3호 을(乙) 운반 로켓으로 베이더우(北斗) 항법 위성 1기를
> 발사했다고 중국신문망 등이 보도했다.
> '북두칠성'에서 이름을 따온 '베이더우(北斗)' 시스템은 '중국판 GPS'로 불리
> 는 자체 위성항법장치다.
> 2019년 6월 25일자 매일경제

이 외에도 미국은 중국의 돈줄을 말리기 위하여 여러 가지 일들을 한다.

> ☑ **회계기준 특혜 폐지⋯ 中기업 美증시 상장 어려워진다**
> 미국이 중국 기업의 미 증시 상장을 쉽게 했던 양국 회계협정 파기를 검토하
> 고 있다. 향후 중국 기업의 미국 증시 상장이 어려워지는 것은 물론이고 알리
> 바바, 바이두 등 이미 미 증시에 입성한 중국 기업에도 상당한 압박으로 작용
> 할 것으로 보인다.
> 2020년 7월 15일자 동아일보

중국의 회계기준을 쓰겠다면 미국에 상장하지 말라는 압박이다. 루이
싱 커피의 회계부정이 빌미가 되었지만 크게 보면 중국기업이 미국에
서 번 돈으로 미국과 싸우도록 방치하지 않겠다는 선언이다.

알리바바, 바이두 이런 기업들은 표면상 전자상거래 기업이지만 사
실은 클라우드, 빅데이터 기업들이다. 유사시 군사용으로 쓰일 수 있
다. 틱톡도 마찬가지다. 틱톡은 바이트댄스라는 중국기업의 앱인데 단
순히 짧은 동영상 댄스가 전부가 아니다. 미군이나 서양인의 얼굴인식

을 통해 드론이 적을 골라서 살상할 수 있는 기반의 동영상과 사진을 중국의 인민해방군에게 제공해 주는 역할을 한다.

미국의 압박으로 중국 기업들의 돈줄이 막히자 중국 당국은 돈을 끌어 모으기로 작정한다.

☑ 中 국채=안전자산?…해외자금 740조원 몰렸다

중국 국채 수익률이 떨어졌다고는 하지만 여전히 다른 주요국 국채 금리보다 높은 수준이다. 현재 중국 국채 10년물 금리는 연 3.118%로 미국(연 0.597%)과 일본(연 0.023%), 독일(연 -0.515%)에 비해 훨씬 높다. 스테파니 모니어 롬바드오디에 수석투자책임자는 "중국 국채는 위험을 회피하기 위한 보호장치가 되고 있다"며 "우리는 중국 국채를 신흥시장 자산이 아니라 안전자산으로 분류하고 있다"고 말했다.

2020년 7월 14일자 한국경제

중국국채 수익률이 미국이나 일본, 독일에 비해서 훨씬 높고 신흥시장 자산이 아니라 안전자산이라는 홍보성 뉴스다. 동시에 중국은 정부자금을 이용해 연일 증시를 띄우고 있다. 사실 홍콩보안법으로 인해 중국 내의 홍콩재벌들이 주식을 산다는 얘기도 있다. 홍콩보안법의 핵심은 이 법으로 외국인들도 처벌할 수 있다는 것이다.

☑ '홍콩 보안법' 외국인에도 적용…中 '세계와의 전쟁' 선언

중국 전국인민대표대회(전인대)가 30일 오전 홍콩 국가보안법을 만장일치로 가결한 가운데 홍콩 내 외국인도 보안법으로 처벌받을 수 있는 사실이 알려지

며 국제사회의 반발이 예상된다.

◇ 보안법, 홍콩 내 외국인에게도 적용 : 보안법은 적용 범위도 매우 광범위하

다. 홍콩 시민뿐 아니라 홍콩 영토 내 있는 외국인들도 법안의 대상이 돼

우려가 일고 있다.

2020년 7월 1일자 동아일보

홍콩 재벌인 리카싱과 같은 부자들은 중국주식을 사면서 충성심을 보여줌과 동시에 중국 당국의 눈치를 보고 있다. 그러나 중국이 증시를 올리는 이유는 따로 있다.

2015년 중국의 상하이 증시는 4달 만에 3,000포인트에서 5,000포인트까지 급상승하였다. 이때 중국당국은 인민일보 등 관영매체를 통해 중국주식이 뜬다고 홍보했고, 실제로 돈을 쏟아 부어 중국주식을 끌어 올렸다. 그러나 6월 1일 이후 중국주식은 폭락했다. 2016년 1월 2,600포인트까지 떨어지면서 고점 대비 반토막이 났다.

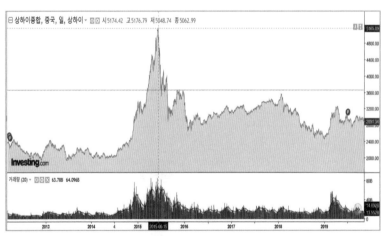

🔼 중국 상하이종합지수 차트

증시를 폭등시킨 당사자는 시진핑 계열의 태자당파였다. 그런데 당시 장쩌민 계열의 상하이방이 홍콩에서 자금을 유입시켜 공매도 등을 통해 중국 내 자금을 싹 끌어가 버렸다. 그러면서 주가가 폭락하고 외완보유고도 1조 달러가 증발해 버렸다. 당시 중국의 외환보유고는 4조 달러였는데 이때 1조 달러가 털리면서 3조 달러 대로 주저 앉았다.

늦게 집권하여 자금부족에 시달리던 시진핑 입장에서는 기가 찰 노릇이었다.

⌛ 중국정부가 증시를 올리는 근본적인 이유

중국정부는 왜 증시를 끌어 올리려 할까? 정부자금은 마중물 역할을 한다. 상승 초기 적극적으로 개입하여 주가가 높은 비행을 하도록 유도한다. 주가가 올라가면 국내 및 해외에서 뜨거워진 증시상황을 보고 자금이 몰려 들어온다. 그러면 중국 기업들은 바로 유상증자를 한다. 증시가 올랐는데 기업들이 유상증자를 하면 어떻게 되는가? 주식 수가 늘어난다. 그리고 유상증자를 한 자금은 바로 기업의 금고로 들어간다. 중국주식이 오른 후 신규로 들어온 외국인 자금은 곧바로 물타기를 당하게 되고 이로 인해 주식가치가 떨어진다.

중국주식 중 이 기간 올라가는 업종은 주로 기술주다. 기술주는 고평가를 받기 때문에 PER 등이 높아도 용인이 된다. 미래 성장성이 높다는 이유 때문이다. 외국인 자금은 이를 믿고 주식을 사지만 사실은 물타기를 당하고 있는 것이다.

중국이 이렇게 하는 이유는 그들이 돈이 없기 때문이다. 미국과 싸우려면 기업이 잘 커야 한다. 특히 기술기업의 힘이 중요하다. 그런데 중국 기업의 부채는 이미 300%를 넘어가고 있다. 우리나라 IMF 바로 전 상황이다.

이런 기업들에게 돈을 주입해 주려면 먼저 주가를 띄워 외국인 자금이 들어오도록 만든 다음 유상증자를 통해 돈을 빼돌리고, 미국이 견제하는 중국 기술기업의 R&D자금과 유휴자금을 댄다. 이것이 중국 정부의 술책이다.

⧖ 신흥국주식에 투자하지 말아야 하는 이유

신흥국 주식에 투자하지 말아야 하는 이유가 있다. 유상증자가 너무 심하다는 게 그 이유다. 그리고 수출길을 열기 위해 환율을 올린다. 따라서 신흥국 주식이 많이 오른 것 같아 보여도 사실은 유상증자로 물타기 하고 환율로 떨어뜨려서 장기간 수 십배 올랐음에도 오히려 손실인 경우가 태반이다. 우선 환율을 보자.

① **한국 원화** : 1997년 770원에서 2019년 1180원, 환율 50% 상승으로 수익 1/2 토막

② **베트남 동화** : 1986년 달러당 23동에서 2018년 2만 3000동, 무려 1/1000 토막

③ **아르헨티나 주가지수** : 1992년 800에서 현재 2만 4,000까지 30배 상승했으나 페소화 환율 1992년 1달러 : 60페소에서 현재 달러당 3,600페소로 1/60로 감소. 결국 1/2 토막.

다음은 주가지수이다. 주가지수가 올랐으나 유상증자로 오히려 마이너스다.

① **중국 상하이 종합주가지수** : 2000년 1월부터 2019년 7월까지 80% 상승했으나 상하이 증시 시가총액은 1,200% 증가(12배 증가, 1년에 3% 수익률). 물타기로 오히려 손해이다.

② **한국 코스피지수** : 2000년 1월부터 2019년 7월까지 주가지수는 1.1배 상승했으나 시가총액은 2.2배 상승했다. 결국 반토막이다. 코스피지수를 2010년 이후로만 놓고 보면 주가지수는 15% 상승했으나 시가총액은 44% 증가했다. 오히려 손해이다.

그러나 이와 반대의 시장이 있다. 바로 미국이다. 미국 S&P500 주가지수는 2000년 1월부터 2019년 7월까지 1.1배 상승했고 시가총액도 1.1배 상승했다. 1.1배 모두 주식투자자에게 돌아갔다. 게다가 미국 S&P500 주가지수는 2010년부터 1.6배 상승했고 시가총액은 1.4배 상승했다. 신흥국과는 반대다. 회사가 아닌 주주가 돈을 챙겨간 결과다.

신흥국과 미국 간 이런 차이가 벌어지는 이유는 미국기업들의 바이백(Buy Back) 때문이다. 바이백이란 주식 수를 줄이는 작업이다. 소위 물빼기라 할 수 있다.

⚖ **결론** _____

신흥국 주식투자는 언뜻 이익으로 보이나 사실은 엄청난 손해고 미국주식에 투자하는 것이 투자자들의 돈을 지키는 길이다.

주식시장에서 반드시 살아남는 몇 개 안 되는 원칙

재테크를 하는 목적은 3가지 정도로 압축할 수 있다.

① 경제적 자유를 얻기 위해서
② 노후 대비를 하기 위해서
③ 제로금리 시대에 저축으로는 답이 없기 때문에

투자법도 여러 가지다. 대표적으로 부동산, 채권, 주식, 사업 등이다. 그 중에서도 미국주식에 투자하는 이유는 무엇인가? 소액으로도 가능하고 변동성이 적으며 장기간 우상향하고 있기 때문이며, 위기에는 손절이 가능하고, 우량기업이 많고 재료가 썩지 않기에 부동산처럼 재건축 할 이유가 없기 때문이다.

요즘 많은 젊은이들이 주식시장으로 신규 진입하고 있다. 우량한 서울 부동산 가격이 너무 올라 그들의 월급으로는 이젠 엄두조차 나지 않기 때문이다. 자칫 영끌('영혼까지 끌어모으다'를 줄인 말로, 아주 작고 사소한 것들을 하나로 모은 행위를 강조하는 말이다. 부동산에서는 모을 수 있는 모든 자금을 최대한 끌어모으는 행위로 빗대어 사용한다)이라도 했다가 공황이라도 맞으면 바로 신용불량자가 된다. 그래서 먼저 접근했던 것이 비트코인이고 요즘은 주식이다.

⧗ 변동성 장세에서 살아남아야 퇴출되지 않는다

그러나 주식도 단점은 분명하다. 부동산과 달리 시세변동이 심하여 공포와 탐욕으로 투자를 했다가는 순식간에 계좌가 녹아버리고, 신용을 썼다가 가진 주식이 급락하면 반대매매를 당하면서 계좌가 깡통이 된다. 따라서 주식은 변동성 장세를 얼마나 잘 버티냐에 따라서 승패가 결정된다.

만약 주가가 지속적으로 오른다면 누구도 잃을 이유가 없다. 그냥 가지고만 있으면 언젠가는 올라있기 때문에 사고팔 필요가 없다.

급락하는 공황일 때는 어떨까? 주가가 공황상황에서 급락하면 공포에 질려 손실을 보고 팔겠지만 그렇다고 지속적으로 잃지는 않는다. 공포에 빠져서 다시 사지 못하기 때문이다.

그러나 오르내림을 반복하는 변동성 장세는 조금 다르다. 초보투자자의 단점이 그대로 드러나고 투자자들의 손실이 가장 크고 자주 일어나는 시기다. 한참 지나서 보면 지수는 그대로인데 오를 때는 탐욕에 사고 떨어질 때는 공포에 팔면서 계좌가 순식간에 녹아내린다.

따라서 초보투자자는 변동성 장세를 반드시 피해야 한다. 강력 홀딩하면서 기다리거나 아니면 다 팔고 현금을 확보하고 변동성 장세가 끝나기를 기다려야 한다. 그러나 개미는 조바심 많고 탐욕이 끓어 넘치는데 오르면 본전 생각이 나서 냉큼 사고, 내리면 거지가 될 것 같아 파는 형태를 끊임 없이 반복한다. 그리고 정신을 차려보면 계좌는 이미 깡통이 되어 있다. 지수는 그대로인데 말이다.

초보 서퍼(Surfer)는 큰 파도가 밀려오면 바다에 나갈 엄두를 내지 못하지만 주식시장에서 개미들은 큰 파도가 밀려오면 큰돈을 벌 기회라 착각하고 겁 없이 뛰어든다. 그래서 대부분이 변동성 장세에서 원칙 없이 투자하면 돈을 크게 잃거나 주식시장에서 퇴출되고 만다.

⌛ 좋은 주식을 오래 들고 있어야 한다

주식시장은 원칙 없이 함부로 매매하면 투자자의 자금을 빠른 시간 안에 말려버리지만, 좋은 주식을 오랫동안 들고 있으면서 철저히 리스크 관리를 하면 꿈 꾸던 자산을 현실에서 모을 수 있게 해주는 가장 탁월한 수단이다. 씨를 뿌린 후 아직 열매가 맺지도 않았는데 뿌리를 뽑으려 해서는 안 된다. 햇볕, 공기, 물이 조화롭게 상호작용을 일으켜 탐스러운 과실이 열릴 때까지 참아내는 인내가 필요하다.

당신이 워런 버핏처럼 수익을 올렸다 하더라도 부자가 되기 위해서는 최소한 21년은 기다려야 한다. 매년 25% 이상의 수익을 올려야 복리효과가 발생해 원금의 100배가 되기 때문이다. 그러니 최소 21년 이상을 해야 하는데 당장 100배를 만들 것처럼 달려들었다가는 1년 만에 계좌 반토막 혹은 그 이상의 손실을 내고 나가 떨어진다.

장기간 투자가 가능한 비결은 무엇일까? 자신만의 원칙이 가장 중요하다. 존버도 엄연히 원칙이다. 우량기업을 사서 오랫동안 적립식으로 가져 가는 전략이다. 쉬워 보이지만 현실 투자세계에서는 대부분이 구사하기 어려운 전략이다. 왜냐하면 실시간으로 시세가 매겨지기 때문에 시세창을 보고 있노라면 사고팔이기를 반복할 수밖에 없고, 시세 중독에 빠져버리면 단 하루도 매매 없이 지나갈 수 없다. 매매를 하지 않고는 죽을 만큼 좀이 쑤셔서 견딜수가 없기 때문이다.

　그래서 투자경력이 어느 정도 되는 사람은 존버가 얼마나 어려운지 이미 알고 있다. 게다가 100배를 만들 욕심에 우량주보다는 소위 급등락이 심한 잡주에 집중한다. 결국 이 과정에서 사고팔이기를 반복하다가 단기간에 모든 돈을 잃고 시장을 떠난다. 투자라기보다는 투기에 가깝다고 생각된다. 혹시 잡주가 아닌 우량주에 투자한 경우라도 부화뇌동하는 투자를 피하기는 어렵다. 확신과 원칙이 없기 때문에 우량종목을 사놓고도 떨어지면 끊임없이 의심하며 팔고, 오르면 후회하며 뒤늦게 샀다가 물리기를 반복한다. 이래서는 수익은 고사하고, 오로지 본전찾기가 목표인 투자를 벗어날 수 없다.

⌛ 투자자를 지켜줄 -3%와 말뚝박기 원칙

-3% 원칙은 투자자를 지켜주는 매우 요긴한 방법이다. 초보들이 주식시장에서 장기간 투자할 수 있는 환경을 만들어주며, 고수라 하더라도 적용하기 좋은 매뉴얼을 제공한다. 그 어떤 공포스러운 폭락장이나 공황에 빠진 상황에서도 투자자를 안전하게 보호한다. 쉽게 말해 태풍이 몰려오면 배를 잠깐 피했다가 태풍이 물러간 사실을 확인 후 다시 항해를 시작하면 된다.

이 룰을 따르면 어쩌면 존버보다 수익률이 떨어질 수도 있다. 그러나 마음 편한 투자가 가능하다.

나스닥 종합지수에 -3%가 뜨면 보유중이던 종목들을 모두 팔고 한달+1일을 강제로 기다려야 한다. 존버는 하염없이 기다리지만 -3% 원칙은 사고파는 날짜가 정해져 있다. 얼마나 기다리면 되는지 투자자 스스로 알기 때문에 지루하지 않다.

게다가 -3%가 뜨면 주가는 반드시 떨어지니 전량 매도 후 전고점 대비 가격이 떨어질 때마다 일정 비율 주식을 사면서 말뚝을 박으면 된다. 예를 들어 나스닥지수가 -3% 떨어졌을 때 전량 매도 후 애플이 전고점 대비 20% 떨어졌다면 자산의 20% 또는 자신이 정한 비율만큼을 사는 행위를 말뚝을 박는다고 한다(구체적인 말뚝박기 전략은 이 책의 2권 64장~66장 '말뚝박기 전략1, 2, 3'을 참고하기 바란다).

이렇게 일정 비율 말뚝을 박아 놓으면 떨어지면 말뚝을 박아서 좋고 오르면 수익률이 올라서 좋다. 주가가 올라도 좋고 떨어져도 좋다. 투자자에게 이런 전략은 마음도 편하고 시장의 오르내림에 모두 대응할 수 있는 일거양득의 효과라고 생각한다.

다만 말뚝을 박을 때 주의할 점이 있다. 절대 오른다고 불타기(오를 때 추가로 매수하는 전략, 반대의 경우 떨어질 때 추가로 매수하는 전략은 물타기라고 한다)를 하면 안 된다. 어차피 -3%가 뜨고 한달+1일이 지나면 확률상 거의 모든 위험이 끝나니 조금 늦더라도 그때 안전하게 전량 매수하면 된다.

변동성이 큰 장에서는 오른다고 추격매수를 했다가는 평단가만 높아지고 재차 주식이 떨어지면서 자신의 평단가 밑으로 떨어지면 그제

서야 '내가 탐욕을 부렸구나' 하고 손절을 하면서 계좌가 녹는다. 따라서 말뚝은 꼭 떨어질 때만 박아야지 오른다고 욕심을 부렸다가는 이도 저도 아니게 된다. 어쨌든 자세한 내용은 2권 말뚝박기 편에 자세히 기술해 놓았으니 꼭 참고하길 바란다.

그러다 주가가 훅 올라가 버리면 어떻게 하느냐는 질문을 자주 받는다. 어찌 되었던 말뚝을 박은 수량만큼은 수익으로 돌아오지 않는가? 그것이 중요하다. 주가의 흐름은 예측의 영역이 아니다. 오를 수도 있고 떨어질 수도 있다. 결과를 놓고 보면 주식만큼 쉬운 것이 또 어디 있겠는가. 주식투자가 어려운 이유는 단 하나, 내일을 모르기 때문이다.

워런 버핏의 제1원칙은 돈을 잃지 않아야 한다. 제2원칙은 제1원칙을 잊지 않는 것이다. 따라서 탐욕으로 오를 때 사면서 평단가가 높아졌다가 떨어질 때 멘탈 나가서 계좌를 스스로 녹이는 짓은 절대 피해야 한다.

이 전략으로 투자에 임한다면 한낱 개미도 크게 잃을 일이 없다. 매일 피말리는 싸움을 하는 투자자보다 간단한 이 원칙을 지키는 투자자의 수익률이 기어가는 달팽이와 달려가는 말의 차이만큼 크게 벌어질 수 있다. 원칙을 지키는 투자자는 당연히 달리는 말에 해당한다.

항상 1등 주식을 갖고 있되 꼭 팔아야 할 시기에는 주식시장에서 -3%로 경고를 주니 그때는 팔고, 계속 떨어지면 말뚝을 박고 기다렸다가 한달+1일이 지나도 다시 -3%가 뜨지 않으면 그때 다시 매수해서 -3%가 다시 뜨기 전까지 들고가면 돈을 잃고 주식시장을 떠날 일이 없는 것이다.

그러나 대부분의 개미들은 시장이 경고를 주는데도 탐욕 때문에 못

팔고 핑계를 대고 존버도 못하면서 막상 떨어지면 그제서야 뒤늦게 또 팔면서 후회를 하게 된다. 그리고 더 큰 문제는 이런 일이 또 벌어져도 똑같은 행동을 반복한다는 데 있다. 그리고 이렇게 말한다. "이번은 다르다."

⚖ 결론

이 바닥에서 살아남아야 부자 된다. 그러려면 반드시 자신만의 원칙을 세우고 그것을 꼭 행동에 옮기라. 원칙 없이 흔들리면 부자는커녕 차라리 투자를 안 하느니만 못하다.

저금리가 일상인 시대가 온다

앞으로는 저금리가 구조적이 될 전망이다. 저금리가 구조적이라는 말은 앞으로는 고금리를 볼 수 없다는 뜻이다. 물론 그 사이에 금리가 인상되는 시기도 있겠지만 길게 봐서 그렇다는 의미다. 일상적인 저금리를 예상하는 이유는 다음과 같다.

⏳ 베이비붐 세대의 퇴장

1945년 2차 세계대전 이후 출산율이 크게 올랐다. 1948년부터 베이비붐 세대가 등장한다. 베이비붐 세대는 소비의 아이콘이었고 대량생산 대량소비로 대변되는 20세기가 시작되었다. 그러나 이들은 이제 70세가 넘어 소비를 줄이는 세대가 되었다.

2000년 닷컴버블은 베이비붐 세대가 50세가 되면서 은퇴 후의 삶을 준비하고자 공격적으로 주식에 투자한 결과였다. 2008년 금융위기는 이들이 60세가 되어 집에 대한 투기를 하면서 일어난 결과였다. 세계 인구 구성에서 가장 높은 비중을 차지하고 있는 이들이 이제 은퇴를 함에 따라 소비가 크게 일어나지 않고 있다.

또한 이미 저출산 구조가 고착화되었다. 저출산이 고착화 되고 의학의 발달로 베이비붐 세대는 더 오래 살게 되니 대부분의 나라에서 향후 인구구조는 역삼각형으로 바뀌어 갈 것이다.

고령세대는 소비에 소극적이다. 애들이라도 있어야 외식을 하고 유모차도 사고 분유도 먹이고 새 옷도 산다. 반면 노년층은 소비를 극도로 줄이는 삶을 산다. 언제 죽을지 모르기 때문에 아끼고 또 아낀다. 언제 죽을지 모른다는 말은 얼마나 오래 살지 예측하기 어렵다는 말이다. 문제는 생각보다 오래 살았을 때다. 돈을 다 써버리고 나면 남은 인생은 무슨 돈으로 살아야 하나. 최소한 죽을 때까지는 쓸 돈을 남겨놔야 한다는 생각이 소비를 줄이는 결과로 나타난다. 일본에서는 노인들이 죽고 나서 집을 뒤지면 현금뭉치가 많이 나온다고 한다. 왜냐하면 노인이 되어서 돈을 펑펑 쓰다가 거지로 죽을 수는 없기 때문이다.

따라서 노인이 많을수록 돈이 돌지 않는 사회가 된다. 고령화가 심각했던 일본은 그래서 디플레이션에 빠졌다. 저출산 고령화가 심각한 속도로 진행되는 한국도 예외는 아니다.

소비가 크게 일어나지 않으니 물가가 오르지 않고 물가가 오르지 않으니 국가들은 소비를 부양하기 위해 저금리로 대응한다.

⌛ 미국 기준금리 평균이 천천히 떨어지고 있다

1980년대 초반 오일쇼크와 저축대부조합 사태가 발생한다. 당시 미국 연준의장이었던 폴 볼커는 기준금리를 20%까지 올렸다.

그러나 2000년 닷컴버블이 꺼질 당시 최고금리는 6~7%로 떨어졌고, 2008년 금융위기 직전에는 최고금리가 5% 중반까지 떨어졌으며, 이번 2020년 코로나 위기가 있기 전까지 최고금리는 경우 2% 중반이었다. 확실한 추세하락이다.

미국의 기준금리가 구조적으로 떨어지고 있는 중이다. 향후 코로나 사태가 진정된다고 해도, 인플레이션이 우려되어 기준금리를 올린다고 해도 과연 1% 중반까지라도 올라갈 수 있을지 모르겠다. 앞으로도 미국의 기준금리가 고금리로 갈 이유는 없어 보인다.

⌛ 아마존 현상, 저금리 촉발 효과

아마존이 온라인쇼핑으로 들어오고 나서 시중 물가가 오르지 않았다. 아마존의 특별한 정책 때문이다. 아마존은 한 분야를 장악한 후 다른 분야로 진출할 때 이익을 남기지 않고 초저가로 밀어붙여 시장의 경쟁자를 죽이는 전략을 펴고 있다. 시장의 경쟁자가 죽으면 다시 다른 분야로 진출하여 위와 같은 방법으로 시장의 경쟁자를 죽이고 또 다른 분야로 진출한다.

기존의 강자들은 한 분야를 평정한 후 경쟁자가 죽으면 가격을 올려 영업이익률을 올리는 방법을 썼는데 아마존은 사업분야를 넓히는 영토확장만 하고 있다. 이런 방법으로 아마존은 전자책으로 시작해 온라인쇼핑, 클라우드, 제약, 우주개발, 자율주행차 등으로 분야를 넓히고 있다.

아마존의 이러한 행보는 회사의 지속적인 발전을 염두에 둔 전략이 아닌가 한다. 한 분야만을 장악하고 영업이익률을 올리면 언제라도 시장 파괴자가 나와서 치킨게임을 벌여야 한다. 자칫 자신이 역공을 당해 희생양이 될 수도 있다. 그렇기에 아마존은 새로운 사업분야에 지속적으로 뛰어들면서 스스로 혁신하고 있지 않나 보인다. 이에 따라 아마존의 주가는 지속적으로 상승하고 있다.

아마존의 전략은 기존의 쇼핑 강자와 온라인쇼핑의 경쟁에 불을 지폈고 물가가 올라가지 못하도록 붙잡는 역할을 하고 있다.

⧗ 컴퓨터 혁명에서 인공지능까지

3차 산업혁명은 컴퓨터 혁명이다. 컴퓨터 혁명은 별 것 아닌 것으로 보이지만 고용 없이 대량생산이 가능하게 만든 사건이었다. 2차 산업혁명 때까지는 기계가 물건을 찍어냈다. 기계가 많은 만큼 사람도 많았다. 사람 없이 기계가 혼자 작동하지 않기 때문이다. 아주 간단한 동작도 기계는 스스로 할 수 없었다.

게다가 2차 세계대전 이후 등장한 베이비붐 세대는 세대 전체가 극도의 소비를 하며 대량생산, 대량소비를 주도했기 때문에 더 많은 기계와 더 많은 기계를 작동하는 사람들이 필요했다.

그러나 3차 산업혁명으로 인한 컴퓨터 혁명은 스스로 움직일 수 없던 기계를 스스로 움직이게 만드는 혁명을 불러온다. 사전에 프로그램화를 하면 루틴대로 물건을 찍어낼 수 있게 되었다. 이 방법은 소품종 대량생산이 가능하게 했고, 단순반복 작업을 하는 제조업 분야에 적용되었다.

예를 들어 자동차 작업은 포드가 컨베이어 벨트 시스템에 자동차의 제조공정을 넣어 이동하면서 조립이 완성되도록 만들었다. 그런데 여기에 사람이 하던 프레스, 도장, 용접, 검사 등을 기계로 대체하면서 인건비가 크게 줄어들기 시작했다. 인건비는 줄어드는데 영업이익률은 올라가면서 결국 물가가 떨어지는 효과를 낳았다.

제조업 전분야에 컴퓨터가 도입되면서 생산성 향상이 일어나고, 전체적인 물가 하락 요인을 만들었다. 그런데 앞으로는 멍청한 컴퓨터가 아닌 스마트한 컴퓨터가 도입될 전망이다. 바로 인공지능이다.

인공지능은 프로그램 된 것만 실행하는 컴퓨터에서 스스로 생각하는 컴퓨터로 진화할 예정이다. 소위 스마트 팩토리다. 소품종 대량생산이 아닌 다품종 소량생산의 길이 열린 것이다. 사람들은 개성을 중시하기 때문에 디자인이 동일한 제품이 시장에 쫙 깔려 있는 모습을 선호하지 않는다.

1960년대를 제외하고 제조업은 다품종 대량생산의 시대로 가고 있었다. 길거리에 다니는 사람들의 옷을 보라. 하루 종일 길을 걸어도 내 옷과 똑같은 디자인을 만나기란 쉽지 않다. 그런데 기존 컴퓨터를 이용한 제조업은 품종을 바꾸려면 사람이 필요했는데 인공지능이 들어오게 된다면 사람이 필요 없게 된다.

앞으로 인공지능이 도입된 공장은 전세계에서 들어오는 재고를 실시간으로 파악하여 라인을 스스로 바꾸어 생산하게 된다. 컴퓨터 혁명으로 인해 공장의 생산직이 위협을 받았다면 앞으로는 관리직도 위협을 받게 될 것이다. 사람이 아예 필요 없는 공장이 될 수도 있기 때문이다.

이렇게 인공지능이 활성화 된다면 인건비를 최대치로 줄일 수 있고 이러한 인건비의 하락은 기업의 영업이익률을 올린다. 인공지능이 수반된 4차 산업혁명이 무서운 이유는 생산기지를 해외로 옮길 이유가 없다는 데 있다. 즉 소비가 일어나는 곳에서 생산이 이루어진다는 얘기다.

왜 제조업 공장은 해외로 생산기지를 옮기나? 바로 선진국의 인건비 부담 때문이다. 그러나 인건비 부담이 없다면 굳이 개발도상국으로 공장을 옮길 이유가 없다. 소비여력이 큰 선진국에 무인공장을 두고 물건을 찍어내면 될 일이다.

인공지능의 활용도가 높아질수록 전세계 국가 간 빈익빈부익부 현상이 더 심해지고 국가 간의 보호무역도 강화될 것이다. 잘사는 선진국이 제조업 기반까지 가져가면 선진국과 개발도상국 간의 GDP 격차는 더욱 벌어질 수밖에 없다.

결론

긴 안목으로 봤을 때 저금리는 더욱 구조적으로 진행될 것이다. 저금리로 화폐의 가치는 떨어지고 반대가 되는 주식, 부동산 등 실물자산의 가치는 더 오를 전망이다.

테크기업, 더더욱 높이 비상한다

☑ 맨해튼 집값 코로나 충격에 20% 급락…빈집 1년새 85%↑

재택증가로 도심수요 줄어 고급주택일수록 하락폭 커. 실리콘밸리 핵심 주거지 샌프란시스코 임대료도 '뚝'. 원룸기준 1년새 11.8%↓

월스트리트가 있는 미국 뉴욕 맨해튼 다운타운에 있는 고급 신축 콘도.

이 건물에서 층수가 좋고 방이 3개인 1800제곱피트(약 167㎡) 규모 콘도는 코로나19 사태 전에 534만달러에 거래됐다. 매도자가 제시한 가격에서 조금도 할인되지 않을 정도로 수요가 탄탄했던 지역이다. 하지만 이 콘도도 `코로나19 태풍`을 피해가지 못했다. 이 콘도는 코로나19 발생 이전에 비해 시세가 약 15% 내려갔다.

하지만 아직 바닥을 알 수 없다. 이 건물에서 방이 2개인 콘도는 코로나19 전에 261만달러에 팔렸지만 이젠 사겠다는 사람이 거의 없다. 뉴욕 일대 최대 부동산 중개·감정 업체인 더글러스 엘리먼의 토니 여 중개사는 "맨해튼 고급 신축 아파트 중 700만~1000만달러 가격대 아파트는 매매가가 20~30% 하락했다"며 "비싼 매물일수록 하락 폭이 크다"고 말했다.

2020년 7월 10일자 매일경제

코로나가 부동산에 미치는 영향이 결코 적지 않다. 코로나로 인해 특히 세계적인 메갈로폴리스 집값이 심상치 않다. 경제위기가 발생해 떨어지는 부동산이야 시간이 지나고 경제가 정상화 되면 회복되기 마련이지만, 경제의 패러다임이 바뀌면서 떨어지는 부동산은 시간이 지나도 회복되지 않을 수 있다.

코로나로 인해 미국 테크기업 인근의 부동산은 타격을 받고 있다. 코로나19 사태 이후 천정부지로 오르기만 하던 미국 '직주근접' 인기 지역 집값이 2020년 여름 사상 최대 폭으로 떨어졌다. 미국에서 부동산이 가장 비싼 맨해튼과 샌프란시스코가 직격탄을 맞았다. 이 두 도시에서는 10여 년 만에 공실률이 치솟고 임대료가 급락했다. 재택근무가 정착되고, 대량 실업이 속출하면서 직주근접 지역 주택 임대 수요가 급감한 결과다. 미국 도심 부동산의 하락은 실업과 재택근무 때문으로 요약할 수 있다.

만약 원격근무가 본격적으로 도입된다면 어떤 일이 벌어질까? 일단 해외 휴양지가 뜰 것으로 보인다. 언젠가 모 게임회사 팀이 게임개발을 하기 위해 발리로 갔다는 소식을 들은 적이 있다. 발리로 가야 팀원들이 흥이 난다고 한다. 낮에는 일하고 밤에는 해변가에서 맥주파티를 즐길 수 있다.

굳이 해외로 나가야 하는 이유는 충분히 이해가 된다. 발리와 같은 휴양지라도 몇만 원 정도면 호텔에 머물 수 있고, 집단으로 숙소를 쓸 수 있으니 비용도 절감된다. 게다가 해외에 나가니 신나게 밤샘근무도 할 수 있다. 팀원들은 인스타그램이나 페이스북으로 워라밸을 지향하는 자신의 라이프스타일에 대해 자랑질도 가능하다. 작업물은 클라우드로 공유하고 회의는 화상으로 진행하므로 업무처리에 하등의 문제가 없다.

이번에 코로나 사태가 퍼지고 경제재개가 됐을 때 트위터와 페이스북이 본사로 출근을 하라 했더니 직원 중 절반이 그만둔다고 했다. 그래서 트위터와 페이스북은 부랴부랴 평생 재택근무가 가능하다고 입장을 바꾸었다.

페이스북은 한술 더 떠 해외에서 직접 사람을 뽑겠다고 한다. 현지 고용이다. 이전에는 페이스북이 사람을 뽑아서 해외로 파견을 보냈는데 앞으로는 미국으로 가지 않더라도 현지 인력은 현지에서 화상으로 인터뷰하고 뽑을 수 있게 되었다. 국경을 뛰어넘는 페이스북의 시도는 분명 혁신적이다.

해외 휴양지는 이런 수요로 더 유망할 수 있다. 물론 이런 휴양지는 기본적으로 와이파이, 5G인터넷 등이 잘 되는 환경이어야 한다. 굳이 출근하지 않아도 되고, 미국에 살지 않아도 되니 유명 휴양지를 돌며 일하지 말란 법이 없다.

지금까지는 직주근접이 상식이었다. 직장생활을 하려면 직장과 가까운 곳에 집을 얻어야 했다. 미국 서부에 살던 사람이 동부에 있는 직장에 취업이 되었다면 당연히 거처를 동부로 옮겨야 했다. 그러나 지금은 집과 직장의 거리가 우리 머리속 개념에서 희미해지고 있다.

물론 우리나라와는 거리가 먼 이야기다. 우리나라에는 테크 기업이 별로 없으니 말이다. 전통 제조업은 사람들이 모여야 물건 조립이 가능하다. 그리고 생각이 고루한 집단일수록 출퇴근을 중요하게 여긴다. 눈에 보이지 않으면 일하지 않는다고 생각한다. 다행인지 불행인지 제조업 중심인 우리나라의 상황상 서울의 가치는 지속될 것으로 보인다. 그러나 미국을 비롯한 선진국들은 직주근접이라는 개념이 점차 사라지고 대도시의 역할도 축소될 것이다.

⌛ 테크기업은 왜 인공위성을 쏘아 올리나

자동차가 대중화 되면서 스프롤 현상이 나타났다. 교외 확산으로 알려진 도시의 확산 또는 도시 스프롤 현상(Urban sprawl)은 도시와 그 교외지역의 가장자리가 농촌지역으로 팽창되어 나가는 현상을 가리킨다.

자동차와 고속도로의 발달로 인해서 도심 외곽의 큰 집으로 이사가는 수요가 많아졌고 그들이 출퇴근 할 때 도심의 교통 정체현상이 있었는데 그것이 오늘날까지 이어져 왔다. 그런데 기업으로 가는 수요가 없다면 스프롤이 완성되는 것이 아닌가? 교외를 넘어 해외로 나가는 수요 혹은 인터넷만 된다면 세계 어느 곳도 가능해질 것이다.

> ☑ '스타링크' 8번째 발사…우주인터넷 위성 480
>
> 스페이스엑스는 3일 오후 9시25분(미 동부시각 기준, 한국시각 4일 오전 10시25분) 플로리다주 케이프커내버럴공군기지 케네디우주센터 40번 발사대에서 스타링크 위성 60기를 실은 팰컨9 로켓을 발사했다. 이날 발사는 지난 달 30일 최초의 민간 유인 우주선을 발사한 것과 같은 장소에서 나흘만에 이뤄졌다.
>
> 2020년 6월 4일자 한겨레

스페이스엑스가 추진하는 스타링크 프로젝트는 저궤도에 인공위성을 쏘아 올려 무선 와이파이 인터넷이 가능하게 한다는 전략이다. 이 프로젝트는 아마존의 카이퍼 프로젝트와도 비슷하다.

> **☑ 지구 상공에 '위성 그물망' 펼쳐… 오지서도 초고속 인터넷 쓴다**
>
> 영국 민간 우주기업 원웹은 648개의 위성을 띄워 무선인터넷을 공급하려는 계획을 세우고 지난해 2월 위성 6대를 발사했다. 제프 베이조스가 이끄는 아마존도 위성 3236개를 띄워 위성인터넷 망을 제공하는 '프로젝트 카이퍼'를 발표했다. 이 같은 계획대로라면 수년 내에 위성인터넷으로 데이터를 주고받고 산간벽지에서도 손쉽게 무선인터넷이 가능해지는 시대가 열릴 것이라는 전망이 나온다.
>
> 2020년 1월 10일자 동아일보

아마존도 3,236개의 인공위성을 띄워 세계 어느곳에서도 데이터를 받을 수 있도록 한다는 계획이다. 그러면 아프리카 종단 여행을 하거나 시베리아 횡단을 하면서도 정상적으로 회사 일을 할 수 있는 날이 온다는 얘기다. 젊은이들은 이런 재택근무가 가능한 기업에 열광할 것이다.

아마존이나 스페이스엑스가 얻는 이득은 무엇인가? 바로 엄청난 광고수익이다. 페이스북은 세계인구 75억 명 중 20억 명을 가입자로 뒀다. 이 사실은 역으로 생각하면 아직도 50억 명은 페이스북을 사용하지 않는다는 말이다. 시장 잠재력이 아직도 무궁무진하다.

인공위성까지 쏘아 올리는 테크기업의 시도는 가늠하기 어려운 성장성을 불러올 것이다. 각 기업이 플랫폼을 갖게 되는데 안드로이드, 스타링크, 카이퍼벨트 플랫폼 등이다. 사람들은 이곳에 접속하기 위해 회원으로 가입하고, 고유의 플랫폼으로 접속을 할 것이므로 이들이 구글의 안드로이드, 애플의 iOS를 대체할 수도 있다. 그렇게 되면 스페이스엑스, 아마존은 거대 플랫폼 기업으로 거듭날 수도 있다.

이러한 테크기업의 시도로 인해 향후 5G, 클라우드, 초고속인터넷, 컨텐츠, 전자상거래, 전자결재, 자율주행차 등이 부각될 것이다. 소위 테크기업의 성장을 뒷받침하는 산업들이며, 핵심은 테크기업의 성장이 더욱 거세게 불 것이라는 사실이다.

⚖ 결론

통신기업은 닭 쫓던 개 신세가 될 것으로 보인다. 메갈로폴리스의 부동산도 가격이 마냥 높아지기는 힘들어 보인다. 반면 테크기업의 주가는 더 많이 오를 것으로 보인다. 세계 1등 기업의 미래는 이번 코로나를 계기로 더 밝아졌다. 기업 간의 빈익빈부익부가 더 커졌다. 단기간으로 본다면 유동자금이 부동산보다는 주식으로 더 많이 쏠리게 될 것이다.

애플 vs. 구글 = 테슬라 vs. 엔비디아

☑️ **엔비디아, 인텔 눌렀다…美 반도체 시총 1위 등극**

그래픽처리장치(GPU)에 특화한 반도체업체 엔비디아가 시가총액에서 전통의 강자 인텔을 추월하고 미국에서 가장 가치 있는 반도체기업으로 도약했다. 그래픽 구현 기술을 빅데이터와 자율주행 등에 확대 적용하면서 강력한 성장동력을 확보했다는 평가다. 신종 코로나바이러스 감염증(코로나19) 사태로 게임과 기업 데이터센터 수요가 늘어나고 있는 점도 주목받고 있다.

엔비디아는 대만 출신 젠슨 황이 1993년 미 캘리포니아에서 창업했다. 기존 주력 제품은 PC에서 영상 작업을 처리하는 GPU다. 예전에는 중앙처리장치(CPU)가 영상도 담당했으나 그래픽 비중이 점점 높아지면서 GPU가 필수 부품이 됐다.

엔비디아는 단순한 작업 여러 개를 동시에 처리하는 GPU의 특징을 살려 사업 영역을 빅데이터, 인공지능(AI), 자율주행 등 4차 산업혁명 주도 기술로 확장하고 있다. 테슬라 아우디 메르세데스벤츠 등 자율주행 선도 기업들이 엔비디아와 협력 관계를 맺고 있다.

2020년 7월 9일자 한국경제

이것도 하나의 큰 사건이다. 엔비디아가 기술력의 인텔을 눌렀다는 뉴스다. GPU 덕분이다. 인텔은 CPU, 엔비디아는 GPU다.

인텔의 CPU는 주로 컴퓨터의 중앙처리장치다. 계산을 하는 데 유리하다. 그런데 요즘에 뭐가 대세인가? 테슬라다. 테슬라가 왜 대세인가? 전기차보다는 자율주행으로 산업이 바뀌고 있기 때문이다.

테슬라가 아예 배터리까지 만들겠다고 하면서 자신만의 생태계를 구축하고 있다. 즉 애플처럼 모든 것을 테슬라의 생태계에 가두는 폐쇄형 생태계다.

그런데 테슬라가 엔비디아를 버렸다. 테슬라의 자율주행방식은 사진을 기반으로 하는 사물인식시스템이다. 사진은 CPU보다 GPU가 더 잘 읽는다. CPU는 사진을 읽을 때 초당 5장 정도밖에 읽지 못하지만 GPU는 초당 수천 장을 읽어낸다. 게다가 병렬로 연결하면 훨씬 더 많은 사진을 읽을 수 있다.

고속(100km이상)으로 달리는 차가 사물을 인식하고 피하거나 멈춰야 하는데 CPU는 초당 프레임을 인식하는 속도가 떨어져서 도저히 자율주행에 쓸 수 없다. 따라서 이미 CPU방식에 잘 맞는 노트북 등은 더 큰 성장을 기대하기 어렵다. 반면 자율주행차는 이제 막 태동하는 산업으로써 더 많이 더 높이 성장할 가능성이 농후하다.

게다가 요즘 대세는 모두 그림이다. 인스타그램, 페이스북, 구글 유튜브, 넷플릭스 등이 모두 무엇인가? 그림 혹은 동영상 파일이다. 이것을 기반으로 광고도 하고 불법적인 요소도 가려낸다. 따라서 엔비디아의 GPU는 클라우드 서버에 있어서 필수품이다. 그러니 엔비디아가 인텔을 제친 것은 기본이고 앞으로도 더 발전할 가능성이 높다. 그런

엔비디아가 테슬라와 결별했다. 그 이유는 테슬라가 자율주행시스템을 엔비디아가 아닌 자체 프로그램으로 돌리려고 하고 있기 때문이다.

현재 벤츠, 아우디, 폭스바겐, 현대차, 도요타 등 내로라하는 전통 자동차기업들은 어려움에 봉착해 있다. 이들의 시가총액을 모두 합쳐도 테슬라 하나를 따라가지 못한다. 테슬라에 대항해 반테슬라 진영이 꾸려질 정도고 합종연횡이 활발하게 진행중이다.

그렇다면 반테슬라 진영은 누구에게 의지해야 하는가? 바로 엔비디아다. 따라서 엔비디아는 구글의 안드로이드로 보면 된다.

스마트폰이 나오고 애플이 시장을 다 잡아먹을 것처럼 보였지만 실은 삼성전자를 비롯한 나머지 휴대폰 업체들이 구글의 안드로이드로 소프트웨어를 통일하면서 반애플 진영이 형성되었다.

이와 같은 구도로 볼 때 엔비디아는 구글이고 테슬라는 애플이다. 애플에 대항해 구글이 반애플 진영을 형성했듯이 테슬라에 대항에 엔비디아가 반테슬라 진영을 형성하는 구도다.

위에 언급한 기업들의 면면을 보라. 모두 미국의 기업이다. 자기들끼리 경쟁하면서 커가는 형국이다. 그외 나라의 기업은 상대가 되지 않는다. 기술의 시대에 미국은 앞으로도 잘나갈 수밖에 없다.

기술의 시대에 자율주행기술 표준은 테슬라와 엔비디아로 갈릴 것이다. 따라서 여기에 들어가지 못하면 좌초될 가능성이 크다.

테슬라의 미래를 밝힐 자율주행 전략

☑ **머스크 "테슬라, 2분기도 흑자낸다"**

미국 전기차 제조업체 테슬라의 주가가 다시 1000달러를 넘어섰다. 일론 머스크 최고경영자(CEO)가 올 2분기(4~6월) 이익을 낼 수 있을 것으로 전망하면서다.

테슬라는 29일(현지시간) 뉴욕증권거래소에서 전일(959.74달러) 대비 5.2% 급등한 1009.35달러에 거래를 마쳤다. 지난 6월 10일(1025.05달러) 처음 1000달러대에 진입한 후 소폭 하락했으나 이날 '1000달러 클럽'에 재진입했다.

테슬라 주가가 급등한 것은 머스크가 직원들에게 보낸 이메일이 외부에 알려진 영향이 컸다는 분석이다. CNBC 등에 따르면 머스크는 이메일에서 "올 2분기에 손익분기점을 넘길 것 같다"며 "여러분이 만드는 자동차 덕분"이라고 설명했다. 머스크 예상이 맞으면 작년 3분기부터 네 분기 연속 흑자를 내는 것이다. 테슬라는 2003년 창업 후 지금까지 연간 흑자를 낸 적이 없다.

2020년 6월 30일자 한국경제

테슬라의 일론 머스크는 요즘 자신감이 넘친다. 테슬라의 자율주행 전략은 완벽히 세팅 후 진행하기보다는 총 5단계의 자율주행 중 운전보조 정도인 2단계에서 업그레이드를 하면서 가고 있다. 이 전략이 시장에서 먹히고 있다. 반면 구글의 웨이모는 5단계의 완전자율주행을 고집하다가 상당히 고전중이다.

테슬라의 전략은 삼성전자의 반도체 전략과 닮았다. 1980년대 중반 일본과 미국 간 반도체 갈등이 일어난다. 결국 인텔은 메모리 반도체에서 손을 떼고 시스템 반도체에 집중한다. 일본의 메모리는 일본 특유의 모노츠쿠리(장인) 정신 때문에 이길 수 없다고 보고 시스템 반도체인 CPU 등으로 방향을 바꿨다.

그러자 일본은 기고만장해졌고 미국에 고압적인 자세로 나왔다. 이에 미국은 미일반도체 협정으로 일본의 메모리 사업에 브레이크를 걸었다. 이 틈을 타고 삼성전자가 반도체 사업에 뛰어든다.

1980년대 초반 애플이 애플컴퓨터를 만들면서 PC가 세상에 나왔다. PC는 패러다임을 바꾼다. 이전의 컴퓨터는 애니악처럼 진공관이 엄청나게 달려 있고 크기도 집채만 했다. 즉 서버용 컴퓨터 시장이었다는 의미다.

여기에 최적화된 메모리가 바로 일본의 메모리 반도체다. 30년간 고장 한 번 나지 않고 지속적으로 쓸 수 있으나 단점은 비싸다는 것이다. 그런데 삼성전자가 PC용으로 만든 메모리 반도체는 3년 정도 쓸 수 있는 저가, 저성능 메모리였다. 그리고 이것이 신의 한수였다. 왜냐하면 PC의 발전속도가 워낙 빨라 지속적으로 업그레이드를 해야만 했기 때문이다. 그러니 튼튼하고 오래 쓸 수 있는 메모리는 별 쓸모가 없었다.

몇 년만 있으면 바꿔야 하는 컴퓨터에 완벽에 가까운 메모리가 과연 필요할까? 싸면서 고장도 잘 나지 않는 정도면 충분하다. 그래서 PC 메모리 시장은 고장 없이 30년간 쓸 수 있는 일본 메모리보다는 기껏 3년이 수명인 삼성전자의 메모리를 더 선호하게 되었다.

현재 테슬라의 전략이 바로 삼성전자의 초창기 메모리 전략이다. 완벽한 자율주행이 아닌 오토파일럿으로 어느 정도의 자율주행이 되는 스마트한 전기차 모델로 방향을 잡았다.

전기차는 기존 가솔린차에 비해 시장점유율이 형편없다. 약 9,000만 대 정도인 세계시장에서 2019년 기준 15만 대 정도가 팔렸을 뿐이다.

> ☑ **현대차, 전기차 시장 점유율 10위권 첫 진입**
>
> 한편, 상반기 글로벌 EV 시장에서 점유율 1위를 차지한 브랜드는 미국 테슬라였다. 테슬라는 모델3 판매량 상승에 힘입어 점유율 18.3%를 기록했다. 이어 중국 BYD(12.4%), BAIC(6.2%), 일본 닛산(4.6%), 중국 지리 엠그란드(4.2%) 순으로 나타났다.
>
> 2019년 8월 6일자 ZD Net Korea

그러나 시그모이드 곡선에 의하면 시장점유율이 10%를 넘는 순간부터는 폭발적인 성장이 일어나며 시장지배력도 강화된다. 따라서 시장점유율 80%까지는 무난한 항해가 예상된다. 밝은 미래가 예약되어 있는 테슬라에 관심을 갖지 않을 수 없다.

〔부의 체인저〕 세상은 어떻게 바뀌는가?

왜 테슬라에 열광하나?
아니 열광해야만 하나?

"테슬라는 도요타의 시가총액을 넘어섰고 중국의 전기차 기업 니오는 GM의 시총을 넘어섰다."

4차산업혁명이란 무엇인가. 기계적인 것을 인터넷으로 연결하여 인공지능을 활용해서 스스로 학습하고 데이터를 쌓아 실생활에서는 마치 없는 듯하지만 사실은 사람과 밀접하게 밀착되는 방식이다. 마치 말하지 않아도 스스로 알아서 내 몸처럼 움직여주는 하인처럼 말이다.

4차산업혁명의 이와 같은 방식은 모든 분야에 적용되고 있다. 농업, 휴대폰, 자동차, 비행기, 선박, 공작기계, 공장, 집, 은행, 의료 등 전 분야라 해도 무방하다. 인터넷 오브 띵즈 IoT(Internet of Things)를 넘어 인터넷 오브 에브리바디다.

초거대 기업 노키아가 몰락했다. 그리고 노키아의 몰락이 기존 전통 제조업의 몰락을 알리는 신호탄이 될 줄은 꿈에도 몰랐다. 통신 단말기를 만드는 노키아가 몰락하고 스마트폰을 만드는 애플이 그 자리를 대신하면서 모든 산업이 애플화 되어가고 있다.

애플화 되어간다는 말은 패러다임이 변화하고 있다는 의미다.

플랫폼과 니치의 결합

플랫폼기업은 하드웨어가 아닌 소프트웨어 기업이다. 애플이 PC시대를 열었다. 하지만 생태계는 IBM이 만든 표준PC가 대세가 되었다. 애플보다 뒤늦게 PC를 만든 IBM이 애플을 이길 수 있는 방법은 PC의 표준화를 추구하면서 호환이 가능하게 하는 방법이었다. 이로 인해 부품의 교환이 가능해졌다. 이를 통해 니치기업의 경쟁을 통한 단가 인하가 가능해졌다. 이 얘기는 브랜드를 가진 기업이 가장 큰 이득을 갖는다는 뜻이다.

'니치 플레이어(Niche Player)', 니치기업이란 '틈새시장 공략에 주력하는 기업'이다. 완제품을 만드는 기업이 될 수도 있고 부품소재를 만드는 기업이 될 수도 있다. 그러나 여기에서는 플랫폼 기업의 특화된 부품소재를 만들어 납품하는 기업을 말한다.

현재도 진행형이다. 애플이 스마트폰을 만들면서 카메라 모듈은 중국의 오필름, 한국의 LG이노텍, 삼성전기, 중국 써니옵티컬, 대만 폭스콘(옛 샤프)을 경쟁시켜 가장 싼 값에 카메라 모듈을 공급받는다. 부품이 표준화 되었기 때문에 가능한 일이다. 따라서 애플은 이들의 경쟁을 통해 더 저렴한 가격으로 카메라 모듈을 공급 받고 20%가 넘는 영업이익을 달성한다.

반면 카메라 모듈을 만드는 기업들은 설비증설, 연구개발, 원가경쟁 등으로 내몰리면서 영업이익이 줄어들고 있다.

이런 현상은 IBM PC의 시대부터 이어져 왔다. 당시 플랫폼기업은 어떤 기업이었을까? PC의 윈도우를 공급하는 마이크로소프트였다.

IBM형의 PC는 모든 부품 규격이 공개되었고 완전경쟁 시장이 되었기 때문에 부품사는 출혈경쟁에 내몰렸고 최종 조립과정에서 90% 이상의 플랫폼을 장악하고 있던 마이크로소프트의 윈도우는 가장 큰 이익을 가져갔다.

이탈리아의 한 헤어 액세서리 기업의 직원은 CEO, CFO, 마케팅디렉터 단 3명이다. 그런데 매출은 800억 원이다. 제품생산은 모두 아웃소싱을 한다. 인근에 15,000개의 기업이 있는데 모두 이 방식으로 비즈니스를 하고 있다. 모든 것을 통합 제조하는 전통제조업에서 분야를 나누는 플랫폼기업과 니치기업으로 산업이 바뀌고 있는 중이다.

그 중에서도 아직 전통제조업이 산업을 장악한 곳이 있다. 바로 자동차산업이다. 현대자동차의 경우 현대제철에서 철을 뽑아내서 현대차, 기아차에서 차를 만든다. 포드가 모델T를 만들 때처럼 혼자서 북치고 장구치고 다 한다는 얘기다.

그러나 현재는 플랫폼기업과 니치기업으로 가고 있다. 핵심은 무엇인가? 바로 플랫폼기업은 디자인, R&D, 마케팅 정도만 하고 모두 아웃소싱을 한다. 즉 핵심만 가지고 가고, 나머지는 원가절감을 위해 외부로 돌린다.

플랫폼기업이 지향하는 아웃소싱이란, 부품 표준화를 통해 얼마든지 다른 소재기업에서 물건을 받아 올 수 있도록 만들어 소재기업끼리 경쟁을 시키고, 최저가에 물건을 받아 올 수 있는 구조를 만든다는 얘기다.

경쟁에 내몰린 소재기업의 주가는 올라갈 수가 없다. 이들은 매번 다른 부품소재 기업을 이기려고 설비증설을 해야 한다. 필요한 돈을 마련하기 위해 유상증자를 해야 하고 영업이익은 온전히 설비증설과 R&D로 쏟아 부어야 한다. 폭스콘과 같은 기업은 영업이익률이 4%인데 반해 브랜드를 갖추고 있는 애플의 영업이익률이 20%를 훨씬 상회하는 이유가 여기에 있다. 증설에 증설을 거듭하는 LG디스플레이의 주가가 올라가지 못하는 이유도 마찬가지다.

⏳ 테슬라가 자동차산업의 패러다임을 바꾼다

그런데 자동차 산업이 테슬라로 인해 바뀌고 있는 중이다. 플랫폼기업과 니치기업으로 말이다.

테슬라는 2020년 배터리데이를 개최하여 자신이 원하는 배터리 표준을 제시하였다. 테슬라가 원하는 배터리를 모든 배터리 회사가 만들면 테슬라는 어떤 배터리든 골라 쓰면 된다. 테슬라가 선택한 기업은 주가가 뛰지만 테슬라가 선택하지 않은 기업은 주가가 빠지게 된다. 수많은 기업이 테슬라의 장단에 맞추려고 춤을 춰야 한다.

이런 테슬라를 기존의 전통 자동차기업이 이길 수 있을까?

테슬라를 GM 등 기존 자동차기업과 비교해 보자. GM은 엄청난 수의 직원을 고용하고 있다. 그러나 테슬라는 핵심 인력을 빼고는 모두 아웃소싱한다.

현재 가솔린차에서 전기차나 수소차 등 친환경차로 거센 대변화가 시작되고 있다. 테슬라는 이번 코로나 위기에서 자동차를 인터넷으로 판매하면서 매출이 줄지 않았지만 기존 자동차기업은 경제봉쇄조치 등으로 인해 딜러망에 타격을 입었다. 현대차 같은 경우는 미국으로 전기차 공장을 옮기려 하더라도 노조의 동의가 있어야 한다. 기업이 가볍지 않고 경직되어 있다. 기존 자동차 업체들의 이런 고비용 구조가 미래의 테슬라를 이길 수 있겠는가?

이제 스마트폰에서 자율주행 모빌리티로 패러다임의 변화가 생기고 있다. 애플은 스마트폰으로 생태계를 장악했지만 자율주행차는 또 다른 생태계를 만들어내고 있다. 애플의 가장 큰 약점은 자율주행차를 만들어 낼 수 없다는 데 있다.

테슬라가 만약 자율주행차 플랫폼을 먼저 선점한다면 자율주행차 안에서 영화도 보고 게임도 하고 SNS도 할 것이다. 그러면 스마트폰으로 그 플랫폼이 옮겨갈 수 있다. 테슬라폰이 나올 수 있다는 말이다.

애플은 스마트폰을 장악했지만 자율주행차를 만들 수 없다. 반면 테슬라는 자율주행차를 기반으로 테슬라폰도 만들 수 있다. 과연 누가 유리할까? 답은 말하지 않아도 알 수 있다.

컨택트에서 언택트로의 변화

의료분야도 컨택트에서 원격진료로 바뀌고 있다. 직접 대면하지 않고도 진료가 가능해지고 있다. 금융도 고객을 직접 만나는 시중은행에서 핀테크로 바뀌고 있다. 지금은 산업 전반에 걸쳐 컨택에서 언택으로 재편되는 중이다.

코로나가 언택시대를 앞당긴 건 사실이지만 언택으로의 변화는 이미 진행되고 있었고, 코로나가 아니었더라도 진행될 수밖에 없는 시대의 조류였다. 언택은 비용과 시간이 절감된다. 언택을 적용하는 기업은 영업이익과 실적이 좋아지고, 주가도 올라간다.

이 외에도 비용절감은 오늘날의 기업에 매우 중요한 화두다. 왜냐하면 대부분의 선진국이 늙어가고 있기 때문이다. 베이비붐 세대가 나이가 들면 소비의 활력이 떨어지고 복지비용이 대폭 증가한다. 그런데 이런 복지비용 증가가 신용등급을 저하시켜 위기를 가져온다. 따라서 비용절감은 노령화가 심각해지는 선진국들의 공통된 문제점이다. 그런데 이 비용절감 효과에서 언택트가 컨택트를 훨씬 능가한다.

⚖ 결론

노령화되고 있는 선진국의 고비용구조를 개선하기 위해서는 컨택트에서 언택트로, 그리고 전통제조업은 몰락하며 플랫폼기업과 니치기업으로 재편되는 것이 답이다.

애플의 자율주행차 도전, 진검승부가 시작된다

☑ **애플 자율주행차 프로젝트…AI시대 '산업 소멸·융합'을 알리는 신호?**

애플이 자율주행차 시장에 도전한다. 목표는 2024년. 애플의 배터리 기술이 자율주행차 시장 진입의 지렛대가 될 전망이다. 물론 자율주행 기술과 관련된 센서, 차량 제조 등 애플이 넘어야 할 과제가 많다. 일론 머스크가 테슬라를 안정적으로 키우기까지 17년이나 걸렸다. 그러나 자동차 산업을 유지해온 기술적 장벽이 전기차 등장으로 상당 부분 무너졌다. 화석연료를 사용하는 엔진과 변속기 등이 전기차엔 필요 없다. 자동차에서 하드웨어보다 소프트웨어가 날이 갈수록 중시된다. 애플이 자율주행차에 뛰어들려고하는 배경이다.

애플의 기술과 디자인에서의 강점을 바탕으로 기존의 차량 제조사와 협력할 것으로 보인다. 로이터는 차량 사업에서 이익을 내려면 연간 10만대 이상의 생산이 필요하다고 분석했다.

2020년 12월 22일자 중앙일보

2020년 12월 애플은 자율주행차 프로젝트에 도전한다는 기사를 냈다. 나는 애플이 자율주행차에 뛰어든다는 기사를 왜 하필 테슬라의

S&P500지수 편입 다음 거래일에 냈는지에 대해 생각해 봤다. 분명 테슬라 전기차에 대한 애플의 도전일 것이라 생각한다.

감히 예언하건대 향후 플랫폼은 스마트폰에서 자율주행차로 옮겨 갈 것이다. 왜냐하면 사람들의 여가시간을 빼앗는 것이 바로 성장동력이기 때문이다.

예전에는 누군가를 만날 때 책을 들고 가는 행동은 금기시 되었다고 한다. 책을 읽는 동안은 다른 사람과 대화를 할 수 없기 때문이다. '책을 읽는다'는 여가시간을 보내는 행위고, 책을 읽는 사람에게 말을 거는 행위는 여가시간을 빼앗는 행동이다. 그런 의미에서 애플의 스마트폰은 무례하게도 수많은 사람의 여가시간을 빼앗아 버렸다. 책 대신 스마트폰에 얼굴을 파묻는 사람이 너무나 많아졌으니 말이다. 내가 아는 한 사람은 책벌레로 명성이 자자했지만, 지금은 책 위엔 먼지만 날리고 손에서 스마트폰이 떠나지 않는다. 즉 애플은 사람들의 여가시간을 빼앗은 덕분에 오늘날 세계 1등 기업이 되었다.

그런데 아직도 미지의 영역이 존재한다. 바로 운전할 때다. 운전중에는 라디오나 오디오만을 들을 수 있다. 그러나 만약 자율주행차가 현실화 된다면 운전자의 시간을 빼앗아 올 수 있다. 향후 플랫폼이 스마트폰에서 자율주행차로 가게 된다고 예언하는 이유가 여기에 있다.

그리고 지금은 사람들의 마음을 훔친 스마트폰보다 자율주행차가 더 중요하다. 자율주행차 플랫폼을 만드는 기업은 스마트폰을 만들 수 있지만, 스마트폰을 플랫폼을 만드는 데 성공한 기업이라 해도 자율주행차를 만들 수는 없기 때문이다.

따라서 꿈의 스마트폰을 창조한 애플이 현재에 만족하여 자율주행차를 등한시한다면 테슬라의 거센 도전에 밀려 시가총액 추월 사태를 맞이하게 될 것이다. 하지만 애플이 누구인가? 드디어 애플이 전기차를 만들면서 테슬라의 자율주행차 플랫폼에 도전장을 내밀었다.

대부분의 사람들은 앞으로의 시장도 과거처럼 자동차 회사들이 경쟁하며 파이를 나눠먹게 될 것이라 생각한다. 하지만 나의 생각은 다르다. 자율주행차 시대가 열린다면 대부분의 자동차는 택시처럼 될 것이다.

자동차의 95%는 주로 주차장에서 잠을 자고, 겨우 5%만이 거리를 활보한다. 자율주행차는 움직이는 5%를 겨냥한다. 자율주행차는 밥도 먹어야 하고 잠도 자야 하고 휴식도 취해야 하는 운전자가 필요하지 않다. 24시간 군소리 한 마디 없이 운전대에서 손을 떼지 않는다.

따라서 자동차 생산은 현재보다 크게 줄어들 수밖에 없다. 사람들은 자가용을 소유하는 대신 줄어든 자동차 시장에서 자율주행차를 택시로 이용하게 된다.

생각해 보라. 택시를 타는데 그 택시가 그랜저인지 K9인지 브랜드를 따지는가? 그냥 택시니까 탄다. 따라서 자율주행차는 안전과 편안함이 우선일 뿐 브랜드는 문제가 되지 않는다.

자율주행차 시대에는 결국 하나의 업체만이 살아남는다. 왜냐하면 택시는 많이 깔아 놔야 선택이 용이하기 때문이다. 많이 깔아놔야 택시가 빨리 온다. 돌아다니는 택시의 대수가 적으면 적을수록 수요자의 욕구에 부응하기 어려워진다. 단 1분만 늦어도 그 택시회사는 외면 받는다. 1등 택시회사 뒤를 졸졸 따라다니다가 하루를 보내게 될 것이다. 따라서 2등은 적자를 걱정하며 사라질 운명이다.

그러니 크게 줄어든 파이와 1등만이 남는 세상에서는 몇 개의 자율주행차만 남게 된다. 물론 국가별로 선택하는 브랜드가 따로 있을 수 있다. 북미와 유럽에서는 우버, 동남아는 그랩, 브라질에서는 99 등이 잡았던 것처럼 말이다.

⚖️ 결론 _____

애플은 자율주행차와 전기차에 뛰어듦으로써 미래에 주가가 오를 새로운 성장동력을 장착했다.

전기차의 미래패권은 누가 가져갈까?

480만원 '미니'로 테슬라 꺾은 中 전기차

中 토종 전기차 급부상. 상하이GM우링 '홍광미니' '모델3' 제치고 넉달째 판매 1위. 농어촌까지 보급 빨라졌지만 '애국소비' 열풍에 테슬라 주춤. 경차, SUV도 토종 기업이 잠식

중국 전기차 판매 순위 (단위: 대, 2020년 11월 기준)

	업체	모델명	차급	판매량
1	상하이GM우링	홍광미니	경차	2만8246
2	테슬라	모델3	준중형세단	2만1604
3	창청	헤이마오	경차	9463
4	BYD	한EV	중형 세단	7482
5	치루이	eQ	경차	6456
6	광저우	AIONS	준중형 세단	5084
7	바오준	E100	경차	4490
8	BYD	친EV	준중형 세단	4081
9	상하이차	EZS	SUV	3922
10	웨이마	EX5	SUV	3018

중국승용차협회(CPCA)에 따르면 지난해 11월 전기차 판매 1위는 상하이 GM우링의 '홍광미니'가 차지했다. 2만8246대가 팔려 테슬라의 모델3(2만 1604대)를 제쳤다.

2021년 1월 1일자 한국경제

중국에서 상하이GM의 홍광미니가 테슬라를 제쳤다는 소식이다. 사실 별로 중요하지는 않다. 다만 의미는 있다. 지금은 전기차 초기 시장이며 초기 시장에는 모든 관련 주식이 다 올라간다. 따라서 모든 전기차 주식이 오르고 있는 중이다.

문제는 앞으로 전기차 미래패권은 누가 가져가고, 어디에서 승부가 나는가이다. 그것을 알기 위해서는 현재의 전기차 시장 상황을 파악해야 한다.

전기차는 대표적인 친환경 테마로 불린다. 중국이 전기차에 매진하는 이유는 미세먼지를 없애기 위함일까? 아니다. 이 정도의 전기차는 웬만한 자동차 메이커라면 다 만들 수 있다. 누구나 만들 수 있는 기술 안에서는 승부가 나지 않는다. 도토리끼리 키재기를 하고 있을 뿐이다. 그래서 전기차 이상의 무엇이 필요하다. 그것이 바로 자율주행이다.

지금 전기차는 싼 값에 스펙이 괜찮으면 팔리는 시장이다. 그러나 전기차 시장이 커지면서 자본력 있고 브랜드 있는 업체가 저가로 전기차를 만들어 치킨게임을 하면서 뿌려대면 저가로 만들던 전기차는 맥없이 아웃이다. 이때가 전기차 가격이 획기적으로 낮아지는 때이다. 보조금에 의존하며 공장 돌리던 전기차도 이때 다 정리된다.

> ☑ '빅테크 전쟁터' 된 中 전기차 시장
>
> 1일 사우스차이나모닝포스트에 따르면 소셜미디어·게임 부문의 강자 텐센트는 전기차 스타트업 웨이라이(NIO·사진)에 5억2000만달러(약 5500억 원)를 투자했다. 지분 16.3%를 보유한 2대 주주다. 웨이라이의 시가총액은

지금 중국은 텐센트를 비롯해 알리바바, 바이두 등이 전기차 OS 개발에 투자하고 있다. 플랫폼을 장악하기 위한 포석이다.

애플이 스마트폰 성장이 끝나자 스마트폰의 앱스토어의 앱을 팔면서 수수료 30%를 떼고 있다. 이렇게 된다면 나중에 전기차는 아예 공짜로 줄지도 모르겠다. 결국 어떤 플랫폼이 장악하느냐에 따라 미래 전기차의 승패가 갈릴 것이라는 얘기다.

전기차는 모빌리티, 즉 이동수단이다. 따라서 지금까지 스마트폰, 컴퓨터와 다른 기능이 추가되어야 한다. 바로 자율주행이다. 자율주행을 잘하는 업체가 플랫폼을 장악할 것이다.

기존 자동차 업체들도 모두 전기차를 내놓고 있다. 현대, 기아차뿐 아니라 벤츠, BMW, 아우디 등 독일의 명차들도 그 대열에 합류했다.

그러나 이들에게는 치명적인 약점이 있다. 바로 소프트웨어다. 하드웨어는 더 이상 문제가 되지 않는다. 요즘 누가 현대, 기아차 임원이 되는지 아는가? 이전까지는 기계공학과 출신들이었다. 그러나 지금은 전자공학과 출신들이다. 현대, 기아차도 플랫폼 특히 자율주행이 중요하다는 사실을 알고 있다.

중요성을 파악하고 역량을 쏟아 붓는다고 하여 누구나 구글, 애플, 테슬라가 된다는 보장은 없다. "현대차도 조금만 더 노력하면 테슬라를 뛰어넘을 수 있다"고 말한다면, 자신이 몰라도 한참 모르는 사람임을 천명하는 꼴밖에 되지 않는다. 열심히 공부해서 더 많은 문제를 맞추면 성적이 역전되는 그런 단순한 문제가 아니기 때문이다.

자동차 산업에서 당당히 명함을 내밀 만한 동아시아와 독일 업체들이 하드웨어는 강하지만 소프트웨어는 젬병이다. EU가 구글세를 거두는 이유도 소프트웨어에서 미국에 밀렸기 때문이다. 그런데 아이러니하게도 구글은 세르게이 브린이라는 러시아계 유대인이 창업했다. 복지가 넘치지만 활력이 없는 유럽보다는 복지는 없지만 창조적인 나라인 미국을 택한 것이다. 마찬가지로 일론 머스크도 남아공에서 미국으로 건너온 인물이다. 출신지는 미국이 아니어도 미국이 제공하는 자유로운 틀 안에서 성장한 이들이 세계를 지배한다. 바로 소프트웨어를 통해 디지털세상을 만들고 그 안에 세계인의 마음을 가둔다.

EU가 구글세로 공격하자 미국은 EU산 와인에 관세를 때렸다. 전통의 브랜드 EU와 미래 소프트웨어 강자의 세금은 이렇게나 차이가

난다.

결국 자율주행차가 넘어야 할 산을 무사히 넘어 현실이 된다면, 브랜드 파워를 가지고 플랫폼 사업을 할 수 있는 유능한 기업 3개 정도가 독식을 할 것이다. 아마도 중국, 미국 기업이 될 것이다.

그러면 지금의 동아시아, 독일의 자동차 강자들은 어떻게 되나? 미국, 중국의 빅테크 기업에 깡통 자동차만 납품하거나 인수합병으로 이름만 남고 모두 없어질 것이다.

다만 중국은 내수시장에서만 힘을 쓸 뿐 세계시장으로 나가기는 쉽지 않다. 그들의 과거 성향으로 볼 때, 공산당이 개인 자동차의 빅데이터를 가져다 쓸 것이고 이는 세계시장 진출에 걸림돌이 된다.

⚖ 결론

미국의 빅테크 기업이 전기차의 미래패권을 쥘 것이다.

1등만이 시장을 이긴다

2020년 12월 29일 현재 애플은 사상 최고치를 기록하며 마감했다. 2020년 9월 1일 애플은 종가기준 134.18달러를 기록했고 3개월간 횡보하다가 2020년 12월 29일 3.58% 오르면서 136.69달러를 기록하며 애플 주가에 새로운 역사를 썼다.

2020년 나스닥과 세계 1등 주식인 애플과의 상승률을 한번 비교해보자(다음 페이지 차트 참조).

2020년 12월 27일 현재 애플은 연초 대비 87.55% 올랐고 나스닥종합주가지수는 43.13% 올랐다. 수익률에 있어서 더블 스코어로 애플이 나스닥지수를 앞선다.

나스닥지수는 그 자체로 시장이다. 요즘은 액티브펀드(시장수익률을 초과하는 수익을 올리기 위해 펀드매니저들이 적극적으로 운용하는 펀드)가 잘 안 팔린다. 이유는 주식을 적극적으로 운용하는 전문가집단의 수익률이 지수(시장)를 이기지 못하고 있기 때문이다. 이렇게 펀드매니저 집단이 이기지 못하는 이유를 벤저민 그레이엄은 1976년도 인터뷰에서 이렇게 말했다. "전체로서의 시장 전문가 집단이 시장을 이긴다는 것은 자

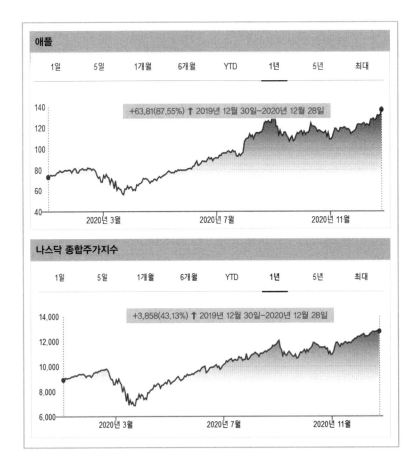

신들끼리 서로 이긴다는 또는 자기가 자기를 이긴다는 말인데 이것은
논리적으로 모순이다."

『모든 주식을 소유하라』라는 책을 쓴 존 보글에 의하면 1970년 당
시 존재한 355개의 펀드 중 2016년까지 S&P500지수를 1% 초과한
펀드는 단 10개뿐이다. 35개는 시장 평균이었고 1% 이상 뒤진 펀드가
29개 그리고 나머지 281개는 사라졌다. 이러니 시장을 이기기가 말처
럼 쉽지 않다는 증거다.

그런데 세계 1등 주식인 애플이 2020년 나스닥을 이겼다. 나스닥의 상승률도 놀라울 정도였는데 말이다. 그러면 2020년만의 일이었을까?

최근 5년간을 비교해 봐도 애플은 463.90%를 기록한 반면 나스닥 종합지수는 177.787%를 기록했다. 우리나라 증시와 비교하면 둘 모두 대단하지만 애플은 더 대단한 기록을 남겼다.

그리고 최근에는 빅테크인 애플, 아마존, 마이크로소프트, 페이스북, 구글 등의 주가상승이 더욱 강하게 진행되고 있다. 이들이 시장 지배자의 성격으로 변하면서 다른 주식을 압도하고 있기 때문이다.

세계 1등 주식이 시장을 이긴 이유는 무엇인가? 바로 세계 1등도 시장이기 때문이다. 무슨 뜻이냐면 세계 1등은 애플이 아닌 세계 1등으로 올려진 주식이라는 의미다. 즉 그 시대에 가장 내재적 가치가 뛰어난 주식이 세계 1등을 한다는 얘기다. 그만큼 좋기 때문에 시장이 만들어준 훈장과 같은 것이다.

세계 1등은 전교 1등과 같다. 나스닥100, S&P500은 시장에서 잘할 것 같은 100등까지의 기업, 500등까지의 기업을 모아놓은 장터 같은 곳이다. 그러니 전교 1등이 이들을 이길 수밖에 없다.

가끔은 튀는 놈이 나타난다. 테슬라처럼 전교 500등 밖에 있다가 전교 6등으로 단숨에 치고 올라오는 놈이 있을 수 있다. 테슬라는 2020년 한 해에만 무려 700% 가까이 올랐다. 테슬라와 같은 주식은 전교 1등도 이길 수 없다. 그 미친 듯한 기세를 감히 누가 넘보겠는가.

결과를 놓고 보면야 테슬라에 투자하는 게 맞았지만, 문제는 테슬라 주식을 우리가 알 수 없다는 데 있다. 테슬라가 2020년 한 해 동안

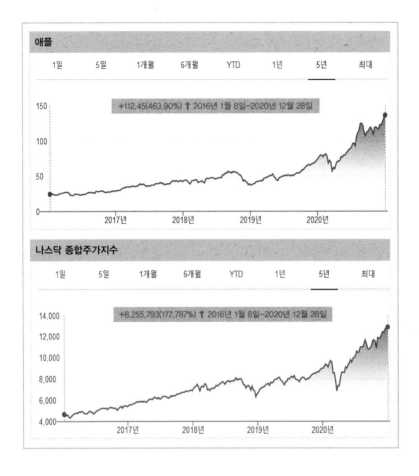

700%가 올랐고, S&P500에 편입되었고, 시가총액 순위에서 6위권까지 올라온 사실은 결과론적인 이야기다. 테슬라를 사야 한다고 하지만 테슬라가 그렇게 될 줄 어떻게 알았겠는가? 이런 논리라면 아마존이 상장될 때 투자했다면 수익은 19만%다. 1997년으로 돌아가 아마존에 투자하면 된다. 이러면 주식은 더 이상 대화가 진척될 수 없다. 과거 차트를 놓고 이때 사서 이때 팔면 된다고 얘기해 봐야 무슨 소용인가.

미래를 알 수 없는 우리에게는 투자할 수 있는 종목과 투자할 수 없는 종목이 있다. 전교 1등 주식은 투자할 수 있다. 왜냐하면 아니까. 그 주식이 무엇인지 아니까. 그리고 그 주식이 시장이니까. 시장에서 만들어준 세계 1등이니까 말이다.

그러나 테슬라처럼 엄청나게 솟아오를 주식은 투자할 수는 있지만 큰돈을 투자할 수는 없다. 왜냐하면 어떻게 될지 모르니까 말이다. 소액으로 투자할 수밖에 없고 소액으로는 큰돈을 벌 수 없다.

그러나 세계 1등 주식은 무엇인지 알 수 있고 큰돈을 투자할 수 있으며 시장 평균 수익률을 상회하며 더 빨리 부자가 될 수 있다.

 결론

시장만이 시장을 이길 수 있다.

10년 뒤 무조건 오른다고
'확신'할 수 있는 주식 혹은 지수는?

2021년 4월 29일 애플은 어닝 서프라이즈를 예상했으나 실적발표 전날 음봉으로 마무리되면서 어닝쇼크가 발생했다. 나는 실적이 아무리 좋아도 실적발표 후 주가가 떨어지면 어닝쇼크로 간주한다.

애플 주가가 떨어진 이유는 여러 가지인데 먼저 반도체 이슈다. 반도체 공급부족 현상(쇼티지) 때문에 2분기에는 이 정도의 실적을 유지하기 어렵다는 우려가 제기되었다.

두 번째는 중국 이슈였다. 바이든이 콜드워(냉전) 운운하면서 대표적인 중국 관련 주식인 테슬라와 애플이 좋지 않을 것이라는 우려다.

셋째 실적 이슈다. 최근의 실적은 매우 좋았지만 이는 어디까지나 코로나 팬데믹 때문이고 노트북을 두 개, 세 개 이상 더 사지는 않는다는 논리였다. 이번에 노트북을 샀으니 향후 몇 년은 살 일이 없다고 생각할 수 있다.

넷째 미래에 관한 이슈로 미래가 과거처럼 밝아보이지 않는다는 이유다.

모두 맞는 말일 수 있다. 그러나 우리가 투자하는 대상은 애플이 아니고 세계 1등이다. 애플이 그렇게 안 좋은 상황이라면 자연스레 시가총액 2등으로 밀려날 것이다. 그러면 2등에서 1등으로 올라온 주식으로 바꿔타면 된다. 어차피 '시장이 찍어준 1등에 투자하자'가 목적이기 때문이다.

종목은 불확실하지만 믿을 수 있는 확실한 한 가지가 있다. 바로 '세계 1등주는 오른다'는 사실이다.

⧖ 미래를 모르면 반복적인 손절만 계속된다

양도소득세 신고를 하려고 지난 1년 동안의 매매현황을 살펴보니 손절했던 주식만 마이너스다. 왜 그럴까. 불확실성에 대한 두려움 때문이다. 미래를 안다면 지금은 손실이어도 수익이 날 때까지 보유가 가능하다. 미래를 모르기 때문에 손실이 난 주식을 참지 못하고 매도하는 것이다.

투자에서 미래는 알 수 없다. 오늘 주식이 떨어지면 공포심에 앞뒤 가리지 않고 파는 경우가 많다. 마이너스가 주는 공포를 이겨내기가 쉽지 않다. 그러나 손절이 잦으면 결국은 손실만 누적될 뿐이다. 장기투자의 가장 큰 적이 바로 공포와 마주하는 순간 보유중인 주식을 손실상태로 정리하는 행동이다.

많은 투자의 현인들이 장기투자의 중요성과 필요성을 강조한다. 그들이 장기투자를 하라고 목청을 높이는 이유는 장기투자를 해야만 부자가 될 수 있기 때문이다. 나 역시 이에 적극 동의한다.

그런데 손절은 장기투자를 방해하는 가장 무서운 적이다. 지속적인 손절은 계좌를 녹게 만든다. 가랑비에 옷 젖듯 나도 모르는 사이에 계좌가 깡통을 향해 간다.

⏳ 손절을 반복할 수밖에 없는 인간의 심리

손절을 하지 않으려면 무엇보다 확신, 확실히 오른다는 확신이 필요하다.

주식전문가들 중에는 꼼꼼이 체크하고 투자일기를 쓰라고 조언하는데, 이는 곧 주식을 분석하라는 의미다. 그런데 일기를 쓰면 확신이 생길까? 개미투자자가 제대로 분석을 할 수 있을까? 과거에 대한 분석은 가능하다고 하자. 현재가 어떤지 미래가 어떨지 정확히 예측할 수 있을까? 예측은 할 수 있겠지만 확신까지 가기란 여간 어려운 일이 아니다. 온갖 노력으로 분석을 했더라도 주가가 떨어지면 언제 그랬냐는 듯 팔게 되어 있다. 주가 하락에 쉽게 무너지는 확신은 확신이라고 말할 수 없다.

투자자들이 주가가 떨어지면 파는 행동을 반복하는 이유는, 사람이란 남이 하는 행동을 따라하는 성향에서 벗어나지 못하기 때문이다.

한 가지 실험을 했다. 누가 봐도 상식적인 답이 A인데 열 사람이 A가 아닌 C라고 답을 하면 70%의 확률로 C라고 한다. 누가 봐도 A인데 말이다. 이는 호모 사피엔스가 협업을 해야만 생존할 수 있었던 유전자가 우리의 뇌에 각인되어 있기 때문이다.

따라서 주가가 떨어지면 우리는 다수의 의견에 편승해, 따라 파는 경향이 있다. 그러나 이렇게 따라 팔면 손절을 하게 되고 리밸런싱이 아닌 손실로 기록된다. 손실은 복리효과를 반감시킨다.

주가의 변동 속에서 흔들리지 않고 주식을 모아가며 장기투자를 하려면 어떻게 해야 하는가? 미래를 알면 확신이 생기고 장기투자도 가능해진다.

⧗ 손절 없이 확신을 가지고 장기투자 하는 법

넷플릭스에 '시지프스'라는 드라마가 있다. 여기에 전쟁을 일으키는 한 인물이 나온다. 그의 이름은 시그마. 시그마는 미래에서 온 사람이다. 그가 미래에서 알게 된 정보로 막대한 돈을 벌고 그 돈으로 타임머신 기계를 완성해서 원폭을 한국으로 날린다. 그리고 전쟁이 벌어진다.

시그마는 어떻게 돈을 벌었을까? 그가 미래에서 가져온 물건은 바로 신문이다. 상한가 가는 종목을 빨간색 색연필로 그리면서 투자를 하니 돈을 못 벌 수 없다. 게다가 911테러 때는 온 자산을 숏(주가 하락 시 수익을 내는 투자법)에 몰아넣는다.

미래의 신문을 손에 쥘 수 있다면 누구나 쉽게 돈을 벌 수 있다. 귀찮다면 미래의 신문을 매일 체크할 필요도 없다. 미래에 가장 많이 오를 종목을 하나만 골라서 전재산을 투자해 놓고 마음 편히 10년을 기다리면 된다. 아무리 장이 요동을 치고 오르내려도 결국 나는 미래에 일어날 일을 알고 있기 때문에 마음이 편하다.

위의 이야기에서 가장 핵심적인 투자 원리는 '확신'이다. 올라 있는 주가를 미래에서 확인하고 온 사람만큼 확신에 차서 투자할 수 있는 사람이 또 있을까?

그러나 우리 중 누구도 억만금을 준다 해도 미래에서 배달된 신문을 구독하지 못한다. 따라서 확정적인 미래는 누구도 알 수 없고, 다만 미래에 '확실히 일어날 일'에 베팅하는 수밖에 없다.

미래신문 없이 10년 뒤 성공한 주식투자자로 우뚝 서는 현실적인 전략은 무엇일까? 확실히 오를 종목을 사서 꾸준히 보유하는 방법뿐이다.

10년 뒤 확실히 오를 종목은 어떤 개별종목이 아니다. 바로 다우존스지수, S&P500지수, 나스닥 지수와 같은 지수이다. 지수가 일시적으로 공황을 만나 떨어질 수는 있지만 결국은 우상향하지 않는가?

따라서 확률적으로 무조건 오를 수밖에 없는 세계의 성장을 믿는 것이 우리의 확신이다. 세계가 발전하는 한 지수는 무조건 오르게 되어 있다. 물론 미국의 지수에만 한정된다. 한국, 유럽, 일본, 중국 등의 지수가 올라 있을 것이라 예상하지 말자. 올라 있을 수도 있지만, 떨어질 수도 있다. 오로지 미국 지수만 반드시 올라 있을 것이다.

그리고 이 지수를 이기는 것이 세계 1등 종목이다. 현재는 애플이 세계 1등이다. 그러니 애플에 투자해야 한다. 애플이 정체되어 있다고 하지만 전기차 등 미래성장산업으로 투자를 공식 발표하는 순간, 순식간에 오를 수 있다. 바이백으로도 오를 수 있다. AR, VR로도, 새로운 아이패드의 발표로도 오를 수 있다. 만약 애플이 오르지 못하면 2등으로 밀린다. 그러면 1등으로 올라온 종목으로 갈아타면 된다.

이것이 바로 간단하고 쉽고 미래를 지향하고 확신하는 투자다.

버스정류장에는 버스가 오지만 언제 올지 모른다. 어쩌면 기다리는 버스는 오지 않을 수도 있다. 버스가 오지 않는다고 이곳저곳 다른 정류장으로 옮겨다니면 결국 버스를 못 탈 수도 있다.

버스 도착 확률 100%인 정류장은 지수와 세계 1등이다. 그러니 확실히 올 버스를 한 정류장에서 꾸준히 기다리면 언젠가 버스는 반드시 도착한다. 당장 버스가 오지 않는다고 오르면 사고 떨어지면 팔면서 이곳저곳을 옮겨다니는 메뚜기가 되지는 말자.

다만 고점 대비 2.5%씩 떨어질 때마다 10%씩 팔면서 평단가를 낮추면서 기다리자. 주가가 떨어질 때마다 평단가를 낮춰 놓으면 드디어 버스가 올 때 우리는 남들보다 두 배로 기쁠 수 있다(떨어질 때 팔고 다시 사는 리밸런싱과 말뚝박기는 2권 참조).

 결론 _____

세계 1등을 믿고 투자하면 10년 뒤에 부자가 되어 있을 것이다.

주식시장에서 꿈 같은 초과이익을 거두는 법

테슬라는 2021년 1월 현재 700%가 넘게 올랐고 비트코인은 4,000만 원을 넘어가고 있다. 이처럼 가격의 신기원을 이뤄낸 종목들의 특징은 새로운 산업이라는 데 있다. 신산업이 무엇이기에 예상을 뛰어넘고 상상을 초월하는 가격 폭등이 나오는 것일까?

시장효율가설이라는 개념이 있다. 가격은 상품에 대해 '얻을 수 있는 모든 정보'(All Available Information)를 빠르게 반영하기 때문에 그 정보들을 이용하여 장기적으로 시장수익률을 넘을 수 없다는 가설이다. 이미 가격에는 시장의 모든 호재와 악재가 반영되어 있다는 말이다. 따라서 가장 똑똑하고 합리적인 것이 바로 가격이다.

1986년 1월 28일 화요일 오전 11시39분 우주왕복선 챌린저호가 폭발했다. 원인이 무엇인가를 놓고 갑론을박이 벌어졌다. 결국은 사고가 난 지 6일 만에 대통령 조사위원회가 꾸려졌고 사고 발생 5개월 만에 로켓 오른쪽 탱크의 O형고리가 문제가 되었다는 사실이 알려졌다.

그런데 주식시장에서 믿을 수 없는 일이 벌어졌다. 우주왕복선이 폭발한 같은 날 11시 52분에 O형고리의 제작사인 시오콜의 주가가 폭락하기 시작해 결국 12% 하락으로 마무리되었다. 대통령 조사위원회가 5개월 만에 밝힌 일을 주식시장은 겨우 13분 만에 원인을 알아챘고 주가가 폭락했던 것이다. 집단지성의 힘이 주식시장에 존재하며, 이 힘에 의해 주가가 움직인다는 증거다.

우리는 이 사건을 통해 주식시장에는 비밀이 없다는 사실과 주식 주변에서 일어나는 모든 일은 주가에 반영되어 있다는 사실을 알 수 있다.

그렇다면 가치투자는 쓸데없는 짓인가? 가치투자란 시장이 반영하지 않은 가치를 먼저 찾아내어 싼 가격에 가지고 있다가 언젠가 시장이 그 가치를 반영해 주가가 올라가면 그때 초과수익을 거두고 나오는 전략이다. 그러나 시장효율가설에 의하면 시장이 반영하지 않은 가치는 없기 때문에 초과수익도 거둘 수 없다.

가치투자가 현재도 유효한지에 대해서는 검증할 방법이 없다. 사람마다 가치투자를 대하고 평가하는 방식이 모두 다르기 때문이다. 다만 최근 몇 년간은 아니 그보다 더 오랜세월 동안 가치주보다 성장주의 수익률이 더 뛰어났다. 그리고 뛰어난 가치투자자는 시장에서 자의반 타의반 은퇴하면서 찾기가 어려워졌다.

그런데 한 가지 이해하기 어려운 역설적인 일이 일어나고 있다. 시장효율가설이 지배하는 이 시장에서 테슬라나 비트코인처럼 시장수익을 초과하는 일이 어떻게 일어날 수 있는가?

불확실성이 존재하는 산업에서는 이런 일이 가능하다. 테슬라는 전체 자동차시장을 9,500만 대로 놓고 봤을 때 겨우 0.45%인 50만 대 정도의 점유율에 머물고 있다. 그런데 시가총액은 애플, 아마존, 마이크로소프트 등 빅테크 종목을 위협하고 있다. 상식에 맞지 않는다.

주식시장에서 테슬라의 초고속 질주가 가능한 원동력은 현재 가솔린 차가 만들어내는 가치로는 가늠할 수조차 없는 전기차, 친환경차, 자율주행차 시장을 그들이 창조해 냈기 때문이다. 따라서 불확실성이 매우 크다. 그러니 합리적인 시장의 참여자들이 테슬라의 가치를 매길 수 없고 그들의 잣대로는 테슬라에 참여할 수 없다. 이해가 되지 않는다고 탄식을 뱉어내며 구경꾼에 머물 뿐이다. 그러는 와중에 막대한 돈이 풀리고 세계 각국이 친환경차를 밀어주자 테슬라는 폭발적으로 상승하기 시작했다. 결국 시장의 가치를 무시하고 미래를 보고 먼저 투자한 투자자가 장기간 초과이익을 누릴 수 있는 것이다.

비트코인도 마찬가지다. 암호화폐라는 완전히 새로운 시장을 창조했으니 합리적인 시장 참여자는 암호화폐에 대한 시장가격을 매길 수 없고 이들의 참여는 제한된다. 그러나 코로나19로 인해 미국 연준은 양적완화로 막대한 돈을 풀었고 금으로 가야할 돈을 미국이 증거금을 올리고 레버리지를 제한함으로써 비트코인으로 가도록 길을 터 주었다. 결국 비트코인이 교환이 아닌 가치저장의 수단으로 강화되어 투자자들이 초과이익을 얻을 수 있었다.

결론

시장이 가치를 매길 수 없는 신성장 산업에 과감히 투자하는 전략은 초과수익을 거두게 한다. 그러나 이 시장에 꽃길만 있는 것은 아니다. 가시밭길, 자갈길이 나올 수도 있다. 따라서 여유자금으로 소액만 접근하여 초과수익을 거둘 때까지 장기투자를 할 수 있다.

자산가격(주식) 상승을 불러올, 디지털화폐 시대의 개막

☑ 中이 치고 나가자⋯막 오른 '디지털화폐 전쟁'

지난달 12일 중국 선전시는 추첨을 거쳐 시민 5만 명에게 200위안(약 3만 4000원)씩 나눠줬다. 인민은행 디지털화폐 앱을 통해서다. 5만 명은 같은달 18일까지 3389개 상업시설에서 물건을 사거나 서비스를 이용하고 인민은행 디지털화폐로 결제했다. '디지털 위안화'를 통해 이뤄진 결제는 6만3000건에 이르렀다. 세계 최초의 공식적인 대규모 중앙은행 디지털화폐(CBDC) 실험이 이뤄진 것이다.

2020년 11월 27일자 한국경제

중국이 드디어 국가차원에서 디지털화폐를 쓰기 시작했다. 중국은 디지털화폐를 시작하기 전에 이미 인민들이 많이 쓰고 있는 알리바바의 알리페이, 텐센트의 위챗페이를 견제하기 위해 규제를 시작했고, 이로 인해 알리바바와 텐센트의 주가가 급락했다.

중국이 기존 자국의 디지털화폐까지 규제하면서 새로운 디지털화폐 카드를 꺼낸 이유는 이 분야에서 패권을 잡기 위해서다. 중국은 그동안 위안화 국제화를 위해 부단히 노력해 왔다. 그러나 오랜 노력에도 불구하고 국제결제통화에서 위안화가 차지하는 비중은 겨우 1.6%뿐이다.

아직도 60%는 달러로 결제통화가 이루어진다. 따라서 미국이 중국을 달러 경제에서 퇴출시키면 중국은 당장 석유를 비롯한 원자재를 사올 수 없고 마오쩌둥이 집권하던 대약진운동 시절로 되돌아가야 한다.

마오쩌둥이 멍청해서 대약진운동을 주도했겠는가. 중국이 한국전쟁에 참전하고 결국 휴전으로 끝나자 미국은 중국을 고립시키기로 마음먹고 중국과 소련을 이간질 시켜 국경분쟁을 일으켰다. 이후 중국은 국제사회에서 고립된다. 수입선이 막히자 대약진운동으로 농업혁명을 일으키려 했지만 결국 실패로 돌아갔고, 문화대혁명까지 이어지게 된다.

⏳ 세계화에 대한 미국의 입장

2016년 트럼프가 미국 대통령에 오르자 중국과의 무역전쟁이 시작된다. 여기서 의아한 점 하나를 발견할 수 있다. 미국이 잘하는 분야는 금융이다. 그런데 미국이 중국을 상대로 금융이 아닌 무역전쟁을 벌였다. 수출국 중국에 관세를 때리면 관세가 상품가격에 전이되어 미국 기업과 소비자 모두 손해를 보는데 말이다.

사실 2016년 대선후보였던 힐러리는 TPP(환태평양 동반자협정: Trans-Pacific Strategic Economic Partnership)를 통해 중국을 고립시킬 전략을 짜려고 했다. 아시아권 국가와 협정을 통해 중국을 왕따시키고 미국의 서플라이 체인에서도 몰아내려는 시도 말이다.

> **TPP란?**
>
> 환태평양 경제 동반자 협정(環太平洋 經濟 同伴者 協定, Trans-Pacific Strategic Economic Partnership, TPP)은 아시아-태평양 지역 경제의 통합을 목표로 공산품, 농업 제품을 포함 모든 품목의 관세를 철폐하고, 정부 조달, 지적 재산권, 노동 규제, 금융, 의료 서비스 등의 모든 비관세 장벽을 철폐하고 자유화하는 협정으로 2005년 6월에 뉴질랜드, 싱가포르, 칠레, 브루나이 4개국 체제로 출범하였다. TPP는 투자자 국가 분쟁 해결 방법을 만들고, 관세 같은 무역 장벽을 낮추는 역할도 한다.

그런데 힐러리는 미국 백인노동자들의 마음을 읽는 데 실패했다. 미국의 노동자들은 1960년대부터 시작된 세계화 과정에서 가장 크게 손해

본 계층이다. 제조업 일자리는 개발도상국에 전부 빼앗기고 남아 있는 서비스업에서 저임금 노동자로 전락해 버렸다. 2001년 소련이 붕괴되면서 그 속도는 더욱 빨라졌다.

소련이 붕괴되자 세계는 미국의 자본주의 시스템을 받아들였고 일본에서 한국, 동아시아로 이동하던 공장(제조업)이 결국 2001년 중국의 WTO 합류 이후 중국으로 거세게 빨려 들어갔다.

그런데 힐러리는 소외되어 왔던 백인 저소득 노동자들에게 한 번 더 참으라는 포지션을 취했다. 그러자 상대 후보였던 트럼프는 일자리를 빼앗아간 중국에 관세 45%를 부과하겠다며 백인 노동자층의 마음을 읽고 움직였다. 승부는 거기서 결정되었다.

왜 힐러리는 TTP를 통한 간접 봉쇄를 추구했을까? 관세를 때리면 미국의 기업과 소비자도 피해를 보니 미국의 기업을 보호하려고 그랬을까? 아니면 중국발 수입품에 관세가 미칠 소비자물가 상승 파장 때문이었을까? 둘 다 맞는 말이지만 본질은 아니다.

본질은 세계화에 있다. 세계화의 가장 두드러진 특징은 사람의 이주는 엄격히 통제하는 데 반해 금융자본의 이동은 자유롭게 허용한다는 점이다.

산업혁명 이후 세계는 균형발전이 아닌 불균형적 발전을 거듭해 왔다. 선진국에 비해 후발 개발도상국들은 자본을 필요로 했다. 개발도상국은 저렴한 노동력과 세제혜택 등 각종 인센티브를 통해 선진국 자본을 유치했다. 그런데 인건비가 올라가면 자본이 가만히 있는가? 더 나은 조건을 제시하는 쪽으로 잽싸게 이동한다. 아시아를 보건데 일본→한국→중국→베트남, 동남아시아 순으로 정착하고 버리고 떠나기를 반복한다.

이 과정에서 자연스럽게 글로벌리스트들이 탄생한다. 글로벌리스트는 하나가 아닌 그룹으로 빅머니, 빅테크, 빅미디어 등의 합작이다. 빅머니는 월스트리트로 대변되는 억만장자 그룹으로 자본을 주로 움직인다. 빅테크는 세계에서 가장 저렴한 노동력과 세제혜택을 찾아 공장을 움직인다. 그리고 빅미디어는 빅머니에 포섭되어 빅머니의 입장을 대변한다.

빅미디어인 CNN, WP, ABC 등 메인스트림 미디어가 트럼프를 싫어하는 이유는 멕시코 장벽을 세우고 중국에 관세를 때리면서 세계화에 역행을 하고 백인 노동자들을 대변했기 때문이다. 그러니 트럼프는 당연히 중국과 무역전쟁을 하지, 월가를 내세워 화폐전쟁을 하지 않는다.

대표적인 글로벌리스트는 누구인가? 바로 열린사회재단의 조지 소로스다. 그는 1930년 나치 독일군과 소련군의 지배하에 있던 헝가리에서 유대인으로 태어났다. 따라서 정치적인 성향은 현재의 민주당 성격과 맞는다. 왜냐하면 민족주의의 발현으로 인해 2차세계대전 와중에 얼마나 많은 유대인들이 희생을 당했는가. 민족주의는 그로 하여금 독일군의 유대인 학살을 떠올리게 만든다.

트럼프의 MAGA(MAKE AMERICA GREAT AGAIN! '미국을 다시 위대하게!'), 미국 우선주의(America First)와 같은 구호는 조지 소로스의 눈엔 미국식 민족주의로 보일 개연성이 다분하다.

조지 소로스가 보는 세계화는 무엇일까? 그의 책『열린 사회 프로젝트』를 통해 조망해 본다면 세계화란 '자본의 자유로운 이동과 국가경제가 국제 금융시장과 다국적 기업의 영향 아래 놓이는 현상'이다. 즉 자본은 자유롭게 이동해야 하고, 국가 위에 빅머니(월가)와 빅테크 기업이 있다는 뜻 아니겠는가? 그래서 조지 소로스는 힘 있는 국제기구의 탄생을 열망하고 주장한다. WTO와 같은 국제기구가 국가를 대신해서 자본이 자유롭게 이동하고 관세 없는 글로벌 세상을 만들자는 것이다.

힐러리는 조지 소로스를 비롯한 글로벌리스트의 편에 서 있었다. 그러므로 미국 백인 노동자를 대변할 수 없었고 결국 TPP를 통한 중국의 견제전략을 펼 수밖에 없었던 것이다.

⧗ 디지털화폐에 대한 중국의 입장

여기서 중국의 입장을 보자. 2020년 미대선 결과 어느 당에서 대통령이 나왔다고 하더라도 중국에게 남은 건 고립뿐이다. 중국은 아직도 1960년대 마오쩌둥 시절 미국이 중국에 가한 고립화 전략에 대한 악몽이 남아 있다. 악몽의 시절로 회귀하지 않기 위해 중국은 디지털화폐를 선점하여 위안화를 국제통화로 만들려는 기도를 시작한 것이다. 미국이 달러로 손발을 다 묶어버리기 전에 말이다.

그런 와중에 코로나 위기가 발생하고 디지털화폐인 비트코인이 큰 폭으로 오르기 시작한다. 일단 비트코인은 향후 각국이 디지털화폐를 만들기 시작하면 찬밥이 될 가능성이 크다. 각국의 중앙은행이 만들려는 것은 자국의 디지털화폐지 비트코인을 가져다 쓰려는 계획은 없기 때문이다. 그럼에도 비트코인은 독재국가의 엘리트 자금이나 마약 카르텔 등의 범죄조직 자금 은닉용도로 긴요하게 사용할 수 있으므로 이후에도 쓰임새는 있다.

중국은 식량과 에너지를 수입해 쓰고 있다. 결제는 달러를 사용한다. 언제든 미국이 중국을 달러화 결제시스템에서 몰아내면 13억 인구는 배를 쫄쫄 굶으며 아우성을 치거나 얼어죽기 직전까지 내몰릴 수 있다. 중국으로서는 상상하기도 싫은 상황이다. 그러니 중국이 기를 쓰고 디지털화폐를 통해 위안화의 국제화를 노리는 것이다.

최근 비트코인에 조금은 다른 움직임이 나타나고 있다. 대표적인 안전자산으로 꼽히는 금을 보자. 금은 달러가치와 함께 떨어지고 있다. 금의 계약당 증거금이 높아지고 레버리지 규제가 생긴 탓이다. 미국에서 금에 대한 규제가 시작된 것이다.

이로 인해 대형 헤지펀드가 금으로 들어오지 못하고 결국 자금이 비트코인으로 몰린다. 경기부양책이라는 대형 호재에도 불구하고 금값 상승률은 주식보다 현저히 떨어지고 있다.

비트코인으로 돈이 몰리자 비트코인이 금을 대체했다고 보는 시각이 있는데, 본질적인 면에서는 규제를 피해 달아난 것이라 볼 수 있다.

디지털화폐의 목적

각국이 도입하려는 디지털화폐의 목적을 정리하면 다음과 같다.

⌛ 화폐 유통속도가 빠르다

코로나 위기로 양적완화와 제로금리 정책이 시행되고 있다. 그런데 사람들이 돈을 쓰지 않고 쟁여 놓는 것이 문제다. 코로나로 인해 일자리가 없어지니 언제 실업자가 될지 모르는 상황에서 대책없이 소비에 몰두할 수가 없다. 그래서 돈이 도는 속도가 느려진다.

그러나 디지털화폐는 돈이 도는 속도가 일반화폐에 비해 빠르다. 상식적으로 봐도 일반화폐를 쓰려면 오프라인 상점에 들러 물건을 사야하는데 그러면 시간과 에너지가 들어간다. 반면 디지털화폐는 온라인 쇼핑에서 클릭 한 번으로 문제가 해결된다. 따라서 돈의 유통속도가 빨라진다.

⌛ 화폐의 절대량이 늘어난다

디지털화폐가 늘어난다는 것은 어찌 되었던 화폐를 새로 발행한다는 의미다. 물론 중앙은행이 늘어난 화폐의 양만큼 시장에서 화폐를 회수해 소각을 하겠지만 전통화폐와 디지털화폐가 초기에는 공존하는 것이 사실이다. 따라서 시장에서 유통되는 화폐는 절대량 자체가 늘어나는 것이 맞다.

그리고 디지털화폐를 쓰게 하려면 엄청난 양의 화폐를 초기에 찍어낼 수밖에 없다. 결국 디지털화폐를 쓰면 당연히 화폐의 양이 늘어나고 이로 인해 인플레이션이 일어날 수밖에 없다.

⌛ 화폐가 어디로 이동했는지 알 수 있다

중국의 시스템에서는 가장 골치 아픈 현실이 외화의 반출이다. 중국의 경상수지 적자 품목이 바로 여행, 서비스 수지다.

적자 품목이 여행과 서비스인 이유는 중국의 위안화를 달러화로 바꾸려는 시도 때문이다. 중국의 엘리트들은 언제 잘려 나갈지 모르는 권력을 가지고 있다. 정권이 바뀌면 하루아침에 모든 재산을 몰수 당해 감옥에 갇힐 수 있다. 기업인도 알리바바의 마윈처럼 압력으로 언제든 CEO의 자리에서 물러날 수 있다.

따라서 중국의 엘리트 사이에는 중국의 위안화를 안전한 달러나 달러자산으로 옮겨 놓으려는 수요가 있다. 그리고 해외로 자산 밀반출이 힘들면 집의 지하실을 개조하여 위안화를 트럭으로 옮겨야 할 만큼 엄청난 양의 현금을 쌓아 놓고 있다.

그런데 만약 국제결제통화로 디지털위안화가 성공한다면 해외 밀반출 달러나 국내에서 결제되는 통화가 어떻게 움직이는지 알 수 있다. 클릭 한 번이면 현재 돈이 머무는 지점을 한눈에 파악할 수 있게 된다. 물론 숨어 있던 지하경제도 양성화 된다.

⌛ 디플레이션을 막는 역할이 가능하다

1945년 2차 세계대전이 끝난 이후 세계는 디플레이션이 아닌 인플레이션 시대가 도래했다. 2차 세계대전 이후 베이비붐 세대가 태어났기 때문이다. 아이들이 많아지면 경제는 활성화 된다. 아이라도 있으니 외식을 하지 아이 없이 사는 집은 매일 집에서 집밥만 먹는다. 반대로 노인 인구가 많아질수록 소비활력이 죽는다.

따라서 아이가 많아서 물가가 올라가는 인플레이션 현상보다는 노인이 많아서 생기는 디플레이션 현상이 앞으로 일어날 수밖에 없다. 1945년 이후 태어난 베이비붐 세대는 현재 약 70대 중반이다. 2차 대전이 전세계적인 전쟁이었으므로 베이비붐도 전세계적 현상이었다. 즉 세계가 함께 늙어간다는 의미고, 소비하지 않는 인구가 동시다발로 증가하고 있다는 말이다.

그런데 의학의 발달로 인해 노인의 수명이 길어진다. 수명이 길어지는 반면 사회보장시스템은 일부 선진국을 제외하고는 대부분의 나라에서 작동하지 않고 있다. 게다가 앞으로는 4차 산업혁명으로 AI가 발달하여 인간의 일자리를 대체하기 시작한다. 즉 오래 살게 되었고, 일자리를 잃게 되었다는 말이다. 돈 없는 노인이 오래사는 사회가 바로 지금 오늘의 세계다.

한국이 노인자살률 1위의 불명예를 뒤집어 쓴 이유는 바로 선진국도 후진국도 아닌 어중간한 위치에 복지도 일자리도 없기 때문이다.

이제 전세계는 시간이 가면 갈수록 소비 절벽을 맞이하게 된다. 즉 디플레이션 시장으로 가고 있다는 의미다. 그에 반해 디플레이션 정책으로 중앙은행이 쓸 수 있는 카드는 화폐정책 정도다.

디플레이션은 한 번 빠지면 일본처럼 잃어버린 30년이 될 수밖에 없다. 예를 들어 1,000만 원짜리 자동차가 내년에 10% 떨어져 900만 원이 되는 시대에 살고 있다고 하자. 그렇다면 소비자들은 어떻게 생각할까? 2년 만 기다리면 800만 원으로 떨어진다고 생각한다. 이런 상황에서 누가 소비를 하겠는가. 계속하여 뒤로 미룰 뿐이다. 물가가 빠르게 떨어지고 있기 때문이다.

그런데 중앙은행은 제로금리로 낮출 수는 있어도 마이너스금리까지 낮출 수는 없다. 만약 시중은행에서 예금자가 100만 원을 맡겼는데 이자를 주지는 못할 망정 연간 10만 원을 보관료로 뗀다면 어떻게 될까? 당장 뱅크런이 일어난다. 차라리 돈을 집 금고에 넣어두는 편이 나은 상황이다.

그래서 중앙은행은 마이너스금리 정책을 쓰지 못한다. 유럽이 쓰고 있는 마이너스금리 정책은, 시중은행의 법정지급준비금을 초과하는 초과지급준비금에 한해서다. 시중은행이 일반인에 대해 마이너스 금리를 쓴 예는 없다.

그런데 왜 중앙은행은 일반 시중은행에 마이너스금리를 쓰려고 할까? 소비를 강제로 일으키려는 의도다. 디플레이션에 빠졌을 때 중앙은행이 마이너스금리를 일으킬 수 있다면 사람들은 소비로 돈을 쓸 것이고 결국 디플레이션에서 빠져 나올 수 있다.

이에 디지털화폐가 이런 중앙은행의 의도와 맞아 떨어진다. 종이지폐는 사라지고 온 세상의 돈이 전부 디지털 통화가 되었다고 가정해보자. 중앙은행이 시중은행에 마이너스금리 정책을 통해 연간 원금의 -10% 보관료를 붙인다면 어떻게 될까? 은행 예금을 맡겨 놓은 은행 예금자는 돈을 찾아 집 금고에 넣어 둘 수 없다. 왜냐하면 실물 종이화폐가 아닌 디지털화폐이기 때문이다.

따라서 소비자들은 차라리 예금을 은행에 빼앗기느니 소비에 나설 수 있다. 디지털화폐의 시작은 중앙은행의 정책을 마음대로 펼 수 있는 디플레이션 대책이 되는 것이다.

디지털화폐로의 전환 시대, 우리가 해야 할 일은 무엇인가? 디지털화폐의 시작은 화폐 가치의 하락을 동반할 수밖에 없다.

① 화폐의 유통속도가 빨라지면 물건의 가격이 올라갈 수밖에 없다.
② 범죄조직 등의 은닉자금이 시중에 풀리면서 화폐의 유통량이 늘어날 수밖에 없다.
③ 이렇게 풀린 자금으로 인해 화폐가 떨어질 것을 알게 된다면 사람들은 빠르게 반대편에 서 있는 금, 상품, 부동산, 주식 등으로 자산을 옮길 수밖에 없다.

즉 주식 사라는 말이다.

⚖ 결론

디지털 화폐의 시작은 자산가격의 상승을 불러온다.

2

새로운
부가 온다
1

MONEY
CHANGER

중국식 자본주의의 실체

☑ **알리바바·징둥 제친 中 핀둬둬 회장 돌연 사임…왜?**

중국 전자상거래업체 핀둬둬의 황정(黃峥·41) 창업자 겸 회장이 일선에서 완

전히 물러난다.

이례적으로 젊은 나이에 퇴진을 선언한 데다 주식 의결권까지 모두 내려놓기로

했다는 점에서 중국에서는 그가 정부의 본격적인 규제에 앞서 서둘러 발을 뺀

것이란 해석이 나오고 있다. 알리바바그룹 창업주 마윈(馬雲)이 촉발한 중국

공산당의 '인터넷 공룡 길들이기'가 심상치 않자 재빨리 조치를 취했다는 것.

2021년 3월 18일자 조선일보

중국은 마윈에 이어 핀둬둬의 황정 사장이 일선에서 물러났다. 기라성 같은 중국 경영인의 퇴진은 우리의 상식을 뒤엎는다. 중국의 자본주의는 우리가 알던 자본주의와는 다르다. 뭔가 좀 이상하다. 자본주의도 아니고 사회주의도 아니다. 반면 자본주의도 맞고 사회주의도 맞다. 중국 자본주의의 실체가 무엇이기에 우리를 이토록 헷갈리게 만드는가?

자본주의 기본 개념을 먼저 알고 가자. 인간이 살아가는 데는 음식,

의복, 주택 등이 필요하다. 이를 소비상품이라 한다. 소비상품을 얻기 위해서는 자본상품이 필요하다. 예를 들어 소비상품을 토끼로 놓고 봤을 때 자본상품은 토끼를 잡을 수 있는 도구인 활이나 총이다.

그렇다면 소비상품을 얻기 위해 필요한 자본상품에는 무엇이 있을까? 제조업이라면 공장이 있고, 농부라면 땅이 있고, 아무것도 없다면 인력 자체가 자본상품이 된다. 다시 말해 소비상품을 얻는 모든 도구를 자본상품이라 한다. 그러므로 자본상품이 있는 사회를 모두 자본주의 사회라 부를 수 있다.

자본주의 사회는 성격에 따라 크게 세 가지로 나눌 수 있다.

① 자유기업 사회
② 사회주의, 공산주의 사회
③ 전체주의 사회(파시즘, 나치즘, 일본 제국주의 등)

소유와 운영자로 나누면 다음 표와 같다.

경제체제	소유주	운영자
자유기업 사회	개인	개인
사회주의, 공산주의 사회	국가	국가
전체주의 사회	개인	국가

자유기업 사회는 소유주도 운영자도 개인이다. 사회주의나 공산주의 사회는 소유주도 운영자도 국가다. 그러나 전체주의 사회는 소유주는 개인이나 운영자는 국가다.

대표적인 전체주의는 제2차 세계 대전 중의 이탈리아 파시즘이다. 이탈리아의 무솔리니는 사회주의자이나 국민이 주로 카톨릭 신자로 구성되어 있었기 때문에 교황과의 유대를 위해 소유주는 개인, 운영자는 국가인 체제를 택할 수밖에 없었다.

독일의 나치즘이나 일본의 제국주의도 마찬가지로 자본상품의 소유주는 개인이었으나 통제는 국가가 하는 체제였다. 전시체제라는 특수한 상황이었기 때문에 가능했다.

전시체제에서는 징발이 횡행한다. 징발이란 전쟁과 같은 특수한 상황에서 개인의 것을 국가가 빼앗아 쓰는 행위다. 일본의 미쯔비시 중공업은 개인의 소유였으나 그들이 생산하는 물건은 일본군부에 의해 정해졌다. 제2차 세계대전이 시작될 무렵 나치 정권은 "독일국민은 허가 없이 직업을 바꿀 수 없으며, 정당한 이유 없이 결근하는 경우 구금시키겠다"고 발표했다.

전체주의에서는 개인도 자본상품이기 때문에 운영주체인 국가가 얼마든지 자유로이 운영과 인신구속을 할 수 있었다.

각각의 체제를 좀더 자세히 살펴보자.

⌛ 자유기업 사회

자유기업 사회의 기본정신은 기독교 정신이다. 모든 소유권은 하나님으로부터 온 것이기 때문에 소유권을 나라가 빼앗는 행위는 있을 수 없다는 입장이다. 따라서 모든 소유는 개인이 해야 하고 운영 또한 소유자의 몫이다.

대표적인 나라가 미국이다. 다른 나라에서는 공적인 부문도 미국에서는 모두 개인이 소유한다.

대표적인 공기업인 전력공사도 미국에서는 민간이 운영한다. 그때문에 텍사스에 한파가 몰아닥쳤을 때에도 민간 전력회사의 전기를 쓰는 사람은 전기값이 치솟아 몇 천만 원의 전기세 요금 폭탄이 나왔다. 이외에도 나스닥과 같은 증권거래소도 민간이 운영한다.

분배는 자유시장경제에서 정해진다. 능력에 따라 배분되기 때문에 모든 사람이 똑같이 나눠갖지 않는다. 빈익빈부익부가 심해지고 불공평하게 배분될 수 있다. 자유시장경제에서 능력을 발휘한 자가 더 많이 갖는 것은 당연한 일로 받아들여진다.

자유기업 사회에서 인간은 자본상품이기 때문에 소비상품을 만들어내지 못하면 실업자가 된다. 실업자는 다른 말로 하면 잉여인간이다. 그러나 실업자라고 해서 특별한 처분이 가해지지는 않는다. 다만 소비상품을 스스로 얻지 못할 뿐이다. 사회가 보살펴주지 못하면 노숙자로 전락하는 경우도 있다.

현재 지구상에 완전한 자본주의는 존재하지 않는다. 국가 즉 정부의 역할이 커지면 자본주의도 사회주의화 되는 것이고 정부가 작아지고 시장의 역할이 커지면 자유주의화 되는 것이다.

자유기업 사회는 성과주의 사회다. 예를 들어 영어학원, 피트니스, 독서실처럼 자신의 능력을 개발시키려고 자발적으로 다니는 곳이라 생각하면 된다. 사회를 움직이는 원동력은 긍지나 모티브 즉 동기에 있다.

이런 사회에서는 우울증에 빠지기 쉽다. 절대적인 빈곤은 적으나 남들과의 비교가 문제다. 성과를 내지 못하면 낙오자로 분류된다.

⏳ 사회주의, 공산주의 사회

사회주의나 공산주의 사회에서는 모든 자본상품을 국가가 소유하며 운영도 국가의 몫이다. 따라서 분배도 국가가 정해야 한다. 유고슬라비아의 통치자인 티토는 "공산주의는 국가를 단위로 하는 자본주의 체제이며, 전 인민의 노동력을 포함한 절대적 소유권을 국가가 갖는 체제"라고 정의했다.

생산과 분배를 국가가 하기 때문에 일하지 않는 자는 있을 수 없으며, 이론상 잉여인간은 존재해서도 안 된다.

그러나 자본상품으로 쓸 수 없는 무위도식하는 잉여인간은 국가가 마음대로 처리한다. 한편으로 인간의 본성인 욕망을 무시하니 생산성이 떨어진다. 게다가 분배도 시장시스템을 도입하지 않은 결과 어떤 분야는 과잉생산이 문제가 되고 어떤 분야는 과소생산이 되어 소비의 불균형이 일어난다.

⏳ 전체주의

전체주의는 사회주의와 자유기업 사회의 절충 지대다. 현재 대표적인 모델이 바로 중국식 자본주의다.

중국에는 알리바바, 징둥, 핀둬둬와 같은 개인기업이 있다. 개인기업은 남보다 더 잘살아야겠다는 인간의 욕망을 충족시키기 때문에 효율적이다. 시키기 않아도 밤을 새워 일하고 누구보다 열심히 경쟁적으로 일한다. 경쟁이 일어나는 이유는 남보다 부자가 되고 싶기 때문이다.

미국에서 노예제가 폐지된 이유는 노예제가 비효율적이기 때문이다. 노예는 아무리 열심히 일해도 남는 게 없기 때문에 더 많이 먹고 더 적게 일하는 것이 자신에게 이득이다. 목화, 사탕수수 농사와 같이 수확을 하는 보조적인 수단에서는 그나마 유용하다. 그러나 창의적인 생산성을 필요로 하는, 예를 들어 반도체를 생산하는 데에는 전혀 유용하지 않다. 노예에게 아무리 채찍을 때려도 최신의 반도체를 만들어낼 수 없기 때문이다.

그래서 중국은 사회주의와 자유기업 사회의 절충안, 즉 전체주의를 택했다. 소유는 개인이 하나 모든 운영은 국가가 하는 시스템이다.

중국식 자본주의에서는 알리바바의 마윈이나 텐센트의 마화텅, 핀둬둬의 황정과 같은 사장도 얼마든지 갈아치우고 국가가 운영을 맡아서 할 수 있다. 전체주의이기 때문에 가능한 일이다.

공산주의, 사회주의, 전체주의는 기본개념이 통제사회다. 예를 들어 학교, 병원, 교도소와 같은 곳은 원해서 다니는 것이 아니라 다닐 수밖에 없어서 다닌다. 명령에 의해서 움직인다. 국가의 명령에 불복종하면 미치광이와 범죄자가 된다.

정신병원과 교도소는 공짜 노동력의 온상이 되고 광인과 범죄자는 국가의 목표에 따라 노예노동에 이용된다.

 결론

중국식 자본주의는 전체주의다.

바이든 행정부, 강달러로 갈 것인가, 약달러로 갈 것인가?

> ☑ 옐런 "인위적인 弱달러 없을 것…中 견제에 모든 수단 쓰겠다"
>
> 닛 옐런 미국 재무장관 지명자 청문회 "달러에 개입 않을 것…해외 환율조작 엄단". "中 불법 행위 비난 커…동맹과 함께 견제". "법인세 올릴 것…OECD서 같이 논의해야". "기후변화, 실존 위협…고위급 전담팀 신설"
>
> 옐런 지명자는 "미국은 무역에서 우위를 확보하기 위한 약(弱)달러를 추구하지는 않을 것"이라며 "미국 달러화와 기타 통화들의 가치는 시장에서 결정돼야 한다"고 강조했다. 무역 경쟁력 등을 이유로 달러화 강세에 노골적으로 반대했던 트럼프 정부와 차별화하려는 시도로 보인다.
>
> 2021년 1월 20일자 이데일리

옐런의 청문회 발언을 통해 바이든 행정부의 전략을 알아보자.

먼저 옐런 지명자는 약달러를 추구하지는 않겠다고 천명했다. 그러면 강달러로 가겠다는 말인가? 그런 언급은 없었다. 다만 여러 가지 상황을 종합해 봤을 때 강달러로 갈 가능성이 있음을 염두에 두고 바이든 행정부의 전략을 살펴 봐야 한다.

1985년 미국은 일본과 플라자 합의를 했다. 플라자 합의의 기본은 일본의 엔화 환율을 내려 수출을 제한하려는 조치였다.

플라자 합의 이후 약한 달러의 시대가 도래하였다. 달러는 유가와 연동되어 있다. 원래 약달러는 고유가를 부른다. 그러나 당시 중동 이외 지역에서 석유가 마구 터져 나오기 시작한다. 노르웨이, 멕시코 등지에서 석유가 생산되면서 사우디아라비아는 조기에 이들의 융성을 눌러 놓아야겠다고 생각한다. 이에 사우디가 취한 전략은 석유 증산이었다. 아이러니하게도 저유가 시대가 지속된 배경이다. 그리고 전 연준 의장 폴 볼커가 20%까지 올렸던 금리를 차츰 내리면서 저금리 시대가 동반된다.

1980년대 후반 세계경제에는 3저 호황이 찾아온다. 저달러, 저유가, 저금리다. 3저 호황으로 우리나라는 기록적인 성장을 이룬다. 반대로 일본은 강한 엔화로 인해 수출 경쟁력이 떨어지고 내수로 성장할 수밖에 없었다. 그와 더불어 엔화 강세로 인해 일본 내 수입물가가 싸지니 소비가 증가하고 부동산, 주가 등 자산가격 상승이 일어났다.

일본의 원래 밥벌이는 수출이었다. 그런 일본이 수출이 감소하고 부동산과 주가만 벼락 같이 오르다가 결국 버블이 꺼지면서 잃어버린 20년이 시작되었다. 길고 긴 경기침체의 시작이었다.

⧗ 미국이 역플라자 합의를 이끈 이유

그런데 역플라자 합의란 무엇인가? 플라자 합의 후 10년이 지난 1995년 4월 18일, 도쿄 외환시장에서 엔-달러 환율 80엔이 붕괴되었다. 이후 선진 7개국(G7)이 달러가치 부양을 목적으로 합의한 것이 바로 '역 플라자 합의'다. 역플라자 합의의 핵심은 강한 달러로의 회귀였다.

미국은 역플라자 합의를 통해 강한 달러를 추구하면서 수출이 되살 아나고 그로 인해 경상수지 적자 폭도 줄어들 것이라고 예상했다. 그 러나 결과는 예상과 달랐다. 경상수지 개선 효과가 미미했던 것이다. 미국은 이미 제조업 비중이 줄어들고 서비스업의 비중이 크게 확대된 상태였기 때문이다.

역플라자 합의를 이끌어낸 미국의 진짜 의도는 강한 달러를 통해 자본수지 흑자를 거두기 위해서였다. 자본수지 흑자로 미국이 얻는 이 득은 무엇인가? 강한 달러를 추구하면 전세계의 돈이 미국으로 빨려 들어온다. 그러면서 자본수지 흑자가 개선된다.

개선이 힘든 경상수지 적자를 조정하는 대신 유예하는 길을 택한 것이다. 즉 경상수지 적자는 그대로이나 달러가 풍부해지면서 보유한 달러 대비 경상수지 적자의 %가 적어지는 효과가 발생한다.

현재 달러의 지위는 과거 금본위제에서 금이나 마찬가지다. 따라서 달러가 강해지면 해외에서 금(달러)이 많아지는 효과를 낸다. 미국이 강한 달러를 만들기 위해 금리까지 올렸을까? 금리를 올려 강한 달러 를 만들 수도 있지만 다른 나라의 통화를 약화시켜 강한 달러를 만들 수도 있다. 역플라자 합의를 하고 일본의 엔화는 달러당 80엔에서 148 엔으로 수직상승하게 된다. 미국이 엔화 환율이 오르는 현상을 용인한 것이다. 일본도 나쁠 게 없었다. 엔화가 오르면 미국 수출이 용이해진 다. 그러니 버블을 잠재우고 수출길을 열어야 하는 일본도 1995년 오 케이 사인을 낸 것이다.

그런데 왜 역플라자 합의 대상이 일본이었을까? 일본은 당시 최고의 제조업 강국이었다. 합의 대상국은 일본과 독일이었지만 이전 플라자 합의 당시 가장 큰 피해국은 일본이었다. 독일은 강한 마르크화를 추구하다 슬그머니 환율을 올렸고 1989년 동독과 통일이 되면서 마르크화의 가치는 더 떨어졌다.

미국이 강한 달러로 노리는 바는 수입물가가 싸지고 소비가 늘어나게 하여 경기를 살리려는 의도였다. 이를 위해서는 물건을 싸게 공급해주는 제조업 국가가 필요했다. 이에 일본이 필수적이었다.

미국의 강달러 배경에는 소비를 진작시키려는 의도도 있었지만 자신이 강점을 가진 금융업을 이용하기 위해서이기도 했다. 금융업을 통해 돈을 벌려면 강한 달러는 필수다. 달러가 강하면 저렴하게 자금조달을 할 수 있지 않은가?

미국의 투자은행은 강한 달러로 외국의 알짜 기업들을 손쉽게 M&A 할 수 있다. 반면 약한 달러에서는 금융업이 할 수 있는 일이 많지 않다. 즉 1995년 미국은 역플라자 합의를 통해 소비와 금융업으로 미국을 성장시킬 수 있다는 계산이었다.

역플라자 합의로 인한 미국경제의 결말은 어땠을까? 강한 달러로 인해 자산시장의 버블이 형성되었고 결국 2000년 닷컴버블이 꺼지면서 끝이 났다. 그러나 우리는 1995년부터 2000년 닷컴버블까지 엄청난 자산가격의 상승이 있었다는 데 주목해야 한다. 그리고 공식 하나를 알고 가야 한다.

① 약달러 → 고유가

② 강달러 → 저유가

⧗ 플라자 합의, 역플라자 합의 이후 미국의 포지션

현재의 상황과 플라자 합의, 역플라자 합의를 비교해 보자.

2016년 트럼프가 대통령이 되면서 정책의 중심은 약한 달러를 통한 수출경쟁력 강화, 경상수지 적자 축소에 있었다. 정책의 일관성에 따라 트럼프 행정부는 중국에 관세를 때렸고 중국의 환율을 떨어뜨려 강한 위안화를 만들려고 했다.

트럼프가 약달러 정책을 편 이유는 그가 대통령이 된 기반이 바로 스윙스테이트[Swing State, 경합주(競合州)는 미국 대선에서 특정 정당이 압도적인 지지를 얻지 못한 주(State)를 뜻한다]를 이겼기 때문이다. 트럼프의 스윙스테이트는 러스트벨트라 불리는 미국의 백인 고졸 노동자가 많은 지역이다. 앞서서 언급했지만 트럼프에 맞서 당시 힐러리가 들고나온 전략은 TPP였다.

논점은 하나였다. 미국을 추격하는 주적은 중국이라는 데 이견이 없었다. 힐러리나 트럼프나 인식은 동일하였으나 중국을 제거하는 방법은 서로 달랐다.

힐러리의 생각은 이랬다. 중국은 미국에 제조업으로 수출해서 번 돈으로 미국을 따라오고 있다. 그러니 중국의 돈줄을 막으면 되고, 가장 효과적인 방법은 중국이 수출을 못 하도록 막는 일이다. 중국에는 관세를 때리고 중국 이외의 나라 즉 TPP 회원국인 동남아, 일본 등을 앞세워 무관세를 체결하면 이들의 대미국 제조업 수출경쟁력이 높아진다. 그러면 중국의 경쟁력은 자연스레 약해진다. 전형적인 이이제이, 즉 오랑캐로 오랑캐를 물리치는 전략이었다.

그러자 미국의 백인 노동자들은 힐러리의 말에 뿔이 났다. 우리는 일자리가 없어서 극빈층으로 떨어졌는데 일자리를 중국에서 동남아로 옮기자는 말이냐? 우리에게 남는 것은 무엇이냐?였다.

반면 트럼프는 스윙스테이트의 백인노동자 마음을 얻기로 작정하였다. 왜 그렇게 어렵게 중국을 때리는가? 중국에 관세 45%를 때리고 중국이 수출을 못하도록 틀어막으면 된다. 중국의 대미국 수출이 막히면 미국에 공장이 생길 것이 아닌가? 그러면 미국 백인 노동자들의 일자리는 자연스럽게 늘어난다. 이에 화답한 스윙스테이트는 트럼프에게 몰표를 주었다.

⌛ 트럼프 행정부의 약달러 정책

트럼프 정부가 취한 세계와의 역학관계도 잠시 살펴보자.

트럼프는 수출을 늘리는 전략을 썼음으로 당연히 약한 달러를 추구했다. 미국이 약달러 정책을 취하면 동맹국과의 관계가 나빠진다. 미국의 주요 우방은 제조업 강국인 독일, 한국, 일본 등이다. 그런데 미국이 약달러로 수출을 강화하면 제조업으로 먹고사는 우방들이 좋아할리가 없다.

트럼프의 대중국 관계는 미중무역전쟁, 관세로 압축, 요약된다. 중국상품에 관세를 매기자 미국의 소비자 물가도 덩달아 높아진다. 중국에 진출해 있던 미국의 글로벌기업 영업이익도 떨어진다. 인근 국가로 서플라이체인을 옮기는 대안이 있지만 거기에는 일정 시간이 걸리고, 거대한 중국의 내수시장도 포기하기 어려운 만큼 글로벌기업의 고민도 깊어진다. 따라서 이들도 당연히 트럼프를 좋아할 리가 없다.

약달러를 통한 고유가는 미국의 셰일기업에게는 호재로 작용한다. 셰일기업은 깊은 곳에서 석유를 캐내는 만큼 사우디 등 중동국가에 비해 원가경쟁력이 떨어진다. 따라서 고유가가 지속되면 기술력을 높여가면서 규모의 경제를 펼쳐 시장점유율을 높일 수 있어 좋다. 공화당의 지지기반인 텍사스 등의 지역경제에도 큰 효과가 나타났다.

백인 노동자들은 트럼프를 좋아했다. 중국에 관세를 때리자 미국으로 공장이 되돌아왔고, 멕시코에 장벽을 세워 불법이민자들을 막아 백인 노동자의 일자리와 임금을 보존해 주었기 때문이다.

결국 트럼프 행정부가 구사한 정책은 1985년 플라자 합의 시절의 경제정책이었다. 그리고 전세계를 상대로 미국이 홀로 맞장을 떴다고 보면 된다. 물론 틈새로 베트남, 인도, 방글라데시 등의 경제가 좋아졌지만 말이다.

⏳ 바이든 행정부는 강달러인가, 약달러인가?

이제 우리의 관심은 바이든 행정부에 맞춰져 있다. 결론은 트럼프를 뒤로 하고 힐러리, 오바마 정책으로 갈 가능성이 크다. 역플라자 합의 시대로 말이다.

옐런의 강한 달러 발언은 강한 달러로 유가를 낮추고 소비를 높이고 금융을 통해 미국의 부를 늘리고 TPP로 중국을 고립시켜 중국의 성장을 방해하는 정책을 펼칠 것이란 얘기다.

☑ **옐런 "中 대응에 모든 도구 사용…인위적 환율 조작 용납 못 해"**

그는 "다른 나라가 이익을 위해 환율을 조작하는 것에 대해 반대하며 인위적인 환율 조작은 용납할 수 없다"며 "우리는 경쟁적인 이득을 위해 달러 약세를 추구하지 않을 것이며, 바이든과 협력해 그런 움직임에 맞설 것"이라고 덧붙였다.

2021년 1월 20일 연합인포맥스

옐런은 이어서 인위적인 환율 조작은 용납할 수 없다고 했다. 다분히 중국을 염두에 두고 한 말이다. 여기서 생각나는 한 사람은 바로 힐러리다. 힐러리는 TPP를 통해 중국을 고립시키려 했다. TPP는 현재 CPTTP로 이름이 바뀌어 실행되고 있다.

☑ **中 CPTPP 가입?…"美 보다 먼저 가입은 어려워"**

일본 주도 '포괄적·점진적 환태평양경제동반자협정(CPTPP)'에 한국과 중국이 모두 참가 의향을 밝힌 가운데, 일본이 중국의 가입은 경계하고 있다. 기존에 TPP를 탈퇴했던 미국보다 먼저 가입하기는 어려울 것이라는 분석도 나왔다.

2020년 12월 18일자 한국무역협회

미국은 일본이 주도하고 있는 CPTPP를 통해 중국을 견제하려 할 것이다. CPTPP 회원국을 통해 공산품을 수입하고 중국을 배제하면 중

국의 달러 외환보유고는 줄어들게 된다. 그러자 중국은 CPTPP에 미국보다 먼저 가입하려는 전략을 쓰고 있다. CPTPP를 통한 중국 견제를 무력화 시키려는 의도다.

한편 한국도 CPTPP 가입이 쉽지는 않아 보인다. 이를 일본이 주도하고 있기 때문이다. 만약 미국이 CPTPP를 통해 본격적으로 중국 견제에 들어가면 가입이 안 되어 있는 한국 입장이라면 미국으로의 수출 경쟁력이 떨어질 것이다.

옐런 후보자는 상원 인준 청문회에서 "중국은 중요하고 전략적인 경쟁국"이라며 "중국 등 불공정한 무역 관행에 대처하기 위해 동맹국들과 협력하는 게 최선이며 우리 경제의 경쟁력을 높일 필요가 있다"고 말했다. 동맹국과의 협력을 강조한 내용이다.

또한 그는 "지적 재산권 탈취와 보조금 등 중국의 불법과 불공정한 관행에 대응해야 한다"며 "중국에 대처하기 위해 우리의 모든 도구를 사용할 준비가 돼 있다"고 강조했다. 그는 중국 정부가 '끔찍한' 인권 유린에 대한 책임도 있다고 지적했다.

만약 미국이 중국을 때리거나 수입을 거부할 시 인권, 불공정한 관행, 지적재산권 탈취 등과 같은 이유를 내세울 것이다. 향후 바이든 행정부의 정책 진행 상황을 유심히 추적 조사해야 한다.

⚖ 결론

바이든 행정부가 강한 달러를 추구하는 만큼 낮은 가격의 공산품이 미국으로 쏟아져 들어갈 것이고 미국의 소비는 늘어날 것이다. 미국으로 달러가 들어오면 천문학적인 재정부양은 상대적으로 절대적인 달러의 양

대비 재정적자 %가 떨어질 것이다.

바이든 행정부 초기에는 미국 투자은행들의 투기적 자산이 몰리면서 신흥국의 주식, 채권의 가격이 올라갈 것이다. 그러나 강달러 정책으로 인해 달러가 미국으로 회귀하며 장기적으로는 미국 수출에 어려움을 겪는 신흥국들의 달러자산이 마르면서 1997년 IMF 위기와 같은 신흥국 위기가 올 수도 있다.

미국의 주식, 부동산 등 자산 가격은 폭발적으로 올라갈 수 있다. 자율주행차 등의 IT나 친환경섹터의 미래기술이 주목 받게 될 것이다.

강한 달러로 인해 전통제조업은 침체를 겪을 것이다. 백인 노동자들은 강한 달러로 제조업이 침체를 겪으니 제조업 중산층에서 서비스업을 전전하는 하류층으로 신분 이동이 있을 것이다.

글로벌기업은 중국 이외의 나라로 서플라이체인을 이동시킬 것이다.

플라자합의와 역플라자합의가 주는 공통된 역사적 교훈은, 강한 통화가 되었던 나라는 반드시 버블로 끝이 난다는 사실이다.

위의 내용은 강한 달러로 미국경제를 가정한 것이므로 강한 달러가 나오지 않는다면 가정도 틀릴 것이다.

바이든 정부 시대,
미중전쟁의 미래와 빅테크 기업의 운명

트럼프 행정부가 물러나고 바이든 행정부가 새로 들어섰다. 일각에서
는 바이든 행정부의 친중 성향으로 볼 때 미국과 중국의 관계가 개선
될 것이라는 의견들이 있다. 그러나 나의 생각은 조금 다르다. 왜냐하
면 바이든 행정부의 진짜 실세가 누구인가에 따라 이 문제가 정해지기
때문이다.

바이든 행정부는 바이든 대통령이 소속되어 있는 민주당, 빅테크(애
플, 아마존, 페이스북, 구글, 트위터 등), 빅미디어(ABC, CNN, WP, NYT 등), 빅머
니(월가 등) 그리고 스웜프(딥스테이트 – 선출되지 않은 권력인 행정관료 등) 등
으로 구성되어 있다.

과연 이들이 중국과 전쟁을 하는 핵심인력인가를 보면 향후 바이
든 행정부의 대중국 관계를 읽을 수 있다. 엄밀히 따지면 이들이 핵심
인력은 아니다. 군이 따지자면 빅머니 정도가 핵심일 테지만 그들에게
있어서 가장 중요한 세력은 유대인 금융세력이 아닌가 생각된다.

2028년, 중국이 미국의 GDP를 넘을 것이라는 전망이 나온 바 있
다. 하지만 실제 그런 일은 일어나지 않으리라 본다. 그 시기가 도래

하기 전 미국이 중국을 견제할 것이기 때문이다. 그동안 미국은 미국 GDP의 60%선을 넘어오는 국가가 나타나면 상대국을 견제해 왔다. 1970년대 소련이 그랬고, 1980년대 일본과 독일이 그랬다.

그리고 현재는 중국이다. 중국은 미국 GDP의 70%까지 따라왔다. 1980년대 일본처럼 파죽지세다. 미국이 더 이상 두고만 볼 수 없을 정도로 턱밑까지 쫓아온 상황이다.

그렇다면 유대인 금융세력은 미국이 무너지고 중국이 세계를 제패하는 시나리오를 바랄까? 대답은 'NO'라고 생각한다. 왜냐하면 유대인은 작은 정부 하에서 최대한의 자유를 누리면서 정부 위에 서기를 바라기 때문이다.

만약 중국이 미국을 앞서게 되면 중국 공산당이 세계의 중심이 된다. 그러면 유대인 금융세력은 자신의 핵심적인 지위를 빼앗기게 된다. 작은 정부 하에서 자유롭게 정부 위에 설 수가 없기 때문이다.

따라서 유대인 금융세력은 중국을 최대한 이용하다가 중국이 미국을 넘볼 때가 되면 그때는 중국과 싸울 것이다. 그런 의미에서 비록 트럼프 행정부에서 바이든 행정부로 정권이 넘어온 지금도 미국은 중국을 지속적으로 견제할 수밖에 없는 국면이다.

⏳ 트럼프와 결이 다른 바이든 정부의 대중국 포지션

다만 바이든 행정부는 트럼프 시대와는 싸움의 결이 다를 것이다. 트럼프 행정부의 지지층은 백인 노동자들이었다. 따라서 핵심 지지층의 요구를 물리칠 수 없었고 재선의 핵심 동력으로 활용해야 했다. 지난 미국 대선을 보면 실제 일리노이, 미시간, 위스콘신, 펜실베니아, 오하이오 등 러스트벨트가 당락의 키를 쥐고 있었다.

그러다 보니 트럼프가 중국과의 전쟁에서 취할 수 있는 전략에는 명백한 한계가 있었다. 백인 노동자들의 일자리를 보호하면서 미국의 일자리를 가장 많이 빼앗아간 중국을 때리는 정책이 골자였다.

백인 노동자의 일자리를 보호하려면 미국은 제조업을 성장시켜야 했고 이를 위해서는 달러의 가치를 낮춰야 했다. 그리고 수출중심으로 바꿔야 했음으로 여러 나라와의 동맹이 깨어질 수밖에 없었다. 당연한 이치다. 미국은 주로 소비를 하고 동맹국은 주로 수출을 하는 구조였는데 미국이 제조와 수출을 한다면 제조업에 타격을 받는 동맹과는 사이가 나빠질 수밖에 없다. 동맹은 크게 EU, 일본, 한국, 대만 등이다.

그러니 트럼프 행정부 하에서 EU와 세금문제로 트러블이 있을 수밖에 없었다. 결국 트럼프 행정부는 홀로 중국과 맞상대를 해야 하는 불리한 상황에 놓이게 된다. 즉 동맹의 힘을 이용할 수가 없었던 것이다.

그러나 바이든 행정부의 지지층은 백인 노동자가 아니다. 성소수자, 흑인, 이민자, 그리고 백인 대졸 이상의 고소득자들이다. 따라서 이미 GDP의 10% 수준에 불과한 제조업을 살리기보다는 소비를 강화하면서 동맹과의 협업을 통해 중국 봉쇄에 나설 것이라는 것이 나의 생각이다. 그런 측면에서 트럼프 행정부보다 옵션이 더 많아 보인다.

바이든 행정부는 출항을 시작하자마자 트럼프 행정부의 행정명령들을 뒤엎었다.

> ☑ **트럼프 지우기 속도 낸 바이든, 6일동안 서명한 행정명령만 33개**
>
> 취임 첫날인 지난 20일 서명한 행정명령으로는 트럼프의 주요 정책 중 하나인 국경장벽 설치에 대한 자금 지원 중단, 무슬림 국가에서 온 사람들에 대한 입국 금지 명령 철회, 연방 기관에서 마스크 착용 의무화, 코로나 백신 예방접종 공급 확대, 외국인 여행자에게 코로나 음성 확인서 제출 의무화 등이 있다.
>
> 2021년 1월 26일자 조선일보

행정명령 중 중요한 항목은 국경장벽 설치에 대한 자금지원 중단, 무슬림 입국금지 명령 철회 등이다. 모두 이민정책에 관한 내용이다. 더불어 불법체류자 1,000만 명에 대해 영주권을 주는 방안도 고려하고 있다. 이러한 조치는 민주당 지지층을 향한 표 얻기 전략도 되지만 보다 중요한 것은 이들이 저렴한 인건비로 백인 일자리를 빼앗는다는 데 있다. 이들의 저렴한 인건비는 미국 내 서비스와 제조 기업에 좋은 환경을 제공하는 일이기도 하다.

> ☑ **트럼프 다 지워도…바이든 '바이 아메리칸'은 살린다**
>
> *연방 정부조달서 미국산 우대. 외산 아예 막은 트럼프와 달리 우방국 물품은 허용할지 촉각*
>
> 관심은 바이든 정부가 트럼프 정부에서처럼 외국산 제품 조달 자체를 계속 틀어막을 것인지에 쏠린다. 트럼프 정부의 자국산 우선 정책에 대해선 세계무역기구(WTO)의 정부 조달 합의에 배치된다는 비판이 꾸준히 제기돼왔다. 동맹 강화를 내세운 바이든 정부가 이 대목에서는 예외를 택할지 주목된다.
>
> 2021년 1월 25일자 매일경제

바이든 행정부는 확실히 트럼프 행정부와는 다르다. 동맹과의 강화를 주요 목적으로 삼으며, 정부 제품 조달시장 등을 풀어주면서 자연스레 제조업 중심의 미국에서 서비스업으로 확장하는 소비 중심의 미국으로 변할 것이란 이야기다.

중국의 가장 큰 약점은 바로 제조업으로 미국에 수출을 하고, 이를 통해 달러를 버는 구조라는 점이다. 만약 바이든 행정부가 동맹국들에게는 수출길을 터주고, 중국을 향해서는 트럼프 행정부 시절 때린 관세를 지속적으로 유지한다면 중국의 달러 수급에 큰 차질이 불가피하다.

미국 수출이 막혔을 경우 중국이 취할 수 있는 액션은, 내수를 키워 외국의 달러를 들여온 다음 그 자금을 첨단기술에 쏟아붓는 일이다. 그래야 장기적으로 미래산업을 통해 미국을 뛰어넘는 교두보를 확보할 수 있다. 그래서 중국은 내수와 첨단기업을 동시에 발전시키는 쌍순환을 통해 향후 발전을 이끌어간다는 전략을 수립했다.

중국도 내수를 키우려면 위안화 환율을 내려야 한다. 물론 미국도 동맹과 부딪치지 않으려면 환율을 올려 동맹국의 수출을 원활하게 해줘야 한다. 결국은 돈싸움으로 가게 되고, 돈싸움에서 중국은 미국의 상대가 되지 못한다. 왜냐하면 미국은 달러가 자국돈이니 찍어내면 되고 중국은 달러를 벌어와야 하기 때문이다.

결국 바이든 행정부의 출범과 함께 미국이 소비를 통해 동맹국이 돈을 버는 시대가 열릴 것이다. 이를 위해 미국은 엄청난 돈을 풀어 경기가 좋아졌을 때 미국인이 마음껏 소비를 할 수 있는 상태를 만들어야 한다. 그래서 바이든 행정부는 취임하자마자 1.9조 달러의 부양책을 발표했고 이후에도 꾸준히 돈을 푸는 정책을 추진할 것이다.

미국이 내수를 키우면 결국 어떤 산업이 크는가? 내수 관련 주식일까? 단순하게 본다면 맞는 말일 수 있지만 크게 본다면 결국 빅테크의 선전이 있지 않을까 생각한다. 이미 소비는 빅테크 기업이 장악하고 있다. 애플의 아이폰이나 구글의 안드로이드 앱을 통해 혹은 아마존 앱에 접속해서 물건을 사고 페이스북을 통해 자랑을 하거나 광고를 하는 시대이기 때문이다.

⚖️ 결론

미국과 중국은 내수소비를 통해 동맹을 끌어 들이려 할 것이다. 그러려면 자국의 통화가치 상승을 일으킬 것이고 내수가 크면서 바이든 행정부 시절 내내 빅테크의 시대가 열릴 것이다.

사활건미중디지털화폐전쟁

> ☑ 中 '디지털 위안화' 또 뿌렸다…"달러 패권 흔들자"
>
> 중국 정부는 2014년부터 추진한 디지털 통화를 세계 최초로 공식 출범시키기 위해 속도를 내고 있다. 중국 정부는 디지털 위안화를 세계 금융 시스템에서 미국 달러화의 영향력을 줄일 수 있는 수단으로 본다.
>
> 2021년 1월 8일자 조선일보

중국이 디지털 위안화를 만든다고 한다. 이유가 무엇인가?

> ☑ 북핵 사태가 위안화 국제화를 촉진시키는 이유
>
> 장면 1 "중국이 유엔의 새로운 대북 제재를 충실히 이행하지 않을 경우 중국이 미국의 금융시스템과 달러시스템에 접근할 수 없도록 할 것이다." 유엔 안전보장이사회가 6차 핵실험을 감행한 북한을 제재하기 위한 결의안 2375호를 만장일치로 채택한 12일 스티븐 므누신 미국 재무장관이 뉴욕에서 열린 투자 컨퍼런스에 참석해 발언한 내용의 일부다.
>
> 2017년 9월 13일자 조선일보

2017년 9월, 미국의 전 재무장관 스티브 므누신은 북핵문제로 달러 결제시스템에서 중국을 배제한다고 위협했다. 달러 결제시스템은 두 가지다. 민간지불 결제시스템인 칩스(CHIPS: Clearing House Interbank Payment System)와 연방준비제도이사회(Fed)가 운영하는 페드와이어(Fedwire)다. 이와 같은 결제시스템에서 중국을 배제하겠다는 이야기다. 중국에게는 굉장히 심각하고 중대한 문제다. 위안화의 국제결제통화 비중은 1.68%밖에 되지 않기 때문에 중국이 달러결제에서 배제되는 순간 에너지, 식량, 자원 등을 사올 수 없고, 순식간에 아사 상태에 빠질 수 있다.

미국은 중국과의 갈등이 심해질 경우 무역전쟁을 넘어 금융전쟁까지 불사할 것이고, 금융전쟁은 곧 미국 결제시스템에서의 중국 배제를 뜻한다.

달러결제를 위해서는 달러통장이 있어야 한다. 이 달러통장은 미국의 연준에서 관리한다. 원화를 한국은행에서 관리하는 것처럼 말이다. 말하자면 이런 식이다. 중국이 인터넷뱅킹으로 달러를 사우디로 보낼 때, 사실은 미국 연준의 중국계좌에서 미국 연준의 사우디계좌로 이동한다. 자금의 이동을 미국이 확인해 주는 방식이다.

따라서 중국이 석유대금을 결제하려고 달러를 사우디에 보냈어도 미국이 확인해 주지 않으면 자금이 이동하지 않는다. 결국 사우디는 돈을 못 받게 되고, 석유도 중국으로 보낼 수 없게 된다. 이것이 달러 패권국이 가지고 있는 강력한 금융제재다.

실제 미국이 이와 같은 방식으로 금융제재를 가한 적이 두 번 있었다. 한 번은 북한, 한 번은 이란이다.

☑ **[북한 돈줄 조이는 美]③12년 전 방코델타아시아 사건을 아시나요?**

사례는 2005년 마카오 소재 방코델타아시아(BDA)에 가했던 제재다. 미국 재무부는 그해 9월 북한과 거래하던 BDA를 북한의 불법자금 세탁과 연루된 우려대상으로 지정했다. 단지 '우려대상'이라고 했을 뿐인데 효과는 엄청났다.

이에 미국 재무부의 조사 대상이 되는 것을 피하기 위해 북한과 관계를 맺고 있던 나라와 기업들이 거래를 끊었다. 마카오 당국은 자국 내 6위 정도의 소규모 은행이었던 BDA의 파산을 우려해 예금 동결조치를 내렸고 북한의 계좌에 있던 2500만 달러도 묶였다.

2017년 8월 25일자 아시아경제

미국이 우려를 표했을 뿐인데도 재무부의 조사를 두려워한 은행이 알아서 조치를 취했고 결국 북한의 자금은 동결되었다. 그러나 만약 방코델타아시아 은행이 우려를 무시하고 북한에 송금을 했을 경우 미국은 스위프트로 송금을 막을 수 있다.

스위프트란?

국제송금시스템으로 현재는 전 세계 200여 개국에 1만 1천여 개의 금융기관이 SWIFT망을 통해 국경을 넘어 돈을 지불하거나 무역대금을 결제하고 있다. 하루에만 1천 800만 건의 대금지급이 SWIFT망을 통해 이뤄진다.

이란도 핵무기를 만든다고 하자 미국이 북한과 똑같은 방식으로 금융제재를 가했다. 중국이 이를 모를 리 없다. 중국은 미국의 금융제재를 확실히 두려워 하고 있다. 이에 따라 중국은 스위프트의 신뢰를 떨어뜨리기 위해 북한을 통해 해킹을 시도한다.

☑ 북·미 해킹 놓고 기싸움…북한, '유일한 돈줄' 해킹으로 얼마나 벌기에

2016년 2월에는 국제 은행 거래망인 스위프트 전산망을 해킹해 방글라데시 중앙은행이 뉴욕 연방준비은행에 예치해둔 1억 100만 달러 중 8,100만 달러를 빼돌리기도 했다.

2020년 8월 31일자 경향신문

북한의 해커들은 중국의 전산망을 우회하여 해킹으로 돈을 탈취함으로써 스위프트 전산망의 신뢰를 떨어뜨리고 있다. 이에 따라 미국은 북한의 해커들을 공개수배했다.

중국은 미국의 스위프트 전산망 배제 언급이 있고 나서 자체적인 국제결제시스템을 만들기 시작했다. 중국은 2015년부터 위안화 국제결제시스템(CIPS: Cross-border Interbank Payment System) 운영에 들어갔고 이를 확대하는 데도 박차를 가하고 있다. 모두가 미국의 금융봉쇄에 대응할 수 있는 장치를 마련하기 위해서다.

그런데 왜 디지털 위안화일까? 어차피 송금은 인터넷상으로 오고간다. 때문에 굳이 위안화 실물화폐까지 오고갈 필요가 없다. 디지털 결제가 여러모로 편리하고 쓸모가 있다.

① 전염병에 안전하다

요즘같은 코로나 상황에서는 종이돈도 위험하다. 매개물을 통한 접촉도 조심스럽다. 게다가 이미 알리페이, 위챗페이 등을 통해서 QR코드

를 찍어 돈을 주고 받는 것이 일반화 되었다.

② 감시가 가능하다

위안화의 흐름을 인민은행이 확실히 알 수 있다. 돈의 흐름이 보이므로 누가 부정축재를 했는지 세금을 탈루했는지 파악이 쉬워진다.

③ 디플레이션에 강하다

종이화폐를 모두 없앤 상태에서는 디지털통화에 마이너스 금리를 매겨 디플레이션을 예방할 수 있다. 실물화폐의 경우, 은행예금에 마이너스 금리를 매긴다면 모든 사람들이 은행에서 돈을 찾아다가 집 금고에 보관할 수 있다. 즉 돈이 돌지 않는다.

그러나 만약 종이화폐가 없다면 어떻게 될까? 은행에서 돈을 찾는 행위 자체가 불가능하다. 모든 돈이 디지털화폐이기 때문이다. 그러니 억지로라도 돈을 써야 하고 돈을 쓰면 통화량이 늘어나고 경제가 돌아간다. 따라서 중앙은행에서 금리를 통해 통화량 조절을 할 수 있다.

중국 위안화의 미래

그러나 그럼에도 불구하고 중국의 위안화 국제결제통화 시스템은 쉽지 않아 보인다. 세계의 은행을 모두 중국편으로 만들어야 하는데, 넘어야 할 산이 너무 높기 때문이다. 중국이 호주에서 철광석을 위안화로 사오려면 어떻게 해야 할까? 중국의 은행은 위안화를 쓰니 관계없다. 그러나 철광석 광산을 운영하는 회사의 주거래 은행인 호주의 은행이 위안화 결제시스템 안에 들어와야 한다. 그런데 불식간에 미중 사이가 나빠지면 위안화로 거래했던 호주의 은행이 미국에게 제재를 당할 수 있다.

이것만 문제가 아니다. 위안화를 어디다 쓰는가? 석유를 사오나? 식량을 사오나? 현재로선 별로 쓸 데가 없다. 중국에게 받은 위안화를 다시 사용하려면 세계의 모든 은행이 위안화 결제통화시스템 안으로 들어와야 하는데 그것은 불가능에 가깝다. 따라서 중국이 현재 위안화로 취할 수 있는 액션은 생존과 관련된 자원, 식량, 에너지 정도일 것이다. 그 통로는 일대일로다. 중국이 아프리카에 철도, 도로 등 인프라를 놔주고 위안화로 결제를 하는 이유는 아프리카에서 자원을 가져오기 위함이다.

> ☑ **美가 방관하는 틈타…中, 백신 내밀며 '실크로드' 깐다**
>
> 중국 정부와 시노팜, 시노백, 칸시노 등 중국 제약사들은 개발도상국에 코로나19 백신을 공급하기 위한 밑작업을 진작부터 시작했다. 아프리카에서 중국산 백신 공급의 허브 역할을 하는 에티오피아의 경우 공항 화물터미널에 축구장만 한 저온저장시설이 마련돼 있다. 알렉산다르 부치치 세르비아 대통령의 "코로나19 백신 확보가 핵무기 구매보다 어렵다"는 말이 시사하듯 현재 국제 외교에서 가장 강력한 자원은 백신이다.
>
> 2021년 2월 22일자 한국경제

일대일로 이외에도 코로나19사태를 계기로 중국은 아프리카 등에 백신을 공급하고 있다. 물론 이 역시 아프리카에 디지털 위안화를 국제화하기 위한 밑밥이다.

향후 중국은 에너지 안보를 위해 중동, 러시아 등과 위안화 결제시스템을 논의할 수 있고, 식량은 브라질, 아르헨티나 등이 협상대상일 것이다. 그러나 미국은 이미 대응전략을 모두 손에 쥐고 있다고 생각한다. 중동에서는 시리아 내전을 이용하거나 IS를 만들어 중동을 화약고로 만들 수 있다. 미국은 무기도 팔아먹고 중동도 제재하고 일석이조다. 남미는 디폴트에 빠지게 만들고, 러시아는 인권이나 정치적 문제를 내세워 제재를 하면 된다.

⧗ 중국 위안화가 국제경제통화가 될 수 없는 이유

① 군사력

미국은 중국의 군사력을 압도한다. 미국이 남미를 디폴트 만들고 러시아, 이란, 북한을 제재하는데도 이들이 아무런 대응도 하지 못하는 이유는 미국의 강력한 군사력 때문이다. 미국에 대해 중국도 마찬가지다.

② 재정적자

중국은 소비를 통해 재정적자로 위안화를 세계에 뿌릴 여유가 없다. 미국은 재정적자를 감수하고 달러를 뿌려 세계인이 쓰게 한다. 그러나 중국은 아직 개발도상국일뿐이다.

③ 투명성

중국의 위안화는 얼마가 발행되었는지도 알 수 없고, 중국의 재정상태도 파악이 어렵다. 그러니 중국을 믿고 위안화를 국제결제통화로 만든다는 것은 어불성설이다.

중국은 미국 GDP의 70% 수준까지 근접했다. 따라서 미국 대 중국의 전쟁은 필연적이다. 미국은 무역전쟁에 이어 금융전쟁을 할 것이고 금융전쟁이 통하지 않으면 결국 무력전쟁까지 갈 것이다. 미국은 무력전쟁까지 가지 않고 중국에 순순히 패권을 넘겨줄 나라가 아니기 때문이다. 중국이 디지털 위안화로 기축통화국이 되려는 이유는 무엇인가? 중국은 공식적으로 기업부채가 300%가 넘는다. 한국의 IMF 직전 수준과 비슷하다. 게다가 그림자금융(일반적인 은행시스템 밖에서 이루어지는 신용중개 혹은 신용중개기관을 통칭하여 일컫는 단어)으로 인한 부채는 상상을 초월하고, 부동산 버블도 굉장히 크다.

　이처럼 중국은 부채문제로 골치를 썩고 있다. 만약 이 문제가 수면 위로 올라온다면 중국은 물론 세계경제에 미치는 충격파가 매우 클 것이다. 그런데 중국이 기축통화국이 된다면 돈을 얼마든지 찍어 낼 수 있기 때문에 문제해결이 가능해진다. 미국에서 MMT(현대통화이론, Modern Monetary Theory, 국가가 과도한 인플레이션만 없다면 경기부양을 위해 화폐를 마음껏 발행해도 된다는 이론)를 해야 한다는 일부 주장이 나오고 있다. 아무리 많은 통화를 찍어내도 물가가 오르지 않기 때문이다. 그래서 중국이 기축통화국이 된다면 돈을 찍어 부채를 메우려 할 수 있다.

⚖ 결론

　앞으로 미중은 미국의 달러블록과 중국의 위안화블록으로 나뉘어 편가르기를 할 것이다.

퇴로는 없다. 목숨 건 미중 금융전쟁

미국 입장에서 본 무역전쟁의 한계

만약 미국이 중국과 전쟁을 한다면 무역전쟁이 유리할까? 금융전쟁이
유리할까? 당연히 금융전쟁이 유리하다. 그러나 트럼프 행정부는 무
역전쟁에 치중했다. 트럼프가 유리한 전장을 두고 불리한 전장에서 싸
운 이유는 월가와 트럼프가 서로 맞지 않았기 때문이다.

1995년 WTO체제가 시작되면서 세계는 탈냉전 후 GATT에서
WTO가 이끄는 자유무역체제로 바뀌었다. 이 과정에서 두드러지게
나타난 현상은 자본의 이동이다.

자본은 국경을 넘기 쉬우나 노동력은 국경을 넘기 어렵다. 따라서
거대 자본은 이런 생각을 했다.

'왜 비싼 임금을 줘가면서 미국에서 공장을 돌려야 하지? 중국처럼
인건비가 싼 나라로 옮기면 더 싼 가격에 물건을 만들 수 있고, 선진국
에 더 비싸게 팔면 훨씬 이득이 아닌가?'

이러한 논리적인 토대 하에 자본이 이동하기 시작한다. 대표적으로

인건비가 싼 나라, 바로 중국으로 말이다. 공장(자본)은 이동이 가능하나 노동은 국경을 넘기 힘들다. 이로써 미국의 중산층을 형성하고 있던 공장노동자들이 몰락했고, 이들은 결국 임금이 적은 서비스업으로 이동했다. 거대 자본은 더욱 부자가 되었고 미국의 서민은 가난해졌다. 빈익빈부익부 심화라는 결과로 나타난 것이다.

이 결과로 태어난 정부가 바로 트럼프 행정부다. 트럼프는 러스트벨트의 백인노동자들을 향해 이렇게 외쳤다. "당신들의 일자리를 빼앗아간 중국에 관세를 부과하고, 잃어버렸던 일자리를 다시 되찾아오겠습니다."

이 외침으로 대통령이 된 트럼프 입장에서 일자리를 빼앗아간 금융자본을 이용한 금융전쟁을 할 수는 없는 노릇이었다. 트럼프가 무역전쟁을 할 수밖에 없었던 이유다.

트럼프의 핵심전략은 '중국에 더 많은 관세를 때린다. 중국에서 수입한 물건이 무거운 관세로 인해 가격이 올라 중국에서 물건을 만들 필요가 없어진다. 고로 공장이 중국에서 미국으로 돌아온다'였다.

그러나 이 전략에는 한계가 있다. 중국에 데미지를 줄 수는 있지만 미국으로 공장이 돌아오지는 않는다. 중국에 관세를 때리면 인건비가 더 싼 베트남 등지로 공장이 이동할 뿐이다. 그리고 당장 중국산 공산품에 관세가 매겨지니 수입해 쓰는 미국 소비자들의 부담이 가중된다. 따라서 수입물가가 비싸져 결국 일자리도 돌아오지 않고 물가상승만 발생한다. 때문에 미국은 무역전쟁과 함께 금융전쟁을 병행해야 그들의 목적인 '중국 몰락'을 성공시킬 수 있다.

미국이 중국을 몰락시키려는 이유는 중국이 미국을 위협하는 세계

2등 국가이기 때문이다. 일찍이 미국은 1970년대 이후 미국의 힘이 약해진 틈을 타 올라오는 소련, 일본, 독일 등을 찍어 눌렀다. 적당한 2등을 원할 뿐 바짝 추격해 오는 2등을 바라지 않는다.

본격적으로 막 오른 금융전쟁

바이든 행정부가 들어오면서 미중 간 금융전쟁의 서막이 올랐다. 바이든 행정부는 민주당, 월가와 같은 빅머니, 빅테크 기업 등이 같은 편을 형성하고 있기 때문에 무역전쟁을 쓰지 않을 것이다. 러스트벨트의 백인노동자들도 민주당을 찍지 않는다. 따라서 무역전쟁으로 관세를 올리거나 미국으로 공장이 돌아오게 하는 정책도 쓰지 않을 것이다.

그렇다면 미국은 어떤 방식으로 금융전쟁을 벌여 중국을 몰락시킬 것인가?

먼저 우방을 통한 중국 봉쇄 정책이다. 전략이 성공하기 위해서는 우방국들에게 먹잇감을 줘야 한다. 대표적으로 우방의 물건을 더 많이 사주는 정책이다. 우방들의 공장은 문제없이 잘 돌아갈 것이다.

중국이 미국을 위협하는 세계 2등이 된 이유도 따지고 보면 미국향 수출로 막대한 달러를 벌여들였기 때문이다.

2018년 기준 중국의 대미 수출액은 5,400억 달러, 반면 미국의 대중국 수출은 1,200억 달러에 그쳤다. 중국의 4,200억 달러 흑자다.

흑자는 무엇으로 받는가? 당연히 미국 달러다. 중국은 이때 선택지가 있다. 미국 달러 혹은 미국 국채. 달러는 현찰이고 국채는 채권이다.

사실상 국채는 이자를 주는 현찰이다. 그래서 중국은 현찰을 받는 효과도 나고 향후 이자까지 받을 수 있는 미국의 국채를 선택해 왔다. 중국은 이렇게 국채를 받아 외환보유고 2조 달러를 달성했다.

중국의 외환 2조 달러가 머무는 공간은 어디일까? 미연준의 중국계좌다. 미국채가 중국본토로 가지 않고 연준의 중국 증권계좌에 있다는 얘기다.

미중 간 금융전쟁 발발 시, 중국이 이 돈을 시장에 던져 미국채 가격을 떨어뜨려 미국을 위험에 빠뜨린다는 설이 있지만 사실이 아니다. 미국의 연준은 키보드의 숫자키와 엔터키로 중국 국채를 사주면 된다. 중국이 가지고 있는 미국 국채는 전체의 7%도 되지 않는다.

『달러의 이해』를 쓴 마크 챈들러에 따르면 2016년 6월부터 11월까지 중국이 미국채의 15%를 줄이는 와중에 '10년 만기 미국채' 수익률은 거의 변하지 않았다고 한다.

그런데 왜 미국은 중국에 달러가 아닌 국채를 줬을까? 그것은 연준의 목표가 실업과 물가 조절이기 때문이다. 시중에 국채가 많아야 연준이 국채를 사고팔면서 이자율을 조절할 수 있다. 물가가 올라 인플레이션이 될 것 같으면 기준금리를 올리고 물가가 내려가 디플레이션이 될 것 같으면 제로까지 금리를 내려 돈이 잘 돌게 조절할 수 있다.

너무나 당연한 이야기지만 왜 중국은 미달러가 필요한가? GDP 성장에 필요하기 때문이다. 중국은 소비시장이 작기 때문에 소비시장이 큰 미국에 물건을 팔고 그 대가로 달러를 받아와야 한다. 그 돈으로 식량과 에너지 등을 사서 공장을 돌리고 다시 물건을 찍어내 미국으로 물건을 판다. 이 과정이 바로 중국이 성장하는 발판이다.

식량과 에너지를 구매하려면 기축통화, 즉 달러가 필요하다. 달러는 전세계에 가장 많이 유통되고 있으며 특히 식량, 에너지를 사오는 데는 필수적이다.

⧗ 왜 달러여야만 하는가?

기축통화국은 화폐주권을 가지고 있고, 비기축통화국은 화폐주권을 가지고 있지 않다. 화폐주권은 스스로 화폐를 발행할 때 생긴다. 미국 달러, 일본 엔, 영국 파운드 등이다. 이들 국가에게는 화폐주권이 있다고 간주할 수 있다.

그런데 화폐주권은 한국, 중국에도 있지 않은가? 맞는 말이다. 하지만 기축통화는 국제통화로 인정받을 때에야 비로소 주권도 인정받을 수 있다. 주권이란 무역에 통용되는 화폐를 말하는데 한국의 원화, 중국의 위안화는 그 수준이 1% 내외로 극히 미미하다. 즉 해외로 나가면 원화, 위안화는 종이에 불과하다. 대부분은 달러와 유로, 파운드, 엔화 등으로 거래된다.

화폐주권을 인정받으려면 국민의 생명과 직결된 식량, 에너지, 의약, 기술 등을 국제시장에서 사올 수 있어야 한다. 특히 중동의 석유는 미국의 달러로만 거래가 되기 때문에 달러는 국제통화에서 가장 큰 비율로 거래된다.

결국 화폐주권이 없는 나라들은 달러, 엔화, 파운드화가 필요하다. 그 중에서도 외환거래에서 90%의 점유율을 보이는 달러가 필수다.

반대로 얘기하자면 화폐주권이 없는 나라는 미국의 달러를 벌어와야 한다. 원자재가 많이 나는 나라는 원자재를 팔아서, 노동력이 싼 나라는 값싼 노동력으로 공장을 돌려서, 기술이 좋은 나라는 기술력 있는 제품을 수출해서 벌어와야 한다. 이것이 화폐주권이 없는 나라가 해야 할 일이다.

벌어오지 못해서 달러가 없다면 어떻게 되는가? 에너지가 없어 공장을 돌리지 못하고, 식량도 부족해진다. 따라서 벌지 못하면 빌리는 수밖에 없다. 대표적인 예가 바로 1997년 한국의 IMF 위기다.

미국 입장에서 중국이 달러를 확보하지 못하게 하는 방법은 중국이 달러를 버는 구조를 붕괴시키는 일이다. 중국은 저렴한 노동력으로 공장을 돌리고 이렇게 만든 물건을 미국에 수출하여 달러를 벌어들인다. 따라서 중국에 있는 공장을 인근 동남아, 인도 등으로 옮기면 중국이 달러를 벌어들이는 창구가 막히게 된다. 이것이 미국의 중국 봉쇄전략이다.

⏳ 미국이 대중국 금융전쟁에서 취하는 전략

미국이 중국을 향해 시작하려는 전쟁은 금융전쟁이다. 방식은 한 마디로 '양털깎이'다.

미국은 과거 플라자 합의를 통해 일본을 무너뜨렸다. 일본 엔화의 가치를 올리고 제로금리로 자산가격을 오르게 만들어 버블을 키운다. 버블을 키우는 데는 달러가 결정적인 역할을 담당한다. 막대한 달러가 투입되어 버블을 조장하기 때문이다. 그런 다음 달러자금이 일시에 빠져 나오면서 버블을 꺼뜨린다.

버블이 꺼지면 자산가격은 순식간에 폭락한다. 이때 은행은 자산가격 하락으로 인해 부실이 생기고 파산 지경에 내몰린다. 은행이 파산하면 신용장 거래 등을 할 수 없어서 외국으로 물건을 팔 수도 없다. 결국 달러를 공수하려면 달러를 빌려올 수밖에 없는데 달러를 빌리는 조건은 아주 가혹하다. 자국의 부동산, 기업 등을 외국인에게 파는 조건이다. 위기상황인만큼 헐값에 팔 수밖에 없고 결국 양털깎이를 당한 나라는 거지가 된다. IMF 때 우리나라도 이렇게 당했다.

중국도 이 사실을 모를 리 없다. 이에 대비해 부동산 부실이 생기지 않도록 은행이 부채를 관리하는 한편, 외국인 자금이 중국본토에 들어오지 못하도록 제한을 두고 있다.

미국과 중국을 비롯한 아시아 국가들의 가장 큰 차이점은 바로 부동산 대출의 방식 차이에 있다. 미국의 부동산 대출은 대부분 30년 모기지 금리다. 30년 동안 이자만 갚는 방식이 아니라 원금과 이자를 동시에 갚는다. 게다가 모기지를 빌리는 시점에 이자율이 정해진다. 제로금리, 양적완화를 하는 시기에 집을 사면 1%대의 싼 이자로 집을 살 수 있다. 무려 30년 간 말이다.

1%대의 이자는 담보대출이 아니다. 빌리는 채무자의 신용대출 형식이 강하다. 그리고 가장 중요한 점은 연준이 미국의 경기가 좋아져서 이자율을 올린다고 하더라도 30년 모기지 금리는 변하지 않는다. 고정금리라는 얘기다.

그러면 아주 큰 집을 살 때도 이러한 조건으로 빌려주는가? 아니다. 약 5억 원 이내의 집들만 그렇게 빌려준다.

이러면 연준이 무엇을 할 수 있을까? 이자율 정책을 마음대로 펼 수 있다. 예를 들어 미국의 경기가 정말 좋아져서 인플레이션 우려가 있다면 어떻게 해야 하는가? 이자율을 올려 물가를 잡으면 된다. 이자율은 얼마든지 올릴 수 있다. 실제 1980년대 초반 오일쇼크로 스태그플레이션에 빠지자 연준의장인 폴 볼커는 기준금리를 20% 넘게 올리기도 했다.

그래도 문제가 없는 이유는 미국인은 대부분 고정금리로 대출을 받았기 때문에 연준이 기준금리를 올린다고 하더라도 30년 모기지로 받은 주택은 이자가 올라가지 않는다. 따라서 연준은 이자율을 다른 나라보다 한꺼번에 많이 올릴 수 있는 것이다.

반면 중국을 비롯한 아시아 국가들의 부동산 대출방식은 미국과 다르다. 많이 바뀌기는 했지만 고정금리가 아닌 변동금리 대출이 대부분이다. 형태도 신용이 아닌 부동산 담보대출이다. 부동산 가격이 올라가면 그와 연동해서 대출을 더 해주고 부동산 가격이 떨어지면 원금상환이 들어오는 구조다. 따라서 한국처럼 대부분의 자산이 부동산에 몰려 있는 나라는 부동산 가격이 떨어지면 순식간에 어려움에 빠질 수 있다.

⏳ 미국의 대중국 금융전쟁 시나리오

그렇다면 미국이 중국을 상대로 펼칠 금융전쟁의 시나리오를 짜보자.

미국은 중국을 봉쇄할 것이다. 주로 유럽, 아시아에 포진된 우방을 통해서다. 유럽은 선진국이니 중국의 소비재를 사주지 않으면서 기축통화인 유로화가 중국으로 들어가지 못하도록 한다. 유럽은 중국의 인권 특히 신장, 위구르 등의 노예노동을 문제삼고 홍콩의 민주화 시위를 문제삼아 중국 물건을 보이콧한다. 한편 아시아는 중국의 공장을 대체하여 중국으로 들어가는 달러를 인터셉터한다.

동남아시아, 인도 등이 저렴한 중국 공장을 대체하는 한편, 기술력이 필요한 물건은 일본, 한국 등으로부터 수입한다는 구상이다. 이렇게 되면 중국의 무역흑자는 대폭 축소될 수밖에 없다.

중국이 WTO에 제소할 수 있으니 미국은 TPP(환태평양 경제 동반자 협정)와 같은 경제협력블록을 만들어 거의 무관세로 대미 수출이 가능한 길을 열어준다.

이러한 경제블록에 중국은 들어오고 싶어도 들어올 수 없다. 만약 중국이 경제블록에 들어오고 싶다면 정부가 보조금을 지급하여 물건을 싸게 만드는 행위가 원천적으로 금지된다. 게다가 강력하게 지적재산권을 지켜야 하며 신장위구르 등의 노예노동도 당연히 금지된다. 자유민주주의 국가처럼 금융시장도 개방해야 한다. 따라서 중국이 TPP와 같은 새로운 경제협력블록으로 들어오려면 금융시장을 개방하고 비싼 임금을 줘야 하며 지적재산권을 지켜야 하기 때문에 현실적으로 도저히 불가능하다.

만약 그럼에도 불구하고 중국이 금융시장을 개방하고 들어온다면 중국에 외국인 자금이 들어가 버블을 만들어 내고 일본의 경우처럼 양털깎이를 당할 수 있다.

이러면 중국은 노예노동을 통해 수출품의 가격을 낮춘다 하더라도 불리하다. 중국은 트럼프 때 이미 맞은 관세가 있는 상태다. 그런데 TPP와 같은 경제블록은 거의 무관세로 미국에 수출이 되는만큼 중국의 가격경쟁력이 확연히 떨어지게 된다.

이는 중국의 대미 무역흑자를 줄이게 되는 계기가 된다. 중국은 달러 부족으로 인해 경제발전 속도가 둔화된다. 따라서 금융시장을 비롯한 내수경제개방을 할 수밖에 없다.

그래서 중국이 추진하는 정책이 바로 쌍순환 경제다. 내수시장을 개방하고 그로 인해 들어온 외화를 통해 첨단기술산업에 투자하는 것이다.

중국은 1인당 GDP가 1만 달러에 진입해 있는 만큼 중진국 반열까지는 올라온 상태다. 2만 달러 이상의 선진국으로 가려면 값싼 노동력을 통한 수출에는 한계가 있다. 따라서 첨단기술산업을 통해 압도적인 기술력으로 선진국에 수출해야 한다. 그러려면 반드시 달러가 필요하고, 필수적으로 자국의 거대한 내수시장을 개방해야 한다.

미국이 세계적인 버블을 일으키려면 양적완화와 제로금리를 오랫동안 지속해야 한다. 이 과정에서 달러는 미국을 빠져 나와 중국을 비롯한 신흥국으로 흘러 들어가게 된다. 이를 바탕으로 중국의 주식, 부동산 등 자산 가격이 상승한다.

이후 미연준은 인플레이션을 이유로 급격히 이자율을 올린다. 자연스레 달러는 미국으로 회귀한다. 안전한 미국채가 높은 이자를 지급하면 전세계의 돈은 미국으로 향할 수밖에 없다. 중국의 달러도 예외가 아니다. 그러니 외국인 자금이 빠져 나가지 않게 하려면 중국도 더 높은 이자를 줘야 한다. 중국의 높은 이자율 상승은 자산 가격 하락에 방아쇠를 당긴다.

부동산 담보대출을 받았던 채무자는 높은 이자를 감당하지 못하고 매물을 시장에 내놓는다. 부동산이 일시에 매물로 쏟아지면 당연히 자산가격은 떨어지게 되고 채무자는 이자 부담뿐 아니라 담보가치 하락에 따른 원금상환 부담도 커진다.

경매로 또는 부실자산으로 부동산은 처분되고 중국의 은행은 부실자산이 많아지면 파산한다. 은행이 파산하면 신용장을 써 줄 수 없어 수출길도 막힌다. 미국, 일본, EU의 은행들은 중국은행을 도와주지 않는다. 결국 중국은 IMF에 구제금융을 요청할 수밖에 없다. 이때 미국의 벌쳐펀드는 헐값까지 떨어진 중국자산에 대해 양털깎이에 돌입한다.

물론 이 이야기는 어디까지나 시나리오다. 반드시 이렇게 된다는 보장은 없다.

⚖ 결론

미국과 중국의 금융전쟁은 대출방식 차이에 의한 금융공격이 주가 될 것이다.

미중 양국에서 동시에 벌어지는, 빅테크 전쟁의 시작

앞서 '중국식 자본주의의 실체(35장)'에서 언급한대로 자본주의 사회는 성격에 따라 크게 세 가지로 나눌 수 있다.

① 자유기업 사회
② 사회주의, 공산주의 사회
③ 전체주의 사회(파시즘, 나치즘, 일본 제국주의 등)

그리고 이를 소유와 운영자로 나누면 다음과 같다.

경제체제	소유주	운영자
자유기업 사회	개인	개인
사회주의, 공산주의 사회	국가	국가
전체주의 사회	개인	국가

자유기업 사회에서 '개인'이 통제하는 사회는 자유기업 사회일까? 사회주의 사회일까? 여기서 핵심은 국가가 운영을 하면 사회주의, 공산

주의, 전체주의 사회다. 그런데 만약 빅테크 기업이 국가를 운영하면 그것은 '자유기업 사회일까? 아니면 사회주의 사회일까?'이다. '20억 명의 사용자를 가지고 있는 페이스북은 3억 5천만 명의 인구를 가진 미국보다 큰 나라일까?'라는 물음이다.

나는 의문이 있었다. 빅테크 기업들(애플, 아마존, 마이크로소프트, 페이스북, 구글 등)은 왜 트럼프의 공화당을 싫어했는가? 트럼프가 기업친화적으로 법인세도 깎아주고, 반독점 이슈와 관련해서도 유럽이 구글에 관세를 매기자 보복관세까지 매겨주는 데 말이다.

빅테크 기업들은 큰 정부를 지향하며 국가가 개인과 기업에 더 많은 간섭을 하는 민주당과는 멀어질 수밖에 없는데 오히려 민주당과 가깝다는 사실이 아이러니다. 그것은 트럼프의 공화당은 자유기업 사회 국가이고 빅테크 기업들은 디지털 사회주의를 꿈꾸는 기업이라서가 아닐까?

트럼프는 미국의 전통적인 공화당이었다. 즉 작은 정부를 지향하며 개인과 기업의 자유를 최대한 높여 개인의 소유권과 권익을 극대화하는 전통적인 공화당의 방식을 따른다.

그러나 각각의 빅테크 기업은 개별적으로 하나의 국가로 볼 수 있고 그들은 디지털 사회주의의 운영자가 되기를 원한다. 페이스북, 애플 등의 사용자는 약 20억 명이다. 그 자체로 거대한 국가와 같다. 그런데 이들이 수익을 얻는 방식을 보자.

⧖ 빅테크 기업이 수익을 얻는 방식

마이크로소프트는 1980년대에 PC가 폭발적으로 늘어날 즈음 MS-DOS를 저렴한 값에 광범위하게 공급했다. 그러자 폐쇄적인 애플의 맥킨토시가 아닌 IBM용 PC가 폭발적으로 늘어나기 시작했다. 즉 소프트웨어를 무료 혹은 저렴한 가격에 배포하자 이를 이용하려는 하드웨어의 수요가 늘어난 것이다.

그리고 PC라는 하드웨어가 늘어나자 IBM용 PC와 호환되는 소프트웨어를 개발해 돈을 벌려는 프로그래머의 수요가 늘어났다. 프로그램이 개발되자 수많은 소프트웨어들이 있는 IBM용 PC로 수요가 몰려 대부분의 PC는 IBM용 PC가 되었다. 승부는 제품의 질이나 사양이 아니라 유저 입맛에 맞는 소프트웨어가 얼마나 많으냐로 결정되었다.

PC를 거쳐 인터넷 세상이 왔다. 그러자 빅테크 기업들은 인터넷을 이용한 네트워크 효과를 누렸는데 그들이 시장을 지배하는 방식은 다음과 같다.

어도비는 애크로뱃리더를 개인사용자에게 무료로 푼 다음, 기업용 서버 소프트웨어와 편집툴을 비싸게 팔아 수익을 거뒀다. 페이스북, 트위터는 무료로 앱에 접근할 수 있도록 해주고 사용자가 늘어나자 광고를 팔아 수익을 거뒀다. 네이버와 구글은 무료로 인터넷 검색을 도와주고 검색을 하면 상단에 돈을 많이 낸 순서대로 광고주를 배치함으로써 수익을 거뒀다.

그런데 이들 빅테크 기업들은 인터넷을 타고 일개 국가보다 훨씬 많은 사용자를 거느리게 되었다. 그리고 사용자의 데이터를 가지면 사용자를 통제할 수 있게 된다는 사실도 깨닫게 되었다.

아마존은 사용자가 자주보는 상품이 있다면 이 상품은 그들이 욕망하는 상품이고 욕망하는 상품을 추천하면 매출이 올라가 이익이 증가한다는 사실도 알게 된다. 넷플릭스는 사용자가 자주보는 영화를 가지고 성향을 분석해 영화를 추천하면 사용자가 늘어나고 매출이 올라가 이익이 증가한다는 사실도 알게 된다. 페이스북과 구글도 비슷한 경험을 하게 된다.

즉 인간의 욕망데이터를 알 수만 있다면 사용자를 통제할 수 있다고 보는 것이다. 그러면서 데이터를 수집하고 이용하는 데에 모든 역량을 집중시킨다.

⌛ 미국과 중국은 왜 빅테크 기업들을 통제하려고 하는가?

빅테크 기업이 데이터를 통해 얻으려는 것은 무엇일까? 한마디로 '사용자 통제'다. 페이스북만 하더라도 사용자가 약 20억 명에 달하므로 세계 어느 국가보다 힘이 더 커졌다. 이들을 통제하면 빅테크가 지배하는 세상을 통제할 수 있다.

페이스북은 디엠(리브라에서 명칭을 바꿨다)이라는 디지털 화폐를 만들어서 자신만의 왕국을 만들려고 시도했다. 페이스북은 SNS를 통해 알아낸 인간의 욕망을 쇼핑과 결합시켜 소비를 만들어내고 그 소비가 자신의 통화인 디엠을 쓴다면 완벽한 생태계를 구축할 수 있는 것이다. 왕국의 탄생이다.

그렇다면 빅테크 기업은 사용자의 데이터를 강제로 빼앗아오는 것일까? 아니다. 데이터는 사용자가 스스로 만들고 스스로 소비한다. 투명성이라는 이름으로 말이다.

투명성이란 자신의 일상과 취향을 내적인 욕구 때문에 스스로 남에게 밝히는 행위다. 내적인 욕구는 남들에게 인정받는 것이다. 페이스북에서 인정은 '좋아요' 갯수로 나타난다. 좋아요 하나를 더 받으려고 명품백 구매도, 유명한 커피숍 방문도, 해외여행도 불사한다.

정보(데이터)는 보이는 물질적인 것이 아니라 보이지 않는 비물질적인 형태다. 현대는 정보화 시대다. 정보가 돈이 되는 세상이라는 얘기다. 따라서 정보(데이터)의 증가는 생산성을 향상시킨다고 볼 수 있다. 생산성의 향상은 GDP의 증가로 나타나고 GDP의 증가는 곧 국가의 발전이다. 따라서 빅테크는 그들의 국가에서 스스로 발전하는 중이다.

원래의 질문으로 돌아가보자. 왜 빅테크 기업은 기업우선정책을 펼치는 트럼프 정권을 싫어했을까? 그들은 자신의 세상 모든 것을 통제하는 권력자가 되고 싶기 때문이다. 통제하는 권력은 큰정부이고 큰정부는 자유기업 사회가 아니라 사회주의다.

이제 트럼프의 공화당은 선거에서 패했고 미국에는 통제하고 싶어하는 권력 둘이 남았다. 민주당과 빅테크 기업이다. 자유기업 사회를 지지하는 공화당의 트럼프가 낙마를 했으니 이제 2번째 라운드를 진행하려 한다. 따라서 민주당은 빅테크 기업들을 통제하려고 한다.

☑ **페이스북·트위터·구글CEO, 美 상원 청문회 증언대서 무슨 말 할까**
페이스북과 트위터, 구글 등 정보기술(IT)업계 '공룡'의 최고경영자(CEO)들이 콘텐츠 규제 정책과 관련해 미국 상원 청문회 증언대에 서게 됐다.

마크 저커버그 페이스북 CEO, 잭 도시 트위터 CEO, 순다르 피차이 구글 CEO가 오는 28일 화상회의로 열릴 이 위원회 청문회에 출석한다고 밝혔다. 이날 청문회는 통신품위법(CDA) 230조를 중심으로 진행돼, 의원들은 이들 기업이 자사 플랫폼에서 어떻게 콘텐츠를 규제하는지를 집중적으로 추궁할 전망이다. 구글의 경우 세계 최대 동영상 공유플랫폼 유튜브를 보유하고 있다. 이 조항은 소셜미디어 플랫폼에 이용자들이 올린 콘텐츠에 대해서는 소셜미디어 기업들에 법적 책임을 묻지 못하도록 면책 특권을 줘 소셜미디어 기업들에 법적 보호막으로 작용했다. 또 소셜미디어들은 이 조항을 근거로 해롭거나 부적절하다고 판단되는 콘텐츠를 삭제·차단하는 등 자율적으로 규제를 해왔다.

2020년 10월 17일자 서울경제

트위터, 페이스북, 구글 등에 대해 통신품위법(CDA) 230조를 중심으로 컨텐츠를 규제하는 것이 핵심이다. 통신품위법 230조는 소셜미디어 플랫폼에 이용자들이 올린 콘텐츠에 대해서는 소셜미디어 기업들에 법적 책임을 묻지 못하도록 면책특권을 주는 것을 말한다. 따라서 소셜미디어 업체들은 콘텐츠에 문제가 생겨도 법적인 책임을 면했다.

그리고 빅테크 기업들은 반독점 위반 혐의로 조사도 받았고 이로 인해 록펠러의 스탠더드 오일처럼 여러 개의 기업으로 쪼개질 위험에 처해 있다.

이처럼 민주당은 무슨 이유로 빅테크 기업들을 규제하려 하는가? 그들이 정치권을 위협하는 살아 있는 권력이기 때문이다. 아마존은 워싱턴 포스트를 가지고 있고 페이스북, 트위터, 구글은 기업인 동시에 스스로 언론이다. 지난 선거에서 이들은 트럼프의 페이스북, 트위터 계정을 정지시켰고, 애플은 트럼프에게 우호적인 팔러 앱을 지웠으며, 아마존은 팔러의 클라우드 서비스를 중단시켰다. 비록 트럼프에 가해진 위협이었으나 민주당도 빅테크 기업의 무서움을 깨달았을 터이다.

미국뿐만이 아니다. 중국도 미국과 똑같은 전쟁을 하는 중이다. 알리바바 마윈의 발언 이후 알리페이의 상장이 연기되었다. 이후 반독점 규제를 비롯한 빅테크 기업의 규제로 인해 알리바바 그룹은 상당한 어려움에 빠졌다. 심지어 알리바바가 소유하고 있는 사우스차이나모닝포스트지를 매각하라는 압력까지 더해지고 있다.

> ☑ **마윈 매체 '사우스차이나모닝포스트'… 당국 매각 요구에 반발**
>
> 중국공산당(이하 중공)이 마윈에 대한 통제를 강화하기 위해 그가 소유한 홍콩의 사우스차이나모닝포스트(SCMP) 등 모든 언론사 지분을 매각할 것을 강요하고 있다는 소식이 전해져 SCMP 임직원들이 크게 반발하고 있다고 'NEWS1'이 블룸버그통신을 인용해 17일 보도했다.
>
> 2021년 3월 24일자 SOH 희망지성

중국 공산당은 무슨 이유로 마윈의 알리바바가 가지고 있는 사우스차이나모닝포스트(SCMP) 매각을 강요했을까? 해답은 이와 같은 뉴스 제목에 있다.

"내 남편 건들지 마…알리바바 황태자 불륜 스캔들(2020년 4월 22일자 채널A)"

사건은 중국 알리바바 그룹의 후계자로 지목되며 승승장구하던 35

살의 CEO 장판이 불륜 스캔들에 휘말리며 시작된다. 2020년 4월 17일 그의 아내는 SNS에 '내 남편을 건드리지 말라'며 불륜 상대에게 경고 메시지를 남긴다. 불륜 상대는 유명 스타로, 알리바바의 쇼핑 플랫폼에서 생방송을 진행해 큰 성공을 거둔 장다이이다.

이후 사태는 걷잡을 수 없이 커져갔는데 여기서 중국 공산당이 놀라운 사실을 발견한다. 알리바바가 웨이보를 비롯한 인터넷 언론매체에 압력을 가하여 이 사건을 덮으려고 시도했던 것이다. 언론 통제는 중국 공산당 자신들만의 전매특허라 생각했는데 알리바바 사건으로 빅테크 기업의 힘이 커진 사실을 눈으로 목격한 것이다. 이후 공산당은 빅테크 기업들을 손보기 시작한다.

"텐센트가 음란한 앱 때문에 수익 몰수 처벌을 받았다"면서 인민일보가 텐센트를 때리기 시작했고, 알리바바의 알리페이는 상장을 앞두고 돌연 연기를 당했으며, 핀둬둬 회장은 돌연 사임했다. 중국의 빅테크 기업들에게도 미국처럼 전방위적인 압박이 시작된 것이다.

공산당은 인공지능(AI)과 빅데이터를 활용해 소비자 맞춤형 할인을 제공하는 행위를 독점으로 규정하고 정보 개방을 요구했다. 핵심 영업 비밀을 공개하라는 얘기다. 빅테크 기업들이 할인을 내걸고 유치한 고객 예탁금으로 해 오던 대출 사업도 이제는 일반 금융회사와 똑같이 규제한다.

공산당이 법정 가상통화인 디지털위안화 도입을 서두르는 이유도 모바일 결제시장 90%를 장악하고 있는 알리페이, 위챗페이를 무력화하려는 시도로 보인다. 미연준이 페이스북의 디엠(가상화폐)을 막았듯이 중국 공산당도 알리바바와 텐센트의 알리페이, 위챗페이의 사용을 뒤

늦게 막으려는 시도다. 사실 중국 공산당은 알리바바, 텐센트뿐만 아니라 핀둬둬, 징둥, 메이퇀 등 모든 빅테크 기업을 규제하려고 한다.

미국이나 중국이나 국가가 나서 빅테크 기업을 통제하려는 이유는 무엇일까? 바로 디지털 권력을 빼앗아 오려는 시도다. 현재는 데이터가 전부인 세상이기 때문이다. 데이터를 가진 자가 인간의 욕망을 지배하고 인간의 욕망을 지배하는 자가 모든 것을 지배한다.

페이스북 사용자는 '좋아요'를 얻기 위해 기꺼이 자신의 신체, 장소, 취향 등에 관한 정보를 가져다 바친다. 좋아요 하나에 스스로 내어준 정보는 알고리즘을 통해 쓸모 있는 정보로 가공된다. 디지털 권력은 인간의 욕망을 자극해 손쉽게 그들의 정보를 가져올 수 있다. 예를 들면 이솝우화에서 나그네의 외투를 벗기는 방법이 바람보다 태양이 효과적인 것처럼 말이다.

현재는 디지털 통제사회다. 자신의 내밀함이 드러나는 것에 대한 두려움보다 과시하고 싶은 욕망이 더 커질 때 디지털 통제사회는 스스로 완성된다. SNS 사용자들이 모두 관종이 된다면 디지털 권력으로서는 이보다 좋을 수 없다.

⏳ 빅데이터로 하려는 것

빅데이터 분석으로 무엇을 할 수 있을까? 빅데이터 분석은 대단하다. 분석을 통해 행동패턴을 알 수 있고 행동패턴을 통해 미래예측까지 가능하다.

예를 들어 미국의 엑시엄이라는 민간 빅데이터 기업은 911 테러 당시 정보기관보다 빨리 911테러 용의자 10명의 신상을 정부에 넘겼다. 미국의 빅데이터 회사로 알려진 팔란티어의 소프트웨어는 오사마 빈 라덴을 찾아내어 제거하는 데 도움을 준 것으로 유명하다. 이처럼 빅 데이터 분석은 행동패턴을 분석해 범죄와 테러의 해결뿐 아니라 예방 까지 가능하다는 데 있어서 대단한 위력을 발휘한다.

정치는 어떨까?

빅데이터로 대중의 행동패턴을 읽어내면 대중의 마음을 움직이는 정치까지 도달하게 된다. 게다가 데이터를 통한 감시와 통제는 훨씬 효율적이다. 그래서 공산당은 알리바바에게 소비자 정보를 내놓으라 고 닦달을 한다.

☑ "소비자 정보 내놔라"…빅테크 숨통 조이는 중국 공산당

[강현우의 중국주식 분석]

중국이 '빅테크(거대 정보기술기업)'들이 갖고 있는 소비자 정보를 관리하는 합작 기업을 설립하는 방안을 검토하고 있다고 블룸버그통신이 25일(현지시간) 보도했다. 중국 정부는 지난해 11월 알리바바, 텐센트 등 플랫폼 기업의 반독점 규제 지침을 내놓는 등 빅테크에 대한 통제를 지속적으로 강화하고 있다. 이 합작사에는 거대 전자상거래 기업들과 금융 결제 기업들이 주주로 참여하며, 이들이 수억 명의 소비자들로부터 수집한 데이터를 관리·감독하게 된다. 합작 기업의 경영진은 중국 당국의 승인을 받은 사람이 맡을 전망이다. 이는 인터넷 부문에 대한 통제를 확대하려는 중국 당국의 시도 가운데 중요한 조치가 될 것이라고 블룸버그는 분석했다.

2021년 3월 26일자 한국경제

중국 공산당은 빅데이터를 통한 패턴분석을 정치에 직접 적용하려 하고 있다. 앞으로 IoT 사물인터넷 시대가 온다. 사물인터넷 시대가 오면 우리는 모든 사물로부터 감시를 당하는 세상에 살 것이다. 미래는 현재보다 훨씬 더 투명한 통제사회가 될 것이다.

⚖ 결론

빅데이터를 놓고 빅테크 기업과 정부가 벌이는 통제사회의 전쟁은 이제 시작되었다.

미국은 중국의 어떤 약한 고리를 공략하려 하는가?

☑ **신장 위구르: '신장 면화' 거부한 H&M·나이키 등… 중국서 불매운동 확산**

중국 네티즌들이 H&M, 나이키 등 세계적 스포츠·패션 브랜드에 대해 불매운동에 나섰다.

신장에서 면화 등 원자재를 조달하지 않겠다고 기업들에 대해 대대적인 불매운동을 시작한 것이다.

2021년 3월 27일자 BBC NEWS 코리아

중국이 신장위구르 주민들을 상대로 노예노동을 시켰고 이런 이유로 이곳에서 재배된 면화를 수입해 쓰지 않겠다고 한 기업들에 대해 중국 네티즌이 반발해 불매운동을 한다고 한다.

다른 곳도 아닌 신장위구르 지역이 화두인 이유가 있다. 미국은 민주당 정권 출범 후 중국 인권을 자주 들먹이고 있다. 중국 인권문제가 어제오늘 일도 아닌데, 미국이 어떤 의도를 가지고 있길래 그 문제를 지금 들추는 걸까?

미국이 중국 인권문제를 걸고 넘어지는 이유는, 중국이 미국 GDP

의 70%까지 쫓아와 경제력으로 미국을 위협하고 있기 때문이다. 과거 일본이 미국 GDP의 60%까지 쫓아온 경우가 있었으나 70%는 사상 처음이다. 때문에 오는 2028년경이 되면 중국이 미국을 추월한다는 기사들이 쏟아져 나오고 있다.

☑ **일본 싱크탱크, "2028년에 중국이 美 경제 추월"**

일본 주요 싱크탱크가 2028년까지 중국의 명목 국내총생산(GDP)이 미국을 추월할 것으로 전망했다.

10일 닛케이아시안리뷰(닛케이)에 따르면 이날 일본경제연구센터(JCER)는 신종 코로나바이러스 감염증(코로나19)을 계기로 미국의 성장세가 한풀 꺾이면서 중국의 미국 추월이 앞당겨질 것으로 보고 있다고 밝혔다.

특히 가중 시나리오에 따르면 2035년 중국의 경제 규모는 418억 달러(약 45조 5900억원·홍콩 포함)에 달해 미국과 일본의 경제 규모를 합한 416억 달러(약 45조3500억원)를 추월할 것으로 예상된다.

2020년 12월 11일자 조선일보

미국은 중국에 압박을 가하기 위해 이런 기사들을 확대 재생산하고 있는 것으로 보인다. 그래야 미국 기업들의 대중국 협조에 제동이 걸리고, 미국 국민들도 중국에 대한 반감과 공포를 느낄 수 있기 때문이다. 또한 미국이 중국에 제재를 한다고 하더라도 다른 나라의 공감도 얻을 수 있다.

⏳ 미국, 중국의 어떤 부분을 공격하는가?

미국은 중국의 어떤 부분을 공격할까? 한 나라의 자립을 위해서는 식량, 에너지, 기술, 의료의 독립이 이뤄져야 한다. 그러나 이 4가지를 완벽하게 독립한 경우는 없다. 굳이 따지자면 미국 정도가 지구상에서 유일하지 않을까 생각한다. 그래서 WTO가 있는 것이고 서로 비교 우위가 있는 상품을 교역하면서 공존하는 것이다.

그런데 미국은 패권국이기 때문에 어느 한 나라가 미국 GDP의 40%를 넘어오는 순간 그 나라를 견제하게 되어 있다. 과거를 보면 40%만 넘어도 과격한 견제를 했던 미국인데, 70%까지 따라붙은 중국이 얼마나 눈엣가시겠는가?

식량으로 중국을 견제할 수 있을까? 중국은 미국의 식량 견제에 대비해 꾸준히 식량을 비축하고 있다. 그리고 식량을 통해 견제를 한다면 국제사회의 비난을 받게 될 것이다.

그러나 만약 큰 가뭄이 들어 남미의 브라질, 아르헨티나 등의 식량수출이 원활하지 않고 미국만 식량수출을 할 여건이 된다면, 아마도 미국은 식량수출 제한을 통해 가격을 밀어올리고, 이를 통해 중국을 압박할 수 있을 것이다. 동맹국에게는 더 많은 식량을 신속히 공급하고, 중국처럼 적대국에는 제한적으로 공급하는 식으로 말이다. 이 과정에서 중국은 식량을 구입하기 위해 상당한 양의 달러를 소모해야 한다.

다음은 기술이다.

미국은 화웨이 제재를 비롯해 중국이 반도체 장비 수출에 애를 먹도록 하고 있으며, 궁극적으로 중국이 반도체 등 첨단기술을 갖지 못하도록 방해하고 있다.

마지막으로 에너지다.

친환경 에너지가 대세라고는 하지만 아직 대부분의 에너지는 석유에너지다. 중국은 중동, 아프리카, 러시아 등에서 에너지를 수입한다. 그 중 이란에 대한 의존도가 높다. 국제관계에서 적의 적은 친구다. 그래서 미국의 제재를 받고 있는 이란과 중국은 꽤나 가까운 사이다.

> ☑ **중국-이란 전략 동반자 협정, 미-중 갈등 격화 지속**
>
> 중국이 향후 25년 동안 안정적인 원유 공급을 대가로 이란에 4천억달러를 투자하는 내용을 뼈대로 하는 경제·안보 협력 협정이 체결됐다. 미국과 유럽 등의 포위 공세에 맞서 중국도 본격적으로 세 결집에 나선 모양새다.
>
> 2021년 3월 28일자 한겨레

중국과 이란 사이에 맺어진 25년간 에너지 협력이 뜬금없어 보이지만 사실은 미중 갈등에 원인이 있다. 하지만 중국과 이란이 아무리 가까워도 미국이 싱가포르 인근 말라카 해협을 봉쇄하거나, 인도와 협력하여 인도양을 봉쇄하면 중국은 이란의 석유를 가져올 수 없다.

그래서 중국의 일대일로 프로젝트가 중요하다. 미국의 막강한 해군력이 버티고 있는 바닷길이 아닌 파이프라인을 통해 육로로 석유를 옮기는 전략이 일대일로의 핵심이다.

중국과 이란 사이에는 파키스탄이 끼어 있다. 파키스탄은 인도와 철천지 원수다. 인도는 미국 편이므로 파키스탄은 적의 적인 중국과 친구가 된다. 그러니 이란과 중국 간 파이프라인은 파키스탄을 거쳐서 오게 된다.

여기서 신장위구르가 나온다. 이란-파키스탄-중국을 잇는 파이프라인에서 중국의 가장 서쪽이 바로 신장위구르 지역이다. 전략적 요충지인 셈이다.

신장위구르 지역은 역사적으로 중국땅이 아니다. 민족적으로도 중동에 가깝고 종교도 이슬람이다. 그래서 분리독립 요구가 있었다. 만약 신장위구르 지역이 독립한다면 중국은 이란, 파키스탄, 중국으로 이어지는 석유파이프라인을 가동할 수 없게 된다.

중국에는 4개의 큰 소수민족이 있다. 신장위구르족, 티벳족, 몽고족, 조선족이다. 여기서 가장 약한 고리가 바로 신장위구르족이다. 티벳족은 달라이 라마라는 티벳의 대표와 협력을 해야 한다. 미국이 독단적으로 티벳지역에 소요사태를 일으킬 수 없다. 몽고족은 몽고 교과서에서 자신의 문자를 빼는 문제를 제외하면 중국과 큰 다툼이 없다. 조선족은 최대 위협이었으나 조선족이 한국으로 취업을 나가면서 큰 변화가 있었다. 조선족이 한국인들에게 차별을 받으면서 한국에 대한 반감이 크다.

결국 4개 소수민족 중 내부의 문제로 중국을 무너뜨릴 수 있는 소수민족은 바로 신장위구르족이다.

역사적으로 중국은 항상 농민반란으로 무너졌다. 한나라의 유방이나 명나라의 주원장이 그렇게 나라를 세웠고 그 유명한 황건적도 농민반란이었다. 게다가 중국 공산당도 지주의 땅을 농민들에게 주겠다고 하면서 농민들이 국민당 정부와 싸우게 만들었다.

즉 중국 공산당을 무너뜨릴 수 있는 세력은 농민들인데, 중국의 약한고리에서 농민반란이 일어나야 한다. 이 약한 고리가 바로 신장위구르지역이다.

미국의 민주당은 항상 '인권'을 들어 공격을 시작해 왔다. 공화당보다 민주당 정권 시절에 더 크고 많은 전쟁이 있었던 것도 사실이다. 민주당 대통령인 루즈벨트 시절 2차 세계대전이 일어났고, 베트남 전쟁도 민주당 케네디 대통령 시절이었다.

인권은 도덕적 잣대다. 도덕은 이성이 아닌 감성이 지배하는 영역이다. 이성보다 감성이 앞서면 인간은 행동하게 되어 있다. 감정에 북받치면 목숨을 걸고 거리로 뛰쳐나온다. 미얀마 사태에서 우리가 목격하고 있는 것처럼 말이다. 따라서 미중전쟁이 실제 일어난다면 인권을 앞세워 중국을 압박할 민주당 정권 시절에 일어날 가능성이 크다.

 결론 _____

미중 전쟁의 시작은 신장위구르지역이다.

퇴로는 없다. 미중 반도체 전쟁

☑ 웨이퍼 손에 든 바이든, 반도체 전쟁 선포…

"반도체는 인프라, 공격적 투자 필요"

미국이 LG와 SK 간 배터리 분쟁에 직접 개입해 합의를 이끌어낸 데 이어 삼성전자(005930)를 백악관 회의에 초청해 미국 내에서 반도체 투자를 확대해 줄 것을 요청했다. 한국을 대표하는 삼성전자를 초청함으로써 미국에서 비즈니스를 하는 한국 대기업은 중국의 홍색 공급망에서 이탈해 미국 경제동맹에 합류해야 한다는 메시지를 던진 것으로 풀이된다.

2021년 4월 13일자 서울경제

미국의 본격적인 편가르기가 시작되었다. 편가르기를 하는 이유는, 시진핑 중국 국가주석이 첨단산업 굴기를 내걸고 '중국 제조 2025'에 속도를 내며 반도체 자급률을 높이겠다고 선언한 데 대한 조치다.

'중국 제조2025'에서 보듯이 중국은 반도체를 중요시한다. 중국의 국민소득은 2020년 기준 약 1만 달러로 중진국 반열에 올라섰다. 선진국 초입에 들어서려면 2만 달러를 달성해야 하는데, 과연 중국에게 그런 힘이 있는가? 만약 1만 달러 돌파 후 2만 달러 앞에서 고꾸라지면, 이를 중진국 함정에 빠졌다고 말한다. 중진국 함정에 빠진 나라는 브라질, 아르헨티나, 멕시코 등 수없이 많다.

이 중 멕시코는 눈여겨볼 만하다.

> ☑ **1인당 국민소득 뒷걸음질…2017년 이후 최저**
>
> 올해 1분기 멕시코 1인당 국민소득이 9,601달러로 2017년 이후 최저 수준을 기록했다. 신종 코로나바이러스 감염증(코로나19) 확산에 따른 경제 활동 위축, 달러 약세까지 겹친 영향이다.
>
> 2020년 5월 29일자 한국일보

2020년 5월자 기사다. 1만 달러를 달성했던 멕시코가 코로나 영향으로 다시 1만 달러 아래로 쪼그라 들었다. 미국이 중국에 대해 원하는 그림이 바로 멕시코의 경우다. 영원히 하청공장으로 남아주기를 바라는 것이다. 한국이나 일본처럼 작은 나라가 3만, 4만 달러 가는 것은 괜찮다. 하지만 중국은 체급이 다르다. 미국의 패권이 흔들릴 수도 있다.

> ☑ **美, 中때려도…교역량은 되레 급등**
>
> 올해 1월 조 바이든 행정부가 들어선 이후 미국과 중국의 갈등은 더욱 격화되고 있지만 양국 간 교역량은 오히려 크게 늘어난 것으로 나타났다. 미국이 중국을 견제하기 위해 고율 관세 등 다양한 제재를 동원하고 있지만 중국산 제품에 대한 미국 내 수요 증가를 막기엔 역부족이라는 평가가 나온다.
>
> 2021년 4월 14일자 매일경제

미국이 중국에 무역제재를 하고 있는 와중에도 미국과 중국 간 교역량이 오히려 크게 늘고 있다는 기사다. 요점은 중국 상품에 대한 미국 내 수요 증가를 막기 어렵다는 것이다. 그러나 사실은 그렇지 않다.

중국이 나무젓가락을 아무리 많이 만들어 미국에 팔아도 미국에게 중국은 위협적이지 않다. 오히려 미국의 비싼 임금을 감안하면 중국의 값싼 상품은 미국에 이득이고, 중국이 노예노동을 통해 공급하는 공산품은 미국이 낮은 물가상승률을 유지하는 데 도움이 되기 때문에 오히려 고맙다.

미국이 중국 물건을 받으면서 주는 것은 무엇인가? 종이에 그려진 100달러짜리 지폐다. 어떤 면에서 종이를 주고 노동력을 사온다. 그러나 중국이 첨단제품을 만들면 미국이 위험해진다. 역으로 미국이 중국에 종속될 수 있기 때문이다. 미국이 중국에 종속되면 미국이 오히려 나무젓가락을 만들어 중국에 수출할지 모를 일이다.

⌛ 미국을 뛰어넘으려는 중국의 기술 도전

중국이 미국을 넘어서는 조건은 무엇인가? 기술에서 앞서야 한다. 기술은 크게 두 가지로 나뉜다. 제조업 기술력과 서비스업이다.

그러나 중국은 서비스업으로는 미국을 앞설 수 없다. 서비스업은 문화이기 때문이다. 문화는 선진국이 되면 자연스럽게 따라온다. 애플과 삼성전자의 스마트폰을 비교했을 때 기능 면에서는 삼성폰이 더 뛰어나다. 그러나 가격은 애플이 훨씬 높다. 더하여 애플은 스마트폰을 팔고 앱스토어를 통한 생태계를 갖추어 애플생태계 안에 고객을 가두고 더 많은 돈을 번다. 그러나 삼성전자는 이것이 없다. 삼성과 애플의 근본적인 차이는 문화에 있다.

중국의 샤오미 스마트폰이 서비스 면에서 애플을 이길 수 있을까? 불가능하다. 미국에는 애플 외에도 마이크로소프트, 페이스북, 구글, 아마존뿐만 아니라 어도비, 넷플릭스, 엔비디아 등을 비롯한 수많은 서비스업 강자들이 즐비하다. 어차피 이길 수 없는 게임이다.

따라서 중국은 서비스업이 아닌 제조업으로 선진국에 진입한 후, 문화를 앞세워 서비스업을 점령해야 한다. 그래서 나온 것이 '중국제조 2025'로 제조업 기술독립 선포다.

> ☑ '중국 제조 2025' 계획에 전 세계 '화들짝'
>
> 이 계획의 중심은 반도체 산업이며 기타 산업으로는 항공우주, 생명공학, 정보기술, 스마트 제조, 해양공학, 첨단 철도, 전기자동차, 전기장비, 신소재, 바이오의약품, 농기계 및 장비, 제약, 로봇 제조업 등으로 거의 전분야를 포함한다.
>
> 2020년 11월 20일자 더사이언스타임즈

한 나라가 독립적으로 강대국이 되는 데 필요한 4개의 요소는 식량, 에너지, 첨단기술, 의약이다. 이 중 에너지는 독립이 어려우므로 일대일로를 통해 이란, 러시아 등을 통해 에너지를 수입한다는 목표를 세웠다. 그리고 식량, 첨단기술, 의약으로 세계를 제패하기 위해 위와 같은 목표를 세웠다.

바로 앞의 기사에서 중요한 문장이 나오는데 이 계획의 중심은 '반도체 산업'이라는 것이다. 반도체 산업이 중심이 된 이유는 무엇인가?

1991년 12월, 소련이 무너졌다. 대만에서 모리스 창이 TSMC를 세운 지 2년이 지났을 무렵이다. 이전까지 반도체는 군사용이었지만 대량의 정보통신기술이 민간으로 풀려나오면서 수많은 반도체 회사들이 설립되었다. 군사용으로 쓰던 인터넷이 개방되었기 때문이다. 엔비디아, 퀄컴, 브로드컴, 자일링스 등이 이 시기에 세워졌다. 한국에서도 피처폰이 보급되면서 SKT를 비롯한 이동통신사가 생겨났다.

2007년 애플이 스마트폰을 만들면서 반도체의 중요성은 더욱 높아졌다. 애플은 스마트폰을 만들면서 인텔에 스마트폰 규격에 맞는 AP칩을 만들어 달라고 했다. 그러자 인텔은 범용 CPU칩을 권했고 결국 애플은 ARM기반의 AP칩을 만들 수밖에 없었다. 왜냐하면 스마트폰은 발열에 약하고 아주 좁은 곳에 설치를 해야 하며 여러 개의 역할을 하는 칩을 만들어야 했기 때문이다.

그래서 AP는 MPU(중앙처리장치)+GPU(그래픽 처리장치)+MMP(이미지 압축해제)+DSP(오디오 신호처리)+모바일통신칩으로 원칩화 된다. 이를 시스템온칩이라 한다.

컴퓨터에서는 CPU, 그래픽카드, 오디오카드, 통신카드 등을 다 따로 꽂아서 쓸 수 있는데 스마트폰은 상대적으로 공간이 협소하다. 수많은 기능을 좁은 공간에 넣으려는 시도로 인해 기술이 고도화 되었다. 이후 스마트폰이 대세가 되면서 인텔 주가는 추락을 거듭했다.

삼성전자 고 이건희 회장이 반도체 사업에 뛰어들면서 이병철 회장을 설득시킨 한 마디가 있다.

"수많은 기계를 뜯어봤는데 그 안에는 하나같이 반도체가 있었다."

'중국제조 2025'를 통해 첨단기술 독립을 하려면 반도체 기술이 선행되어야 한다는 얘기다. 미국이 화웨이에 반도체 장비 수출을 제한하자 화웨이는 스마트폰 사업을 접었다. 미국이 중국 슈퍼컴퓨터 업체에 반도체 수출을 제한한다면 중국은 슈퍼컴퓨터를 접어야 할 것이다. 이와 같이 미국은 앞으로 중국의 첨단기술분야에 대해 사사건건 딴지를 걸 것이다. 반도체 수출금지를 통해서 말이다.

⧗ 반도체 전쟁도 결국 패권싸움이다

반도체는 첨단기술에 머물지 않는다. 군사력에도 압도적인 영향력을 미친다. 인터넷이 개방되고 나서 GPS위성과 통신을 통해 모든 무기들이 컴퓨터 제어를 받는다.

> **☑ F-35, F-4의 꽃길을 걸을까? F-111의 험로로 나갈까?**
>
> F-35는 '미군의 마지막 유인 전투기'라 불린다. 이 전투기 이후로 미군은 무인기로 갈아탈 것이란 전망 때문이다. F-35엔 EOTS와 DAS 등 최첨단 기술이 구석구석에 녹아있다. 해병대용인 F-35B뿐만 아니라 공군용인 F-35A, 해군용인 F-35C도 있다. 그래서 F-35는 처음엔 JSF(3군 통합 전투기)라는 이름으로 개발됐다.
>
> 2018년 10월 14일자 중앙일보

미국은 더 이상 유인 전투기를 만들지 않고, 드론 기술로 상대를 타격한다. 여기엔 이점이 있다. 전투기 조종사를 잃을 이유가 없다. 조종사도 비교적 손쉽게 길러낼 수 있다. 우리나라의 게임덕후가 미군의 드론조종사가 될 수도 있다.

로봇 등 첨단 무기들이 모두 무인시스템으로 운영된다. 여기서 핵심은 바로 반도체, 보다 구체적으로는 시스템온칩의 반도체다. 즉 중국은 시스템온칩의 반도체를 스스로 만들어 낼 능력이 없다면 미국 상대가 되지 않는다는 뜻이다.

미국은 왜 백악관에 삼성전자와 TSMC를 불러들였을까? 자국 기업도 아닌데 말이다. 현재 반도체 기업은 팹리스(Fabless), 파운드리(Foundry), 종합반도체업체(IDM : Intergrated Device Manufacturer) 회사로 나뉜다. 종합반도체 회사는 팹리스+파운드리로 보면 된다. 대표적인 것이 바로 인텔과 삼성전자다. 팹리스는 반도체 설계만 하는 회사를 말하고 엔비디아, 애플, 퀄컴 등 대부분의 기업이 여기에 속한다.

반면 파운드리 업체는 반도체를 생산만 하는 기업을 말하고, 2개의 기업이 대표적이다. 바로 삼성전자와 대만의 TSMC다. 이 2곳만 꼽는 이유는 첨단공정이 가능한 기업들이기 때문이다. 하위공정 기업들이 많기는 하나 크게 중요치 않다.

이 2개의 기업이 중요해진 이유는 코로나로 인해 반도체 수요가 폭발적으로 늘었기 때문이다. 기업은 재택근무를 시작했고 집에서 컴퓨터를 이용해 업무를 하려면 컴퓨터, 아이패드, 스마트폰 등 더 많은 가전제품이 필요하다. 게다가 코로나 감염을 이유로 대중교통보다는 자가용을 이용하면서 자동차의 수요도 늘어났다. 그러다보니 여기저기서 반도체를 달라고 아우성이다.

어느 순간부터인가 우리가 사용하는 모든 기기에는 인터넷 기능이 탑재되었고, 때문에 반도체가 필수가 되었다. 자동차의 경우 과거에는 성능 좋은 기계에 속했으나 크루즈컨트롤 시스템부터 엔터테인먼트 시스템 등을 끼워넣다보니 엄청나게 많은 반도체가 필요하게 되었다.

집에서 쓰는 가전제품도 이젠 반도체 없이는 돌아가지 않는다. 심지어 보일러에도 반도체를 탑재하여 추운 겨울 귀가하는 동안 보일러가 돌아가기 시작하도록 한다. 이를 위한 통신에 당연히 반도체가 들어간다. 반도체 없이 세상이 돌아가지 않는 현상은 앞으로 더욱 강화될 것이다.

반도체기업은 생사를 건 치킨게임을 벌였고, 미국기업을 제외하면 삼성전자와 TSMC만 살아남았다. 삼성전자와 TSMC의 반도체 공장은 한국과 대만에 있다. 즉 중국이 대만을 침공하거나 한국의 반도체 공장에 문제가 생기면, 미국발 반도체 공급에 차질이 생길 수 있다는 이야기가 된다.

1970년대 미국은 석유 수입국이었다. 미국 내 생산 석유가 부족해서가 아니라 석유 고갈론이 나왔기 때문이다. 만약 전쟁 발발 시 미국 내 석유가 고갈되면 어찌되는가? 사우디아라비아에서 수입해야 한다. 문제가 복잡해진다는 의미다. 이 문제를 피하기 위해 석유수출을 금지했던 것이다. 미국에 있어서 반도체는 석유 고갈론이 나왔던 당시의 석유 문제와 같다.

미국은 라이벌들을 차례로 무너뜨려왔다. 1970년대 미국의 라이벌이었던 소련은 석유가 강점이자 약점이었다. 오일쇼크로 유가가 천정부지로 올랐고 그로 인해 소련의 복지 지출이 증가했다. 하지만 그건 어디까지나 유가가 높을 때의 이야기다. 유가가 하락하면 소련은 무너질 수밖에 없었다. 실제 1985년 3저 호황으로 석유가격이 떨어지자 소련은 결국 1991년 무너지고 말았다.

1980년 일본은 첨단기술 강국이었다. 기술 분야에서 미국을 압도하는 수준이었다. 일본의 전자기기는 세계 최고였고 반도체도 세계 탑이었다. 하지만 일본에는 약점이 있었으니 바로 금융이다. 미국은 플라자합의를 통해 일본으로 하여금 저금리 상태를 지속하게 만들어 거대한 버블을 일으켰고 결국 금융으로 무너뜨렸다.

2000년대에 들어와 중국은 미국의 라이벌로 떠올랐다. 중국은 일본의 예를 보았기 때문에 금융을 개방하지 않았다. 그러나 최근 일대일로의 실패로 인해 외환보유고가 줄어들자 금융을 개방해서 핫머니들을 끌어들였다.

소련의 약점은 석유, 일본의 약점은 금융, 그렇다면 중국의 약점은 무엇인가? 바로 기술이다. '중국제조2025'를 통해 첨단기술이 독립하지 못하면 중국도 결국 무너질 수밖에 없다. 왜냐하면 중국의 인건비는 올라갈 수밖에 없고 더 이상 저가 물건만 팔아서는 GDP를 끌어 올릴 수 없기 때문이다. 인건비가 올라가면 공장은 인건비가 싼 베트남, 인도 등 주변국가로 이동할 수밖에 없다. 외국기업뿐 아니라 중국기업조차도 이전을 할 것이다.

GDP가 떨어지면 공산당이 약속을 지킬 수가 없다. '샤오캉사회.' 모든 인민이 잘먹고 잘사는 사회를 이룰 수 없다는 말이다. 중국은 그동안, "지금은 비록 양극화가 심하지만 언젠가는 너도나도 잘 사는 나라가 될 수 있다"는 말로 인민을 속여왔다. 그러나 GDP가 떨어지면 가장 고통받는 계층은 배운 것도 가진 것도 없는 서민들이다.

공산당은 빵을 줄테니 민주주의는 나중으로 미루자고 했지만 만약 빵을 더 이상 줄 수 없다면 민주주의를 줘야 한다. 따라서 중국은 내부의 모순 때문에 스스로 무너질 수 있다.

미국이 노리는 바는 무엇인가? 중국의 첨단기술 독립을 막아 중국이 중진국 함정에 빠지게 하는 것이다.

⚖ 결론

중국이 첨단기술 자립에 실패하면 단순 하청생산공장으로 전락할 것이다.

신흥국이 미국 국채를 사는 이유

☑ 마켓워치·다우존스-트레이드웹에 따르면 19일 오후 3시(이하 미 동부 시각)께 뉴욕 채권시장에서 10년물 국채수익률은 전 거래일보다 2.8bp 상승한 1.599%를 기록했다.

2021년 4월 20일자 연합뉴스

아직은 금리가 낮은 레벨인 1.6%대에서 움직이고 있는 이유는 일본, 중국이 미국의 국채를 사주고 있기 때문이다. 따라서 아시아 장이 열리는 시각에 맞춰 미국 국채 10년물 가격이 오르면서 수익률이 떨어지는 현상이 반복되고 있다.

일본과 중국이 미국 국채를 사주는 이유는 무엇일까? 바로 '신비로운 길' 때문이다.

일본, 중국 등 신흥국은 미국에 공산품을 팔아 달러를 들여온다. 실제 달러를 들여오는 건 아니고, 미국에 저축을 한다. 미국 국채가 저축의 대상이다. 미국은 이렇게 들어온 달러를 신흥국에 투자한다. 미국이 삼성전자를 사서 주가의 시세차익도 거두고 배당금도 받아 챙기는

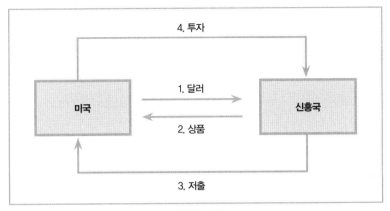

☆ 신비로운 길

방식이다.

지금까지는 미국의 시각으로 신비로운 길을 바라봤다. 미국의 시각이란, 미국은 소비로 GDP성장을 하는데 이를 위해 신흥국에 아웃소싱을 한다. 그리고 미국은 가장 큰 시장이니 신흥국의 상품을 경쟁시켜 값 싸게 물건을 사온다. 미국은 윤전기로 달러를 찍으면 된다. 신흥국은 미국이 찍어낸 황금인 달러를 물건을 주고 사오니 미국에겐 얼마나 남는 장사인가? 신흥국 시각에서 미국은 도둑놈이나 다를 바 없다.

이번엔 일본, 중국, 한국 등 신흥국의 눈으로 신비로운 길을 보자. 신흥국은 발전을 해야 한다. 그러나 미국은 스스로 자가발전이 가능하다. 그럼에도 불구하고 미국은 아웃소싱을 한다. 아웃소싱을 하니 얼마나 고마운가?

왜 고맙나? 신흥국은 완전하지 못해서 그렇다. 한 나라가 발전을 하기 위해서는 GDP가 올라가야 한다. 그런데 자가발전이 불가능하다. 필수적으로 식량, 에너지, 자원, 기술 등이 필요한데 이 모두를 가진 나라는 미국, 러시아 정도다. 나머지 나라들은 발전하는 데 있어서 다른 나라와의 협업이 필수다.

한국의 경우 기술은 있으나 식량, 에너지, 자원이 없다. 부족한 물건은 모두 사와야 한다. 식량은 미국에서 에너지는 중동에서 자원은 남미, 호주에서 사와야 한다. 무언가를 사기 위해서는 반드시 달러가 필요하다. 그러니 한국은 기술에 우위가 있는 반도체 등을 수출해 달러를 벌어와 식량, 에너지, 자원을 사고, 이를 이용해 물건을 만들어 미국에 수출을 해야 한다. 그러니 달러가 필요하다.

미국에서 달러를 가져오려면 미국이 호황일 때가 좋을까? 불황일 때가 좋을까? 당연히 호황일 때가 좋다. 불황일 때는 안전한 미국으로 돈이 몰려가 달러의 가격이 올라간다. 이러면 신흥국에서 돈이 빠져나가 미국으로 돈이 몰리니 경제위기가 올 수도 있다.

미국은 언제 호황이 지속되는가? 저금리 상황이다. 저금리 상황이 지속되려면 미국의 국채가격이 올라야 할까? 떨어져야 할까? 올라가야 한다. 미국채를 사려는 수요가 많으면 미국채 가격이 올라간다. 반대로 수요가 없다면 미국채 가격은 떨어진다.

미국채를 사려는 수요가 없으면 안 좋은 이유는, 국채를 찍어내는 연준의 입장에서 보면 금리를 더 올려서라도 국채를 팔아야 한다. 그러면 국채 가격은 떨어지고 금리는 올라간다.

금리가 올라가면 문제가 생긴다. 미국채 10년물 금리와 주택모기지 대출은 서로 연동되어 있다. 따라서 신흥국이 국채를 사주지 않으면 10년물 국채 금리가 올라가고 주택모기지 금리가 올라가 주택시장에 불황이 온다. 국채 10년물 수익률이 올라가면 성장주 주가도 떨어진다.

결국 미국의 전체적인 경기가 꺾이고, 이에 따라 실업률이 높아지고 경기는 더 나빠진다. 신흥국 입장에서도 자국 상품의 미국 판매가 떨어지니 달러를 가져 오기가 힘들어진다. 그러니 신흥국 입장에서 보면 미국채를 꾸준히 사줘서 미국 국채 가격을 올리고 금리를 낮추면 미국이 호황이 된다는 얘기다.

미국에 호황이 지속되어야 신흥국도 물건을 팔아 달러를 가져올 수 있다. 달러가 들어오면서 무역흑자를 이룰 수 있고 원자재, 에너지, 식량의 수급도 원활해진다.

모두가 좋은 상황이나 그렇다 하더라도 지속적으로 이렇게 갈 수는 없다. 신흥국의 흑자는 미국의 적자이기 때문이다. 미국은 저금리가 지속되면 주식과 부동산 등의 자산가격이 오르면서 버블이 형성된다. 10년 정도에 한 번씩 공황이 오는 이유가 여기에 있다. 버블이 끼었다 꺼졌다를 반복하기 때문이다.

⚖ 결론

신흥국이 미국채를 사는 이유는 저 살려는 이유 때문이다.

플랫폼 기업은 어떻게 시장을 지배했을까?

☑ **"낙오될 수 없다"…롯데·CJ 절치부심**

국내 유통산업은 오랫동안 '안방 효과'를 누려왔다. 2006년 월마트의 한국 시장 철수가 절정이었다. 그 해 이마트는 월마트의 한국 매장 16개를 8250억원에 인수했다. 대형마트와 백화점, 홈쇼핑 등 한국의 대형 유통기업은 외부 경쟁자 없이 오랜 기간 특수를 누렸다.

하지만 쿠팡이 유통 전선에 뛰어들면서 상황이 180도 바뀌고 있다. 새로운 플랫폼에 적응하지 않으면 생존 자체가 불투명한 시대가 됐다는 게 전문가들의 분석이다.

2021년 3월 31일자 한국경제

쿠팡이 기존 유통업체에 위협적인 이유는 무엇일까? 롯데, CJ 등 국내 간판 소비재 기업이 항로를 설정하는 데 애를 먹고 있는 가장 큰 이유는 인공지능, 빅데이터, 클라우드 컴퓨팅 등 정보기술(IT) 패러다임의 변화를 놓쳤기 때문이다.

이유가 과연 이것뿐일까? 지금 인터넷쇼핑을 잡고 있는 두 개의 회사는 네이버와 쿠팡이다. 네이버, 쿠팡이 인터넷쇼핑 강자가 된 원동력은, 네이버는 네이버쇼핑이라는 플랫폼을 잡았기 때문이고, 쿠팡은 물류창고를 두고 풀필먼트 시스템을 가동해 당일배송이라는 로켓배송을 이루어 고객의 충성도를 이끌어낸 덕분이다.

이들의 성공을 보다 구체적으로 이해하려면 우선 플랫폼 기업이 어떻게 성장했는지를 봐야 한다.

⌛ 플랫폼 기업의 성장 과정

최초의 플랫폼 기업인 마이크로소프트(MS)의 윈도우를 살펴보자. MS는 1980년대에 PC가 폭발적으로 늘어날 즈음 OS인 MS-DOS를 싼값에 광범위하게 공급했다. 그러자 하드웨어와 OS가 아주 싼 IBM용 PC가 폭발적으로 늘어나기 시작했다. 이때 MS는 애플 매킨토시의 OS를 따라서 키보드로 일일이 명령어를 입력하는 도스를 버리고 윈도우즈를 도입한다. 그리고 윈도우즈 개발자용 API를 무료로 개방한다.

개발자용 API란 애플리케이션 프로그래밍 인터페이스(Application Programming Interface)의 약자다. 쉽게 말해 윈도우즈에 맞는 소프트웨어를 개발할 수 있는 프로그램 도구다. 이를 통해 우리가 흔히 윈도우즈에서 쓰고 있는 한글, 은행프로그램, 그래픽프로그램, 카카오톡 윈도우즈용 프로그램 등을 개발할 수 있다.

따라서 API를 무료로 개방하면 윈도우즈에서 돌아가는 소프트웨어를 팔아서 돈을 벌려는 써드파티가 무한대로 늘어난다.

생태계를 만드는 데 있어서 이 써드파티가 가장 중요하다. 페이스북보다 더 빨리 개발된 한국의 SNS가 있었다. 바로 싸이월드 미니홈피다. 그러나 싸이월드는 망하고 말았다. 이유는 싸이월드 기업이 써드파티를 키우려고 하지 않고 퍼스트파티를 고집했기 때문이다.

무슨 뜻인가? 싸이월드는 미니홈피를 만들어 선풍적인 인기를 끌었다. 그리고 미니홈피는 무료인만큼 이용자가 폭발적으로 늘어났다. 싸이월드는 고민했다. 어떤 식으로 수익을 창출할 것인가? 그래서 나온 것이 도토리다. 도토리를 통해 미니홈피의 스킨을 바꾸고 배경음악도 집어넣고 캐릭터도 꾸밀 수 있었다. 즉 미니홈피를 만든 싸이월드가 직접 이 모두를 관할하는 퍼스트파티에 집중했다는 것이다.

오히려 이러한 스킨, 배경음악, 캐릭터 꾸미기는 써드파티인 소프트웨어 회사에게 주어 더 풍부하게 꾸밀 수 있도록 만들고 자신들은 큰 그림을 그렸어야 했다. 일례로 빅데이터 분석을 통해 네이버쇼핑 같은 가격비교 사이트를 오픈하는 것 말이다. 이 일을 하지 않다 보니 모든 것이 무료이며 인간의 대표적인 본성인 좋아요 버튼이 있는 페이스북이 들어오자 싸이월드는 허망하게 무너지고 말았다.

반면 MS는 어땠는가? IBM PC가 늘어나고 소프트웨어가 늘어나자

가격도 싸고 소프트웨어도 많은 사용자가 늘어나면서 윈도우즈 OS를 파는 MS는 독점 플랫폼 기업이 되었다.

⌛ 취향을 저격하는 자가 플랫폼 기업이 된다

정리해 보자.

> 플랫폼 OS가 탑재된 하드웨어 개발(스마트폰, PC, 플레이스테이션 등)→OS의 API 무료로 배포 → 써드파티가 OS에 맞는 소프트웨어 개발→소프트웨어를 사용하려는 사용자 증가 → OS기업 수익창출.

당시 애플의 매킨토시 가격이 IBM PC에 비해 높았고 당연히 매킨토시 컴퓨터는 수요에서 IBM PC에 밀렸다. 따라서 써드파티 개발자들은 매킨토시보다는 주로 IBM PC용 소프트웨어를 더 많이 만들었고 사용자도 더 많았다. 결국 승부는 제품의 질이나 사양이 아니라 얼마나 많은 사용자의 입맛에 맞는 소프트웨어가 많으냐였다. 시장의 지배자는 이걸로 결정된다.

현재는 인터넷이 연결되면서 수익모델이 다양해졌다. 플랫폼으로 수익을 얻는 구조는 아래와 같다.

① **중계 수익** – 앱스토어, 우버, 에어비앤비 등.
② **구독 수익** – 넷플릭스, 마이크로소프트 MS365, 어도비의 그래픽프로그램, 달러 세이브 클럽 등.

③ **라이센스 수익** - 윈도우즈용 구매 소프트웨어 등

④ **광고 수익** - 페이스북. 구글 등

여기서 인공지능, 빅데이터, 클라우드 등을 이용하면 인간의 취향을 저격할 수 있다. 예를 들면 SNS 플랫폼인 페이스북이 인터넷쇼핑을 연결하면 어떻게 될까?

연인에게 선물이 가능하다. 무슨 말이냐? 연인에게 하는 선물이 가장 까다롭다. 돈을 줄 수는 없기 때문이다. 가족에게는 생일선물로 돈을 줘도 된다. 그렇게 해도 빈정 상하는 일이 없다. 가족이므로 오히려 잘한 일이다. 특히 부모님들이 현금 선물을 가장 좋아한다. 그러나 사귄 지 얼마 되지 않은 연인에게 생일선물로 돈을 준다면 뺨 맞을 각오를 해야 한다.

그래서 페이스북이 인터넷쇼핑을 만들어 자신이 사고 싶은 물건을 찜하는 기능을 추가했다고 치자. 그리고 당신의 페이스북에는 이렇게 뜬다. '당신의 연인 OOO의 생일이 일주일 남았다. 그런데 OOO이 좋아해서 찜해 놓은 물건은 바로 이것이다.' 당신은 포수 사인대로 던지면 된다. OOO이 찜해 놓은 물건을 사서 선물하면 스트라이크다.

구글이 왜 유튜브를 인수했을까? 구글의 검색기능은 당신의 취향을 알고 있다. 따라서 유튜브에서 당신의 취향에 따라 미리보기 영상을 보여주면 클릭할 확률이 높다. 물론 이후에는 유튜브의 클릭에 따라 당신의 취향이 더 많이 반영된 영상목록이 뜨게 될 것이다.

넷플릭스는 사용자의 취향을 반영해서 영화를 추천한다. 그러나 오프라인 기업은 사용자의 취향이라는 데이터가 하나도 남지 않는다. 그

래서 넷플릭스보다 훨씬 컸던 미국의 비디오 대여사이트 블록버스터는 망했다. 그들은 오프라인이었기 때문에 단골고객의 취향이 담긴 데이터도 가지고 있지 않았다. 망한 이유다.

인간의 뇌는 80만 년 전 원시인과 같아서 머리를 쓰기 싫어한다. 당시에는 지금처럼 먹을 것이 풍부하지 않아서 뇌로 가는 에너지를 최대한 아껴야 했다. 어린아이는 먹는 에너지의 50%가 뇌로 간다. 따라서 머리를 최대한 안 쓰는 것이 생존에 유리했고 생존에 유리한 유전자가 살아남아 현생인류가 되었다. 그러니 게으른 인류를 위해 넷플릭스의 추천기능은 아주 유용하다.

온라인쇼핑 위주인 쿠팡, 네이버쇼핑에 비해 오프라인 쇼핑 위주인 신세계, 롯데쇼핑은 불리하다. 오프라인쇼핑은 내가 무엇을 샀는지 데이터가 남지 않기 때문이다. 그러나 쿠팡, 네이버쇼핑도 사용자 데이터를 가지고 추천을 하는 경우를 그다지 많이 보지는 못했다. 이것은 아마존이 잘 한다. 다만 쿠팡의 로켓배송과 네이버쇼핑의 가격비교는 오프라인쇼핑에 비해 뛰어난 강점이다.

⚖ 결론

인간의 취향과 본성을 아는 플랫폼 기업이 승자가 된다. 시장의 승자가 되기 위해서는 헤드에 행동경제학자를 영입해야 한다.

미래 전기차 1위 기업 찾는 법

> ☑️ **머스크 "테슬라의 최대 경쟁자는 애플 전기자동차"**
>
> 세계 최대의 전기자동차 업체인 테슬라 모터스의 일론 머스크 최고경영자 (CEO)가 애플이 전기 자동차 시장의 강력한 라이벌로 부상할 것으로 예상 했다.
>
> 그는 이 자리에서 애플의 전기 자동차 개발 프로젝트를 언급하며 "전통적인 자동차 회사들은 뛰어난 전기 자동차를 만들 수 있을 것으로 보지 않는다"며 애플에 대해 경계심을 피력했다.
>
> 자동차가 '주행하는 스마트폰'처럼 바뀌는 추세에 비춰볼 때 아이폰, 아이패 드를 출시하며 소비자들을 사로잡아온 애플이 제너럴 모터스나 폭스바겐 등 에 비해 더 강력한 경쟁자로 부상할 수 있다는 뜻으로 풀이된다.
>
> 2016년 6월 3일자 jtbc

2016년 기사다. 물론 지금은 그때와는 많이 다르다. 그러나 머스크가 애플을 왜 전기차 라이벌로 지목했는지는 아래에서 살펴보자. 핵심은 생산량이다.

☑ CNBC, 테슬라 18만4천800대 인도…시장은 16만8천대 예상

전기자동차 대장주인 테슬라가 1분기에 18만338대를 생산하고 18만4천 800대를 인도한 것으로 발표했다고 CNBC가 2일 보도했다.

CNBC에 따르면 분석가들은 해당 분기에 16만8천대 가량을 인도할 것으로 예상했다. 팩트셋이 집계한 인도 예상치는 14만5천대에서 18만8천대까지 다양했다.

2021년 4월 3일자 연합뉴스

시장은 2021년 테슬라의 1분기 매출로 16만8천 대를 예상했고, 예상 치와 부합하게 18만 338대를 생산했다. 2020년 테슬라의 전기차 생산 량은 50만 대, 2021년 예상목표는 100만 대. 매출이 25%만 올라도 어닝 서프라이즈다. 그런데 테슬라의 목표는 전년대비 무려 2배다.

☑ '코로나도 못 막은' 폭주, 지난해 세계 전기차 시장 43% 성장

자동차 시장 20% 축소 불구하고 전기차 비중 2.5%→4.2%로 팽창.

한국은 전기차 50%, 수소차 115% 성장 "탄소 감축 정책과 기술발전이 추동력"

스웨덴 전기차 판매 자문회사 '이브이볼륨스닷컴'은 20일(한국시각) 지난해 초 코로나19 대유행으로 예기치 않은 경기침체를 맞았음에도 세계 전기차 연 간 판매량은 324만대나 돼 2019년 226만대보다 43% 증가했다고 밝혔다.

2021년 1월 20일자 한겨레

2020년 기준 전세계 자동차 생산량은 9,500만 대, 그 중 전기차 생산 량은 324만 대였다. 전기차가 차지하는 비중은 3.41% 정도 된다. 9,500

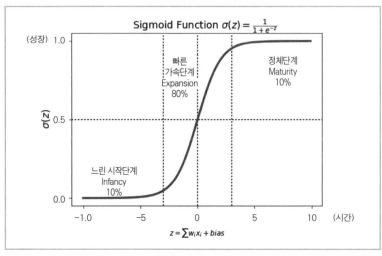

$$\text{Sigmoid Function } \sigma(z) = \frac{1}{1+e^{-z}}$$

(성장) 1.0

빠른
가속단계
Expansion
80%

정체단계
Maturity
10%

$\sigma(z)$ 0.5

느린 시작단계
Infancy
10%

0.0

-1.0   -5   0   5   10   (시간)

$z = \sum w_i x_i + bias$

❖ 시그모이드 곡선

만 대의 10%는 950만 대다. 여기서 10%가 중요하다. 왜냐하면 시그모이드 곡선때문이다.

⧗ 느린 시작 단계

시그모이드 곡선에 따르면 전체 시장에서 10%가 되기 전까지는 아주느린 시작 단계다. 이 단계에서는 시장에 전기차 업체들이 난립을 하며 전기차만 만든다고 하면 너나없이 주가가 오르는 시기다. 현재 전기차 생산기업은 테슬라를 비롯해서 중국의 니오, 샤오펑 등이 있고, 기존 자동차 메이커인 폭스바겐, 현대차, GM, 포드 등도 모두 전기차에 뛰어들고 있다. 그래서 폭스바겐도 파워데이에서 전기차에 대한 비전을 밝히니 주가가 급등하였다.

사람들은 아직 계산되지 않은 일에는 후한 점수를 주는 경향이 있다. 따라서 전기차시장이 10%가 되기 전까지는 업체가 난립하고 모든 전기차 업체들의 주가도 오른다.

⏳ 빠른 가속 단계

두 번째 빠른 가속 단계는 시장이 본격적으로 커지는 시기다. 10%에서 시작해서 80%~90%까지 급가속하는 단계다. 전기차시장의 경우 2024년 정도부터는 빠른 가속 단계에 접어들 것으로 보인다. 이때의 특징은 치킨게임을 하면서 전기차 업체들이 도태되고, 몇 개의 업체들이 시장의 선두로 자리매김할 것이다.

중국에는 300개가 넘는 전기차 업체들이 있다. 보조금으로 연명하는 업체들은 대부분 망할 운명이다. 이들 업체들이 망하는 시기가 바로 빠른 가속 단계다. 이 시기는 치킨게임을 하는 만큼 영업이익은 거의 나오지 않고, 쿠팡처럼 시장점유율을 늘리는 데 주력할 것이다.

이 시기 생존을 위한 키워드는 바로 돈과 브랜드네임이다. 브랜드네임은 얼마나 팬심이 있는가이다. 브랜드네임이 있다면 자동차를 팔아가면서 생산량을 늘릴 수 있으므로 상대적으로 자금이 덜 들어간다. 반면 사람들이 선호하지 않는다면, 즉 브랜드네임이 약하다면 오로지 자금을 계속 투여하면서 자동차 생산을 늘려야 하므로 그 과정에서 도태될 확률이 높다.

⌛ 정체 단계

세 번째는 성장이 마무리 되면서 정체되는 단계로 1, 2, 3등 기업이 시장을 지배하는 과점시기다. 정체단계이긴 하지만 이미 시장을 지배한 기업 입장에서는 안정기로 접어드는 시기다.

전기차시장에서 세계 1등이 되기 위한 조건

세계 전기차시장에서 1등을 하기 위해 중요한 요소는 무엇일까? 자동차 판매량일까? 그럴 수 있다. 그러나 판매량보다 더 중요한 핵심이 있다. 바로 플랫폼이다. 플랫폼이 중요한 이유는, 지금의 전기차가 단순히 내연기관차를 전기차로 바꾸는 식으로 진행되지는 않을 것이기 때문이다.

즉 전기차는 전기차로써만 머물지 않고, 스마트 모빌리티가 될 가능성이 크다. 왜냐하면 자율주행차가 된다면 그 안에서 영화 시청, 업무 처리가 가능하기 때문이다. 움직이는 사무실이나 휴식공간이 될 수 있다. 서울에서 부산을 갈 때 비행기보다는 자동차에 누워서 잠을 자며 가거나 영화를 보면서 가는 방식을 더 선호할 수도 있다는 이야기다.

⌛ 전기차시장 석권, OS에 답이 있다

그렇다면 향후 전기차시장에서 무엇을 잘하는 기업이 승승장구할 것인가? 바로 OS를 통해 더 많은 컨텐츠를 제공하는 기업이다. 전기차 시장에 뛰어드는 모든 기업이 OS에 능통할 수는 없다. 그러면 전기차 업체 중에 안 되는 업체들을 하나씩 제외해 보자.

먼저 전통적인 자동차 업체를 제외하자. 전통적인 자동차 업체들도 OS를 만들어본 기억은 있다. 폭스바겐, 포드, GM 모두 마찬가지다. 삼성도 OS를 만들기는 했지만 결국 실패했다. 그 많은 소프트웨어 인력이 있었는데도 불구하고 말이다.

벤츠, BMW, 현대 등의 내비게이션을 보면 한숨부터 나온다. 그런데 이들 기업들이 삼성도 하지 못한 OS 독립에 성공할 리가 없다. 사실상 기존 자동차 업체들이 끝내주는 OS를 만든다는 생각은 불가능, 하늘에 별 따기나 마찬가지다.

따라서 폭스바겐이 파워데이에 무엇인가를 발표했더라도 이들은 결국 OS를 만들지 못하고 남의 제품을 가져다 쓰게 될 것이다. 그러니 기존의 자동차 기업들은 결국 잘 돼야 TSMC처럼 될 것이다. 전기차 생산만 하는 기업 말이다.

중국차 업체들도 제외하자. 중국차 업체들인 니오, 샤오펑, 리오토 등 전기차 업체들은 근본적인 문제가 있다. 자율주행차는 기본적으로 고객의 운행데이터를 모은다. 이 데이터가 모여 빅데이터가 된다.

빅데이터의 패턴을 분석하면 운전자의 습관을 알 수 있고 행선지를 모두 알 수 있다. 그런데 이 데이터가 어디로 갈까? 중국 공산당이 관리 감독할 수 있는 서버로 갈 것이다. 이 사실을 뻔히 아는데 후진국이라면 몰라도 선진국 국민들이 중국 자율주행차를 살 리가 없다.

결국에는 OS를 먼저 만든 업체들이 전기차시장의 최종 승자가 될 것이다. 현재 자율주행차와 함께 OS를 가지고 있는 테슬라, 자율주행차를 시험하고 안드로이드 OS를 운영하고 있는 구글의 웨이모 그리고 아직 전기차를 만들고 있지는 않지만 iOS를 운영하고 있는 애플 정도가 남는다.

이 외에도 엔비디아, 마이크로소프트 등이 있지만 엔비디아는 OS를 만든 경험이 없고 마이크로소프트는 윈도우 이후 모바일에서 성공한 경험이 없다.

종합적으로 판단하건데, 향후 자율주행차의 강자가 될 기업은 테슬라, 구글, 애플, 엔비디아, 마이크로소프트로 압축된다.

⏳ 어떤 기업이 세계 1등이 될 것인가?

자율주행차에서 세계 1등이 되기 위한 제1의 조건은 바로 시장점유율이다. 시장을 지배해 가는 플랫폼의 과정을 살펴보면 답을 얻을 수 있다.

> 플랫폼 OS가 탑재된 하드웨어 개발(스마트폰, PC, 플레이스테이션 등)→OS의 API 무료로 배포→써드파티가 OS에 맞는 소프트웨어 개발→소프트웨어를 사용하려는 사용자 증가→OS기업 수익창출

이것이 바로 시장을 지배해 가는 플랫폼의 과정이다. 세계 1등 자율주행차가 된다는 말은 바로 시장점유율 1등이라는 뜻이다. 시장점유율이 높아야 더 많은 소프트웨어 개발자가 늘어나 더 많은 컨텐츠를 제

공할 수 있고, 그로 인해 사용자도 증가한다.

그래서 테슬라의 18만 338대의 생산이 중요하다. 현재는 테슬라의 전기차 생산량이 가장 많다. 그 얘기는 시장점유율이 가장 높다는 의미고 만약 테슬라 OS의 API를 개방했을 때 더 많은 소프트웨어 개발자가 몰리게 된다면 지속적으로 시장점유율 1등을 유지하면서 자연스럽게 세계 1등으로 갈 수 있다. 그러니 자동차 생산량만 모니터링 하면 된다.

⌛ 테슬라는 왜 애플을 라이벌로 여기는가?

테슬라의 일론 머스크는 왜 애플을 자율주행차의 라이벌로 봤을까? 구글의 안드로이드, 애플의 iOS는 이미 개발된 소프트웨어가 많은 만큼 이들이 시장에 진입한다면 영화계의 디즈니플러스처럼 오리지널 컨텐츠가 많은 기업이 들어오는 효과를 보게 될 것이기 때문이다.

그리고 앞으로 자율주행차도 브랜드가 꽤나 중요해질 것이다. 왜냐하면 애플이 스마트폰 시장점유율 15%이던 시절(현재는 20% 이상) 이익의 80%를 가지고 갔다. 반대로 얘기하면 85%의 스마트폰 업체들이 이익의 20%를 나눠먹는 구조인 셈이다.

따라서 자율주행차에서도 팬심이 중요한 문제가 될 것이다. 그런 면에서 애플은 가전제품의 명품인만큼 자율주행차 시장에 뛰어들면 업계의 파장은 꽤나 클 것이다.

다만 자율주행차가 완벽하게 구현된다면 전체 자동차 시장규모는 기존 9,500만 대가 아닌 약1,000만 대 수준으로 떨어질 것이다. 주차장에 서 있는 차는 95%이고 운행중인 차는 5%인만큼 자동차는 급격하게 줄어들고 대부분이 로봇택시가 될 것이다.

그런데 왜 5%인 475만대가 아니라 1000만대일까? 택시를 타지 않고, 자율주행차를 소유하려는 슈퍼리치를 감안한 숫자다.

⚖ 결론

OS를 가진 자동차 생산량 1등 기업을 모니터링 하면서 투자한다면 전기차 1등을 알게 될 것이다.

미국이 주주들의 천국인 이유

기업은 공황이 끝나고 나면 본격적으로 인수합병에 들어간다. 최근 세일가스 업체인 체사피크 에너지 기업이 파산했다. 한 기업이 파산을 하고 나면 결국 메이저 에너지 기업이 이들의 지분을 인수합병하여 규모의 경제를 실현해 간다.

미국기업이 인수합병에 적극적인 이유를 알기 위해서는 미국기업 CEO의 성격을 알아야 한다. 오너가 CEO인 우리와 달리 미국은 대부분 전문경영인 체제다. 그런데 한국의 오너는 주가를 별로 올리고 싶어하지 않는다. 이유는 일단 지분이 적다. 상속 과정에서 1대를 거치면 65%씩 날아가기 때문에 지분을 크게 두지 않는다. 때문에 배당이나 주주 친화적인 행동을 해봐야 자신에게 크게 이득될 게 없다. 게다가 주가가 지나치게 올라가면 막대한 금액을 상속세로 내야 하기 때문에 상속을 앞둔 기업은 때때로 오히려 악재성 공시를 내면서 주가를 끌어 내리는 경향이 있다. 한국의 주식은 배당도 하지 않고 주식을 올리려는 의지도 약하기 때문에 주가가 올라갈 이유가 거의 없다.

반면 미국은 전문경영인들이 주가를 부양시키는 데 열심이다. 주가가 올라가지 않으면 이사회로부터 곧바로 해고통지서가 날아오기 때문이다.

⌛ M&A

디즈니의 성공한 CEO인 밥 아이거는 CEO가 되자 마자 미친듯이 M&A를 단행한다. 2000년대 디즈니가 성공한 작품은 거의 없었지만, 그가 인수한 픽사, 루카스필름, 마블 등이 엄청난 성공을 거두었다.

밥 아이거는 친화력이 굉장한 인물로 엄청난 M&A를 성공시켜 죽어가는 디즈니를 살려냈다. 그가 성공 스토리를 쓴 시기는 닷컴버블이 꺼지고 2000년 중반 저금리를 바탕으로 무지막지한 돈이 풀렸을 때였다. M&A가 이런 극적인 결과를 가져오기도 하기 때문에 M&A에 그토록 열심이다.

하지만 M&A가 곧 주가 상승을 의미하지는 않는다. M&A를 통해 덩치를 키운 다음 필요 없는 인력을 구조조정해서 주가를 올리는 방법을 쓴다. 미국은 얼마든지 사람을 자를 수 있기 때문에 이런 일이 가능하다.

⌛ 배당, 자사주 소각

연준이 제로금리와 양적완화를 통해서 회사채를 사주었다. 이제 웬만하면 미국기업은 망할 수 없게 되었다. 따라서 공황이 지나면 기업들은 주가를 올리려 할 것이다. 가장 손쉽게 올리는 방법은 ROE(자기자본이익률) 높이기다. ROE란 기업이 자본을 이용하여 얼마만큼의 이익을 냈는지를 나타내는 지표로, 당기순이익 값을 자본 값으로 나누어 구한다.

$$ROE = 당기순이익 / 자본$$

자본의 값은 대부분이 주식이다. 올해와 내년의 당기순이익이 그대로라고 가정했을 경우 자본을 줄이면 ROE가 올라간다. 기업에 아무 일이 없었음에도 마치 기업이 건전해지는 것처럼 보인다. 그래서 보잉이 일단 이익이 나면 무조건 자사주를 사서 소각을 한 것이다. 바로 당기순이익을 올리려는 조치다.

한국은 일부 기업이 자사주를 사기는 하지만 소각하지는 않는다. 추후 경영권 분쟁 등에 써먹거나 유동성 위기에 대비하기 위해서다.

그러나 미국은 그런 대비가 없다. 그냥 사서 태워 버린다. 나중에 유동성 위기에 빠지면 어떻게 되나? 바로 Fed가 나타나서 회사채를 사주지 않는가? 그것도 무한대로 망하지 않게 말이다. 그러니 미국기업과 한국기업은 주식에 있어서 다른 게임을 하고 있는 셈이다.

미국인들 사이에 "아니 평소 자사주를 매각해서 주가 끌어올린 기업을 우리가 왜 세금으로 메워줘야 하는가?"라는 불만이 있을 수 있다. 그런데 이번 코로나 위기에는 이런 말도 쏙 들어갔다.

다만 2008년 금융위기처럼 은행들의 도덕적 해이로 일어난 위기는 기업을 살려주기 위한 법안 통과가 한 번에 이뤄지지 않는다. 국민적 저항 때문이다. 따라서 당시 주가는 이번 코로나 위기처럼 V자 반등이 아닌 한동안 바닥을 기었던 것이다. 이번에는 기업들이 운이 좋았다.

또한 미국기업은 충분한 배당을 지급한다. 배당을 하는 이유는 칼 아이칸 같은 주주행동주의 펀드들 때문이다. 이들이 이사회를 장악하고 배당을 하지 않는 CEO, 주가를 끌어올리지 않는 CEO는 잘라버리기 때문에 CEO는 적극적으로 배당을 할 수밖에 없다. 미국이 그래서 한국보다 배당 성향이 훨씬 높은 이유다.

이런 이유로 미국은 주주들의 천국이다.

시장만이 시장을 이길 수 있다!